KB099685

천
황

천황

발행일	2019년 4월 24일

지은이	김용관		
펴낸이	손형국		
펴낸곳	(주)북랩		
편집인	선일영	편집	오경진, 강대건, 최예은, 최승헌, 김경무
디자인	이현수, 김민하, 한수희, 김윤주, 허지혜	제작	박기성, 황동현, 구성우, 장홍석
마케팅	김회란, 박진관, 조하라		
출판등록	2004. 12. 1(제2012-000051호)		
주소	서울시 금천구 가산디지털 1로 168, 우림라이온스밸리 B동 B113, 114호		
홈페이지	www.book.co.kr		
전화번호	(02)2026-5777	팩스	(02)2026-5747

ISBN	979-11-6299-679-9 03910 (종이책)	979-11-6299-680-5 05910 (전자책)

잘못된 책은 구입한 곳에서 교환해드립니다.
이 책은 저작권법에 따라 보호받는 저작물이므로 무단 전재와 복제를 금합니다.

이 도서의 국립중앙도서관 출판예정도서목록(CIP)은 서지정보유통지원시스템 홈페이지(http://seoji.nl.go.kr)와
국가자료공동목록시스템(http://www.nl.go.kr/kolisnet)에서 이용하실 수 있습니다.
(CIP제어번호: CIP2019015631)

(주)북랩 성공출판의 파트너
북랩 홈페이지와 패밀리 사이트에서 다양한 출판 솔루션을 만나 보세요!
홈페이지 book.co.kr   •   **블로그** blog.naver.com/essaybook   •   **원고모집** book@book.co.kr

김용관 지음

일본의 살아있는 신화
'천황'과 천황제의 고찰

천황

신묘하고도 이상한 나라 일본
천황을 알면 일본이 보인다!

booklab

일러두기

1. 이 책의 일본어 표기 원칙은 국립국어원의 표기법을 따랐다.
2. 처음 등장하는 중요한 지명이나 인명은 일본발음을 한글로 적고 한자를 병기했다.
3. 관직이나 지명 등 한글로 음독해도 충분히 이해할 수 있는 고유명사는 한글 음독으로 표기했다. 예)天皇 ⇨ 덴노 ⇨ 천황

　만물에 정령이 깃드는 신의 나라, 동화의 나라 일본에는 도대체 얼마나 많은 신들이 존재하는 것일까? 수많은 신들이 존재하는 일본에는 야오요로즈노카미八百万神(8백만 신)가 있다. 일본인들은 8이라는 숫자를 참 좋아하는 것 같다. 그들의 신화에 출현하는 천상계에서 추방된 스사노오노미코토建速須佐之男命가 이즈모出雲로 내려와 격퇴한 머리 8개에 꼬리가 8개 달린 괴물 야마타노오로치八俣大蛇, 삼종의 신기 중 거울 야타노카가미八咫鏡, 곡옥曲玉 야사카니노마가타마八尺瓊勾玉, 초대 천황 진무神武의 동정東征 여행 때 길잡이 역할을 했던 까마귀 야타가라스八咫烏, 일본의 국가 기미가요君が代 가사 중의 야치요八千代, 전 세계는 한집으로 천황이 지배해야한다는, 해외침략을 정당화했던 구호인 팔굉일우八紘一宇, 온갖 종류의 푸성귀를 파는 채소가게 야오야八百屋 등등…. 8이라는 숫자는 많은 것, 무한한 것, 엄청난 것을 의미한다고 한다.

그래서인지, 우연인지 2016년 8월 8일 아키히토明仁 천황의 비디오 메시지가 방송되었다.

　"종전 후 70년이 지나 2년 후에는 헤이세이平成(현 천황의 연호) 30년을 맞이합니다. 제 나이도 80이 넘어 체력적인 면에서 여러모로 한계를 느낄 때가 있으며, 고령화 사회에 고령이 된 천황은 어떤 자세로 임하는 것이 바람직한 것인지 개인적으로 생각해온 바를 이야기하고자 합니다.

　즉위 이래로 저는 국가업무를 수행해왔고, 또 일본국 헌법이 상징으로 자리매김한 천황으로서 살아왔습니다.

　몇 년 전 2번이나 외과 수술을 받은데다 나이가 들어 체력의 저하를 느끼다 보니, 과중한 업무를 수행하는 것이 어려워지면 어떻게 처신해야 할까 생각했습니다. 점차 쇠하는 몸 상태를 생각해보면, 전심전력으로 상징의 업무를 수행하는 것이 어려워지지 않을까 걱정됩니다.

　제가 천황으로 즉위한지도 28년이 되었고, 무슨 일이 있을 때마다 국민 곁에 서서 그들의 목소리에 귀 기울였으며, 특히 멀리 떨어진 오지나 섬들을 찾아가는 여행도 천황인 저의 상징적 행위로써 중요한 일이라고 생각해왔습니다.

　천황이 건강을 잃어 심각한 상태가 되었을 경우 지금까지 보아왔던 것처럼, 사회가 정체되어 국민의 삶에 여러 영향을 미치지 않을까 걱정됩니다. 황실의 관례로 보면 천황의 죽음에는 2개월 동안 상중喪中이 계속되고, 그 후에도 장례 관련 행사가 1년간 지속됩니다. 옛날부터 해오던 여러 행사와 지금의 모든 행사가 동시에 진행되기 때문에 행사에 관련된 사람들, 특히 남겨진 가족들은 심각한 상황에 처할 수밖에 없습니다. 이러한 사태를 피할 수는 없을까 하는 생각이 가슴에 교차합니다.

황실이 언제나 국민과 함께하고, 서로 힘을 합쳐 국가의 미래를 건설할 수 있도록, 그래서 상징천황의 임무가 끊이지 않고 안정적으로 이어지기를 기원하는 심정으로 말씀드렸습니다."

어디에도 천황이 생전에 양위하겠다는 직접적인 표현은 없지만, 일본 언론은 에둘러 촌탁忖度(사람의 심정을 미루어 헤아림)이라는 표현까지 써가면서 생전 양위로 받아들였다.

이웃나라 천황의 생전 양위가 우리와 무슨 상관인가 할 수도 있겠지만, 우리는 자라를 보고 놀랐고, 그 자라에게 물렸던 생채기는 온전히 아물지도 않았다. 천황이 자라인지 솥뚜껑인지 잘 파악해야 할 것이다. 또다시 민족의 자존심이 나락으로 곤두박질치는 일은 없어야 하기 때문이다.

요즘 일본의 정치 상황이 심상치 않다. 전쟁본능과 침략본능이 주머니 속 송곳처럼 삐져나와 번쩍거린다. 고대부터 조선시대까지 한반도를 황폐화시켰던 극성스러운 왜구들의 노략질, 임진왜란과 정유재란, 근대의 국권침탈, 영토분쟁으로 전쟁의 명분을 차곡차곡 쌓아가는 일본이다. 한국인과 일본인 사이에 개인적인 우정이 있었는지는 모르겠지만, 2천 년 한국과 일본의 역사에서 일본은 한 번도 우리의 친구였던 적이 없다.

이웃나라에서 일어나는 천황의 양위와 즉위라는 사건이지만 강

건너 불구경처럼 방관할 수만은 없는 이유이다.

1989년 아키히토 천황은 즉위 회견에서 "여러분과 함께 일본국헌법을 지키고, 이에 따른 책무를 다할 것임을 맹세한다."고 말했다. 2014년 나루히토德仁 황태자는 54세 생일을 맞는 기자회견에서 "앞으로도 헌법을 준수하는 입장에서 일을 해나가는 것이 중요하다."고 말했다. 헌법을 지킨다는 말은 헌법 조항의 자구가 조금도 훼손되지 않도록 눈을 크게 뜨고 보초를 서며 지킨다는 것인가? 아니면 헌법이 바뀌면 바뀌는 대로 헌법을 따르겠다는 것인가?

여기서 현 천황과 차기 천황이 준수하겠다고 하는 일본의 헌법을 잠깐 살펴보자.

일본국헌법

제1장 천황

제1조 천황은 일본국의 상징이고 일본국민 통합의 상징이며, 이
　　　지위는 주권을 가진 일본국민의 총의에 기초한다.

제2장 전쟁의 포기

제9조 일본국민은 정의와 질서를 기조로 하는 국제평화를 성실
　　　히 희망하며, 국권을 발동하는 전쟁과 무력에 의한 위협
　　　과 무력행사는 국제분쟁을 해결하는 수단으로써는, 영구
　　　히 이것을 포기한다.

　　　② 전 항의 목적을 달성하기 위한 육해공군 그 밖의 전력
　　　은, 이것은 보유·유지하지 않는다. 국가의 교전권은, 이것

을 인정하지 않는다.

오래전부터 이 헌법 제9조를 바꿔 전쟁이 가능한 나라로 만들려고 궁리를 해오던 호전적 보수 세력들은 개헌이 어렵다고 판단되자 '동맹국 등이 공격을 받으면, 자국이 공격받은 것으로 간주하여 반격할 수 있다'고 헌법의 해석을 변경하여 '집단적 자위권'에 의한 무력행사를 헌법상 가능하게 했다. 전쟁을 하겠단다.

그런데 천황과 황태자는 이 헌법을 준수하겠다고 한다. 이것이 무섭다. 일본의 국방·군사 시스템은 잘 닦아놓은 고속도로다. 그 진입로에 '헌법 9조'라는 바리케이드가 하나 놓여있을 뿐.

일본 보수우익의 재무장 야욕은 또다시 자국민과 이웃나라의 시민을 전쟁으로 몰아넣는 불행의 씨앗이 될 것이다. "짐짓 방귀를 뀌다 보면 똥이 나온다."(전쟁광들의 광란폭주에 마땅한 비유가 생각나지 않는다)는 비유처럼, 언젠가는 전쟁을 일으키고야 말겠다는 의지가 눈물겹도록 집요하다. 섬나라 근성의 진수이다.

일본사회당 위원장을 역임한 도이 다카코土井多賀子(1928-2014) 여사의 생전 국회 연설이 아직도 귓전에 생생하다.

"평화헌법을 지켜왔기 때문이야말로 일본의 평화가 유지되었던 것이다."

수백만 자국민과 수천만의 이웃나라 국민을 죽음으로 몰아넣었던 비참한 전쟁에서 처절하게 패배했건만, 시간이 지나면서 전쟁의 참상을 잊어가는 일본 보수는 잘 새겨들을 일이다.

불의의 사고나 불치의 암은 인간에게 치명적이라는 점에서 공통적이다. 차이가 있다면, 불의의 사고는 피하려고 노력하지만, 불치의 암은 박멸하려고 연구한다는 점이다. 일본은 우리에게 불의의 사고 인자인지 아니면 불치의 암 인자인지 묻고 싶다.

미꾸라지를 운반할 때 폐사를 막기 위해 수조에 메기 몇 마리 넣어 둔다고 한다. 미꾸라지는 메기에게 먹히지 않으려고 늘 긴장의 끈을 늦추지 않고 경계한다. 그래서 미꾸라지의 폐사율이 낮아진다고 하는데 전적으로 공감한다. 그래서 반성을 모르고, 호전적인 일본에 감사하며 경의를 표한다.

그들의 정점에는 일본의 상징으로서 천황이 버티고 있다. 언제부터 천황인지?, 어디서 온 천황인지?, 뭐하는 천황인지?, 어떻게 천황인지?, 왜 천황인지?, 누가 천황인지? 우리가 알아야 하는 이유이다.

다시는 우리 민족이 그들에게 유린되고 능멸당해 자존감이 바닥으로 처박히는 치욕을 당하는 일이 없어야 하기에 일본을 공부해야 한다.

'아는 것이 힘이다.'

2019년 3월 잔서완석루殘書頑石樓에서

역사를 전공하지 않았다. 다만 이웃나라의 평범한 시민으로서 그들의 문화와 역사에 관심을 가지고 있었다. 때마침 그들의 상징인 천황이 바뀐다 하니 관심을 가지고 글을 쓰게 되었다. 나처럼 평범한 다른 사람들과 공유하고 싶었기 때문이다.

천황에 대한 글은 당연한 일이지만 일본인 연구자들이 쓴 것이 압도적으로 많았고 자료도 다양하며 풍부했다. 또 그들의 역사이기에 그들의 자료에 의지할 수밖에 없던 것이 사실이고 현실이었다.

이 글은 천황에 대한 선구적 연구자들의 작업을 번역·요약하고, 발췌·인용하는 수준의 글이다. 천황을 공부하면서 그분들의 업적을 가져다가 글로 옮기면서 일일이 출전을 밝히려다 보니, 자칫 논문집처럼 학술적이고 딱딱한 보고서가 되어버릴 것 같았다. 고민 끝에 참고 문헌에 밝혀두기로 했으며, 연구자들께 깊은 고마움을 표시하는 바이다.

목차

천황의 신화와 역사

I

1. 신화 속 천황의 기원

천황의 역사를 살피기에 앞서 712년 편찬된『고사기古事記』와 720년 편찬된『일본서기日本書紀』에 기술된 일본의 기원 신화를 먼저 살펴보아야 할 것 같다.

이는 하늘의 천상계에서 인간계로 강림한 천손天孫이 일본을 세우고 다스렸다는 내용으로 천상계의 신과 현대 천황의 조상을 연결한 신화이다.

특히 이 신화에는 많은 신들의 이름이 등장하는데, 이름에 받침이 없어서 처음 말을 배우는 아이들의 발음 같다. 우리가 읽기에는 익숙하지 않지만, 중요한 신의 이름과 지명 옆에는 한자를 적어 두었으니 참고하면 좋겠다.

이제부터 그들의 오랜 역사서『고사기』와『일본서기』는 신화와 천황을 어떻게 연결시키고 있는지 살펴보기로 하자.

가. 천지개벽

혼돈했던 천지가 개벽할 때 천상계天上界 다카마가하라高天原에 나타난 신은 아메노미나카누시, 다카미무스히高御産巣日神, 가무무스히 세 신이다. 이후로 많은 신들이 생겨나다가 마지막으로 나타나는 신이 이자나키伊邪那岐 신과 이자나미伊邪那美 여신이다.

천신들은 이자나키 신과 이자나미 여신에게 아메노누보코天沼矛라는 신성한 창을 건네며 말하기를 "정처 없이 흘러 떠다니는 대지를 잘 정돈하고 단단하게 하라." 명하였다. 그 명을 받은 두 신은 하늘과 땅 사이에 사다리를 걸쳐놓고 그 위에 올라서서, 그 창을 바다에 드리우고 휘저었다. 바닷물에 창을 빙글빙글 돌리며 들어 올리자, 그 창끝에서 바닷물이 똑똑 떨어지면서 섬이 되었다. 이 섬이 오노고로 섬이다.

두 신은 그 섬으로 내려가 신성한 기둥을 세우고 넓은 궁전을 만들었다. 그리고 이자나키 신이 아자나미 여신에게 물었다.

이자나키 신 : 그대의 몸은 어떻게 생겼소?

이자나미 여신 : 제 몸은 점점 자라서 모양을 다 갖추었는데, 자라지 않은 곳이 한군데 있습니다.

이자나키 신 : 내 몸은 점점 자라서 형태를 다 갖추었는데, 지나치게 자란 곳이 한군데 있다. 그렇다면 나의 너무 자라난 부분과 그대 몸의 자라지 않은 곳을 맞대고 국토를 생산해볼까 하는데 그대의 생각은 어떻소?

이자나미 여신 : 괜찮겠네요.

이자나키 신 : 그럼 그대와 내가 신성한 기둥을 돌면서 결혼합시다. 그대는 오른쪽으로 돌고 나는 왼쪽으로 돌아 만납시다.

그리하여 약속대로 도는데,

이자나미 여신 : 아, 정말 멋진 남자시네요.

이자나키 신 : 아, 정말 멋진 소녀여.

이렇게 각자의 말이 끝나자, 이자나키 신이 이자나미 여신에게 "여자가 먼저 발설하는 것은 좋지 않다."고 하였다. 그 결과 3년이 지나도 일어서지 못하는 히루코水蛭子(거머리)아이를 낳았고, 이 아이는 갈대배에 실어 흘려보냈다. 다음에 아와시마淡島를 낳았다.

이 아이들은 자녀의 숫자에 넣지 않았다.

이 대목을 보면 신화에 부창부수의 남존여비 사상이 드러나는데, 『고사기』의 편찬자는 이미 유교사상의 세례를 받은 것으로 보인다.

또 3년이 지나도록 일어서서 걷지 못하는 아이를 갈대배에 태워 흘려보냈다는 내용이 보인다. 이는 '지나간 일이나 잘못된 과오는 물에 흘려보내 없던 일로 한다.'는 일본인들이 가진 전통적인 정서이며, 끊임없이 반복되는 자연재해 속에서 모든 것을 잃고도 툭툭 털고 일어나는 긍정적인 에너지로 나타나기도 한다. 하지만 자신들의 무모한 침략전쟁으로 생겨난 피해국과 피해자들을 대하는 방법에서도 이 같은 정서로 해결하려고 하고 있어 이웃나라와 마찰이 쉽사리 사그라지지 않고 있다.

나. 국토 생산

두 신은 자신들이 낳은 아이가 건강하게 태어나지 않아 제대로 국토 생산을 하지 못한 사실을 천상계 다카마가하라로 돌아가 보고했다. 그러자 그곳의 신들은 사슴의 어깨뼈를 태워 점을 쳐보더니 "여자가 먼저 발설하여 부정 탔다. 지상으로 내려가 다시 하라." 고 명령했다. 두 신은 다시 내려와 전과 같이 신성한 기둥을 서로 돌면서 말했다.

이자나키 신 : 아, 정말 멋진 소녀여.

라고 먼저 말하자,

이자나미 여신 : 아, 정말 멋진 남자시네요.

라고 말했다.

이렇게 말을 마치고 낳은 아이가 아와지시마淡路島이다. 이어서 시코쿠四國을 낳고, 오키노시마隱岐島를 낳고, 규슈九州를 낳았다. 다음으로 이키노시마壹岐島, 쓰시마對馬, 사도가시마佐渡島 그리고 오야마토토요아키즈시마大倭豊秋津島를 낳았다. 이렇게 8개 섬을 먼저 낳으니 일본을 대팔도국大八島國이라 한다.

이어서 두신은 바람의 신, 나무의 신, 산의 신, 들의 신 등 여러 신들을 낳았는데 마지막에 이자나미 여신이 불의 신 가구쓰치迦具土를 낳다가 음부를 데어 죽었다.

이에 이자나키 신은 "사랑스런 아내를 한 아이의 탄생과 맞바꾸다니."라고 한탄하며 허리에 차고 있던 칼을 빼, 아내를 죽게 한 가구쓰치의 목을 벴다.

다. 황천국黃泉國

이자나키 신은 죽은 이자나미 여신을 만나보려고 황천국을 찾아갔다. 여신은 궁궐 문을 열고 나와 맞았다.

이자나키 신 : 사랑하는 아내여, 우리가 만들던 나라는 아직 다 완성되지 않았소. 그러니 이승으로 돌아갑시다.

이자나미 여신: 유감입니다. 좀 더 빨리 오셨으면 좋았을 것을, 저는 이미 황천국의 음식을 먹었기 때문에 돌아갈 수 없습니다. 하지만 사랑스러운 나의 낭군께서 이렇게 찾아주시니 몸 둘 바를 모르겠습니다. 저도 같이 돌아가고 싶으니 황천국의 신에게 물어보고 오겠습니다. 그러나 다녀오는 동안 제 모습을 보아서는 안 됩니다.

이렇게 말하고 여신이 궁궐 안으로 들어갔으나 오랫동안 나타나지 않자, 이자나키 신은 조바심이 나서 더 이상 기다릴 수 없었다. 그래서 머리에 꽂고 있던 빗의 두꺼운 살을 하나 잘라 그곳에 불을 붙이고 궁궐 안으로 들어가 살펴보니 여신의 몸에는 구더기가 들끓고, 우렁우렁 울며 몸의 각 부분은 8종의 번개 신으로 변해 있었다.

이를 보고 놀란 이자나키 신이 도망가자, 여신은 수치심과 모욕감에 화를 내며 황천국의 추녀에게 그를 쫓게 했다. 쫓기던 이자나키 신이 머리에 쓰고 있던 검은 머리장식을 벗어 던지자 곧 산머루 열매가 되었다. 추녀가 이를 주워 먹는 동안 이자나키 신은 더 멀리 도망갈 수 있었다. 다시 추녀가 바짝 뒤쫓아 오니 이번에는 머리에 꽂고 있던 빗의 살을 잘라 던졌다. 그러자 곧 죽순이 돋아났다. 추녀가 그것을 먹는 동안 또 멀리 도망갈 수 있었다.

그러자 8종의 번개 신으로 변한 이자나미 여신이 1,500 군사를 이끌고 추격에 나섰다. 이에 이자나키 신은 가지고 있던 칼을 빼들고 뒤쪽으로 휘두르면서 도망쳤다. 더욱 바짝 추격당해 현세와 황천국의 경계인 언덕에 도달했을 때, 이자나키 신이 그곳에 열려있던 복숭아 3개를 따놓고 기다렸다가 던지니, 황천국의 군사들이 전부 흩어져 물러났다.

그러자 이자나미 여신이 직접 뒤쫓아 왔다. 이에 이자나키 신은 1천 명이 밀어야 움직일만한 커다란 바위로 황천국과 이승의 경계를 막아버렸다. 이 바위를 사이에 두고 두 신은 부부의 이별을 고한다.

이자나미 여신 : 사랑스런 내 낭군이 이렇게 나를 모욕하셨으니,

저는 당신 나라의 백성을 하루에 1천 명씩 목 졸라 죽이겠습니다.

이자나키 신 : 사랑스러운 아내 신이여, 당신이 그리한다면 나는 아이를 낳을 수 있는 산실을 하루에 1천5백 개씩 만들겠소.

이렇게 하여 하루에 1천 명이 죽은 한편, 하루에 1천5백 명이 태어나는 것이다.

라. 목욕재계

황천국에서 도주에 성공한 이자나키 신은 "추잡하고 더러운 나라에 다녀왔으니 몸을 깨끗하게 씻어야겠구나." 말하고, 지쿠시筑紫 히무카日向에서 목욕재계하고 부정을 씻었는데, 왼쪽 눈을 씻을 때 태양신 아마테라스오미카미天照大御神가, 오른쪽 눈을 씻을 때 쓰쿠요미노미코토月讀命가, 이어서 코를 씻자 스사노오노미코토建速須佐之男命가 태어났다.

이자나키 신은 기뻐하며 아마테라스에게 "너는 천상계인 다카마가하라高天原를 다스리도록 하라." 하였다. 이어서 쓰쿠요미에게는 "너는 밤의 세계를 다스리도록 하여라." 하였다. 그리고 스사노오에게는 "너는 바다를 다스리도록 하라."고 명했다.

마. 스사노오須佐之男 추방

그리하여 모두 맡은 바대로 나라를 다스리게 되었는데 유독 스사노오는 턱수염이 가슴까지 자라도록 오랫동안 그 명령에 따르지 않고 울고만 있었다.

그러자 이자나키 신이 물었다.

이자나키 신 : 어찌하여 너는 맡겨진 나라를 다스리지 않고 울고만 있느냐?

스사노오 : 죽은 엄마가 있는 황천국에 가보고 싶어 울고 있습니다.

그러자 이자나키 신은 매우 화가 나서,

이자나키 신 : 그렇다면, 너는 이 나라에 살 자격이 없다.

말하고 즉시 스사노오를 쫓아냈다. 그 길로 스사노오가 누나 아마테라스에게 엄마가 있는 저승으로 가려는 사정을 설명하려고 누나가 다스리는 다카마가하라로 올라가는데 산천이 들썩이고, 지축이 흔들렸다.

이 소리에 놀란 아마테라스는 "틀림없이 동생 스사노오가 내 나라를 뺏으려고 오는 것이다."라고 생각해 많은 양의 활과 화살을 준비하고 전투태세를 갖추었다. 이윽고 동생이 나타나자 물었다.

아마테라스 : 무슨 이유로 이곳에 올라왔느냐?

스사노오 : 내게 다른 뜻은 없습니다. 죽은 엄마가 있는 저승에 가보고 싶다고 했더니 이자나키 신이 저를 추방했습니다. 그래서 엄마가 있는 나라에 가기 전에 누나에게 인사하러 왔습니다.

아마테라스 : 네가 사심이 없고, 결백하다는 것을 어떻게 증명할 수 있느냐?

스사노오 : 각각 맹세하면서 아이를 낳으면 됩니다.

그래서 아마테라스는 지니고 있던 구슬로 5명의 남자 신을 낳았고, 스사노오는 자신의 칼로 2명의 여자 신을 낳았다.

바. 바위동굴

이에 스사노오는 "제가 착한 딸을 낳은 것은 내 마음이 결백하다는 증거입니다. 그러니 내가 이긴 것입니다."라고 승리를 선언했다. 그리고 기쁜 나머지 아마테라스가 경작하는 논둑을 허물고, 수로를 매우고, 햇곡식을 올리는 신상제新嘗祭 신전에 똥을 뿌렸다.

또 신에게 바칠 직물을 짜던 방에 구멍을 뚫고, 말가죽을 벗겨 던져 넣었다. 그러자 직물을 짜던 직녀가 놀라 베틀 북에 음부를 찔려 죽었다.

이를 본 태양신 아마테라스가 겁에 질려 바위 동굴 안으로 들어가 버리니 신들이 사는 천상계도, 사람들의 사는 인간계도 모두 어둠 속에 빠져버렸다.

세상이 칠흑같이 어두워지니, 아마테라스를 동굴에서 나오게 하려고 8백만 신들이 모두 모여 대책을 논의했다. 먼저 오랫동안 길게 우는 닭을 데려와 울게 하고, 강가에서 단단한 바위를 가져오고, 금산에서 철을 채취하여 대장장이로 하여금 거울을 만들게 하고, 구슬 장인에게 명하여 많은 곡옥을 만들어 실에 꿰었다. 그리고 수사슴의 어깨뼈를 벚나무로 태워 점치고 신의 계시를 기다렸다. 또 잘 자란 신목을 뿌리째 가져와 위쪽 가지에는 곡옥을 길게 꿰어 걸고, 중간 가지에는 거울을 걸어두고, 아래쪽 가지에는 닥나무로 만든 흰 직물과 마로 만든 천을 늘어뜨리고 신성한 공물을 바치며 축사했다. 동굴 문 옆에는 힘센 남자 신을 몰래 배치해두었다.

무녀신이 이끼덩굴을 어깨에 걸치고, 사철나무를 머리에 꽂고, 조릿대 잎을 한 묶음 손에 들고, 동굴 문 앞에 통을 엎어놓고 발을 굴러 소리 내며, 신들려 유방을 드러내고, 치마끈을 음부까지 내리고 춤을 추었다. 그러자 천상계 다카마가하라가 떠나가도록 8백만 신들이 일제히 웃음을 터뜨렸다.

그러자 무슨 일인지 궁금해진 아마테라스가 동굴 문을 빼꼼히 열고 "내가 이 안에 들어앉아 있으면 천상계와 인간계가 칠흑같이 어두울 텐데 어떻게 무녀신이 신들려 춤을 추며, 8백만 신들이 즐겁게 웃을 수 있단 말인가?" 물으니, 무녀신은 "당신보다 더 고귀한 신께서 오시기 때문에 즐겁게 웃고 춤추며 노래하고 있습니다."라고 대답했다. 그러는 사이에, 다른 신들이 거울을 꺼내 아마테라스를 비추자, 더욱더 신기해하며 점점 동굴 문 밖으로 나와 거울 속을 들여다보았다. 이때 문 옆에 배치해두었던 힘센 남자 신이 아마테라스의 손을 잡아 밖으로 끌어냈다. 이렇게 아마테라스가 밖으로 나오자, 천상계도 인간계도 태양이 비추어 밝아졌다.

이렇게 안정을 되찾게 되자, 8백만 신들이 회의를 열어 말썽꾸러기 스사노오의 재산을 몰수하고, 수염과 손톱을 잘라 속죄하게 하고 천상계에서 추방했다.

사. 야마타노오로치八俣大蛇

다카마가하라에서 추방된 스사노오는 이즈모出雲국에 강림했다. 이때 한 소녀를 사이에 두고 울고 있는 노부부를 만났다.

스사노오 : 당신들은 누구요?

그러자 노인이 대답했다.

아시나즈치: 우리는 토착신 오호야마쓰미의 자손입니다. 제 이

름은 아시나즈치, 아내의 이름은 데나즈치이며, 딸의 이름은 구시나다히메라고 합니다.

스사노오 : 그런데 무슨 연유로 울고 있소?

아시나즈치 : 제게는 원래 8명의 딸이 있었는데, 매년 무시무시한 괴물 야마타노오로치八俣大蛇가 찾아와 딸들을 잡아먹어 버렸습니다. 해마다 이때쯤이면 그 오로치가 찾아옵니다. 그래서 울고 있습니다.

스사노오 : 그 오로치가 어떻게 생겼소?

아시나즈치 : 그 눈은 꽈리처럼 새빨갛고, 몸통은 하나인데 머리가 8개, 꼬리가 8개입니다. 그 몸에는 이끼와 편백나무, 삼나무가 자라나 있으며 짓물러 있습니다.

스사노오 : 당신의 딸을 내 아내로 주시오.

아시나즈치 : 황송합니다. 이름이라도 알려주십시오.

스사노오 : 나는 아마테라스의 남동생이오. 지금 막 하늘에서 내려왔소.

아시나즈치·데나즈치 : 황공합니다. 딸을 드리겠습니다.

스사노오는 즉시 그 소녀를 손톱 모양의 빗으로 둔갑시켜 머리 옆에 꽂고 노부부에게 말하기를 "그대들은 여러 차례 술을 빚어 독주를 만들고, 주위를 둘러 울타리를 만들고, 울타리에 8개의 문을 만들고, 문마다 8개의 좌대를 만들고, 그 좌대마다 술통을 올려놓고, 술통마다 그 독한 술을 가득 채우고 기다리시오." 하였다.

그래서 명령대로 준비하고 기다리자 곧 오로치가 나타났다. 오로치는 바로 준비된 술통에 머리를 처박고 그 술통을 비웠다. 그리고는 취해서 그 자리에서 잠들어버렸다. 이때 스사노오가 칼을 빼들고 그 오로치를 갈기갈기 찢으니 붉은 피가 강물이 되어 흘렀다. 그런데 오로치 중간의 꼬리를 자르다가 칼날이 망가져 버렸다. 이상히 여겨 칼끝으로 꼬리를 벌려보니 훌륭한 칼이 나왔다. 그 칼을 상서롭게 여겨 아마테라스에게 바쳤다.

스사노오와 노부부의 딸 구시나다히메 사이에서 야시마지누미노가미가 태어났다. 야시마지누미노가미는 아들 후하노모지쿠누스누노가미를 낳았고, 이 신이 후카후치노미즈야레하나노가미를 낳았다. 이 신이 낳은 아들이 오미즈누노가미이다. 이 신은 아메노후유키누노가미를 낳았고, 이 신이 천상계에서 추방된 스사노오의 6세손인 오호쿠니누시노카미大國主神를 낳았다.

아. 국가양도

오호쿠니누시에게는 형제 신들이 많이 있었다. 그러나 형제들은 동생 오호쿠니누시를 여러 차례 죽이려고 시도했으나 그때마다 주위의 도움으로 소생했다. 그러나 정말 죽을지도 모른다는 어머니의 충고로 기이紀伊국(와카야마和歌山현·미에三重현 남부)으로 피신했다. 그곳까지 형제들이 쫓아와 죽이려하니, 신들의 본령인 지하의 세계 네노쿠니根國로 떠났다.

오호쿠니누시는 네노쿠니에서 스사노오의 딸 스세리히메와 결혼했다. 스사노오의 여러 가지 위험한 시험을 이겨낸 오호쿠니누시는 스세리히메와 함께 보검과 활을 가지고 지상으로 돌아와 형제 신들을 평정하고 이즈모국의 지배자가 되었다.

오호쿠니누시는 스쿠나히코나와 협력하여 이즈모국을 다스렸다. 스쿠나히코나가 떠난 후에도 이즈모국을 더욱 발전시켰다.

한편 아마테라스는 오호쿠니누시가 잘 다스리고 발전시킨, 영원히 오곡백과가 풍성한 아시하라노나카쓰쿠니葦原中國는 자기 자손이 통치해야하는 나라라고 주장했다. 그래서 여러 신들과 상의 끝에 아시하라노나카쓰쿠니를 접수하고 통치하도록 아메노호히를 지상으로 내려 보냈다. 그러나 그 땅의 토착신인 오호쿠니누시에게 아첨할 뿐 3년이 지나도 명령을 수행하지 않았다.

그러자 이번에는 아메노와카히코에게 신성한 활과 화살을 주면서 지상으로 내려보냈다. 그러나 아메노와카히코는 오호쿠니누시의 딸 시타테루히메를 아내로 얻어 살면서 8년이 지나도록 명령을 수행하지 못했다.

또 다시 아마테라스는 새처럼 하늘을 난다는 배의 신, 아메노토리후네天鳥船에게 다케미카즈치建御雷神를 수행토록 하여 인간계로 내려보냈다.

그리하여 두 신은 이즈모국으로 내려와 오호쿠니누시大國主神에게 묻기를 "아마테라스와 다카미무스히의 명으로 그대의 의향을 물어보려 왔다. 그대가 영유하고 있는 이 땅은 우리 천손이 통치해야하는 나라로 정해져있는 땅이다. 그대의 생각은 어떠한가?" 하였다. 이에 오호쿠니누시가 말하기를 "저는 대답할 수 없습니다. 제 아들 고토시로누시事代主神가 대답할 것입니다. 마침 사냥을 나가 아직 돌아오지 않았습니다."라고 말했다.

다케미카즈치는 새처럼 하늘을 나는 아메노토리후네를 보내 코토시로누시에게 의향을 물었다. 그러자 "알겠습니다. 이 나라를 천손에게 바치겠습니다." 말하고 바다 속으로 사라졌다.

다시 다케미카즈치가 오호쿠니누시에게 "지금 그대의 아들 고토시로누시가 나라를 바치겠다고 말했소. 의견을 물어야하는 또 다른 아들이 있소?"라고 물었다. 그러자 오호쿠니누시가 "다케미나카타라는 아들이 한 명 더 있습니다."라고 말했다.

마침 귀가한 다케미나카타는 어마어마하게 힘이 셌지만, 힘겨루기에서 다케미카즈치에게 패하여 도망쳤다. 다케미카즈치가 추격하여 죽이려하자, 다케미나카타는 "잘못했습니다. 아버지 오호쿠니누시의 명령을 거역하지 않겠습니다. 이 나라를 천손에게 바치겠다는 고토시로누시의 의견에 따르겠습니다." 하였다.

다케미카즈치는 다시 이즈모국으로 돌아와서 오호쿠니누시에게 "그대의 아들 고토시로누시와 다케미나카타는 천손의 말씀에 따르며, 거역하지 않겠다고 말했소. 그대의 생각은 어떠시오?" 하고 물었다. 그러자 오호쿠니누시가 대답하기를 "제 아이들이 말씀드린 대로 저도 따르겠습니다. 이 나라를 바치겠습니다. 다만 제가 사는 이곳에 천손이 황위를 잇는 훌륭한 궁전처럼 땅 위의 반석에 튼튼한 기둥을 세우고 하늘을 향해 큰 나무를 많이 심어 신전을 만들어 주신다면 저는 멀리 물러나겠습니다." 하였다.

그리하여 오호쿠니누시의 요구대로 이즈모국에 신성한 신전이 만들어졌고, 이로써 다케미카즈치는 이즈모국을 평정하여 귀순시키고 천상계 다카마가하라로 돌아갔다.

자. 천손강림天孫降臨

이렇게 하여 아마테라스와 다카미무스히는 오시호미미에게 명을 내려 "이제 아시하라노나카쓰쿠니葦原中國가 평정되었다. 그 나라에 내려가 다스리도록 하라." 하였다. 그러자 오시호미미가 대답하기를 "제가 내려가려고 준비하고 있는 사이에 니니기노미코토瓊瓊杵尊가 태어났습니다. 이 아이를 내려보내는 것이 좋을 것 같습니다." 하였다. 이에 아마테라스는 니니기에게 삼종의 신기인 곡옥과 거울 그리고 칼을 주며 "오곡백과 풍성한 그 땅을 잘 다스리도록 하라." 명하고 지상으로 내려보냈다.

니니기는 다카마가하라를 떠나 하늘에 여러 겹 길게 뻗어있는 구름을 걷어내고 위엄 있게 길을 헤치고 나가 규슈九州 지쿠시筑紫(후쿠오카福岡현)의 히무카日向 다카치호高千穗 봉우리에 강림했다.

이때 하늘에서 내려오면서 니니기가 말하기를 "이 땅은 가라국韓國을 바라보고 있고 가사사笠沙(가고시마鹿兒島현)로 통하며 아침 해가 바로 떠오르는 곳이요, 석양이 밝게 비치는 나라로다. 그러니 이곳은 참으로 좋은 땅이구나." 하였다.

니니기는 가사사에서 아름다운 소녀 사쿠야히메를 만났다. 그녀의 아버지에게 결혼을 묻기 위한 사자를 보내니, 아버지는 매우 기뻐하며 딸과 그 언니 이하나가히메를 다른 헌상품과 함께 바쳤다. 그러나 니니기는 언니의 용모가 추했기 때문에 되돌려 보냈고 동생 사쿠야히메와 결혼했다. 이 둘 사이에 태어난 아이가 호데리노미코토火照命와 호스세리노미코토이다. 그 다음에 호오리노미코토火遠理命가 태어났다.

호데리노미코토는 일명 우미사치히코海幸彦로 바다에서 물고기를 잡으며 생활했고, 호오리노미코토는 일명 야마사치히코山幸彦로 산 짐승을 사냥하며 살아갔다. 어느 날 동생 야마사치히코가 "각자의 고기잡이도구와 사냥도구를 바꿔 사용해보자."고 제안했다. 처음에는 형이 거절했으나 나중에 성사되어, 동생 야마사치히코는 어구를 가지고 고기잡이에 나섰지만 한 마리도 잡지 못했고, 게다가 낚시 바늘까지 잃어버리고 말았다. 그러자 형 우미사치히코는 낚시 바늘을 돌려달라고 했다. 동생은 허리에 차고 있던 칼을 갈아 바늘 5백 개를 만들어 배상했지만 형은 받지 않았다. 1천 개를 만들어 배상해도 받지 않고 원래의 바늘로 돌려달라고 고집했다.

낚시 바늘을 잃어버린 동생 야마사치히코가 바닷가에 앉아 울다가, 지나가던 시호쓰치신에게 자초지종을 이야기하니 용궁으로 가는 길을 일러주었다.

용궁으로 들어간 야마사치히코는 용왕의 딸 도요타마히메와 결혼하여 3년 동안 용궁에서 살면서 용왕의 도움으로 잃어버렸던 낚시 바늘도 되찾고, 홍수를 일으키는 구슬과 가뭄을 가져오는 구슬을 선물로 받았다.

지상으로 돌아온 야마사치히코는 형 우미사치히코의 바늘을 되돌려주었고, 선물로 받은 구슬을 이용해 형을 굴복시켰다.

시간이 지나 도요타마히메가 지상으로 올라와 야마사치히코에게 말하기를 "그간 임신을 하였고 이제 출산할 때가 되어 여기에 왔습니다." 하였다.

해산할 때가 되자 남편 야마사치히코에게 말하기를 "다른 세상

사람이 출산할 때면 원래 자기 세상에서 살던 모습으로 변하여 출산을 합니다. 그래서 저도 원래의 모습으로 돌아가 출산합니다. 그러니 제 모습을 보지말기 바랍니다."라고 부탁했다.

그 말에 호기심이 생긴 야마사치히코가 몰래 엿보았더니 도요타마히메는 커다란 상어로 변해 몸을 구부리며 기어 다녔고, 이를 보고 놀란 야마사치히코는 도망쳤다. 그러자 도요타마히메는 남편이 엿본 것이 창피하여 낳은 아이를 남겨둔 채 "저는 늘 바다 길을 통해 이곳에 왕래하려 했습니다. 하지만 내 모습이 드러나 너무 수치스럽습니다."라고 말하고, 바다 끝의 경계를 막고 용궁으로 돌아가 버렸다. 이때 낳은 아이가 우가야후키아에즈노미코토鵜葺草葺不合命이다.

이 우가야후키아에즈가 그의 숙모 다마요리히메를 아내로 맞아 낳은 아이의 이름은 이쓰세노미코토五瀬命, 이나히노미코토, 미케누노미코토이며 그 다음이 가무야마토이와레비코노미코토神倭伊波禮毘古命이다.

이 긴 이름을 가진 가무야마토이와레비코노미코토가 일본 초대 천황으로 등극하는 진무神武 천황이다.

이 신화를 간단히 정리하면, 천지가 개벽하고 이자나키·이자나미 신이 열도와 산천초목을 생산한다. 다음으로 태양신 아마테라스, 달의 신 쓰쿠요미, 바다의 신 스사노오를 낳았다.

이 세 신에게 각각 나라를 다스리게 했는데, 스사노오는 임무를 다하지 않고 악행만 저지르다가 인간계로 추방되어 이즈모국으로 내려간다.

스사노오는 이즈모에서 머리가 8개 달린 거대한 괴물을 죽이고 나라를 다스렸다. 그리고 그의 후손 오호쿠니누시大國主神는 다른 형제들이 넘겨준 나라까지 대대로 잘 다스렸다.

한편 아마테라스는 이즈모국出雲國을 천손이 다스려야한다며 이미 인간계에 정착한 천손 스사노오의 자손 오호쿠니누시의 나라를 빼앗기 위해 다케미카즈치를 내려보내 나라를 빼앗았다. 그 후 천손 니니기를 인간계로 보냈고, 니니기는 곡옥과 거울 그리고 칼을 가지고 휴가日向의 다카치호高千穗봉(미야자키宮崎현)으로 강림하여 나라를 다스렸고, 그의 직계 자손 가무야마토이와레비코가 일본의 초대 진무神武 천황이 되었다.

천손강림天孫降臨한 신의 자손들은 오랜 시간동안 멀리 여행하여 천상계와 인간계, 황천과 용궁까지 돌아 진무神武 천황이라는 이름으로 일본 땅에 정착했다. 이로써 태양신 아마테라스오미카미天照大御神의 자손인 천손天孫이 강림하여 인간의 모습으로 일본을 다스리는 천황의 왕권신수설은 완성되었다.

2. 진무神武 천황의 동정東征

가무야마토이와레비코(진무 천황)가 형 이쓰세노미코토와 상의하여 다카치호高千穂(미야자키宮崎현)에서 동정東征을 결의했다. 군사를 이끌고 휴가日向를 떠나 지쿠시筑紫 땅으로 가서 1년을 지냈고, 아키安藝국(히로시마廣島현)으로 이동하여 7년을 머물렀다. 또 기비吉備(오카야마岡山현)에서 8년을 머물렀다. 이동 중에 시라카타노쓰白肩津에 배를 세우고, 대기하던 나가스네히코長髓彦와 전투가 벌어졌다. 이때 진무 천황의 형 이쓰세노미코토는 나가스네히코가 쏜 화살에 맞아 기이紀伊국(와카야마和歌山현·미에三重현 남부)에서 죽었다.

이와레비코가 구마노熊野까지 왔을 때 큰 곰이 나타났다 사라졌는데, 이와레비코를 포함한 군사들은 모두 정신을 잃었다. 이때 구마노의 다카쿠라지가 칼을 한 자루 가져오자 이와레비코가 곧 눈을 떴다. 다카쿠라지에게 칼을 받아들자 구마노에서 날뛰던 적들은 저절로 쓰러졌고 병사들도 깨어났다.

천손의 동정이 여의치 않자 아마테라스와 다카미무스히는 이즈모국을 평정하고 오호쿠니누시에게 나라를 넘겨받은 다케미카즈치를 불러 "인간계가 소란스러워 우리 천손들이 고생하고 있다. 너는 예전에 그 땅을 접수한 적이 있으니 다시 내려가 평정하도록 하라."고 명했다. 그러자 다케미카즈치가 "이즈모국을 평정할 때 사용한 칼을 보내겠습니다." 말하고 다카쿠라지에게 그 칼을 내려보냈다. 이와레비코가 다카쿠라지에게 받은 칼이 바로 그 다케미카즈치의 신검이다.

아마테라스가 이와레비코의 꿈속에 나타나 신탁한 까마귀 야타가라스八咫烏의 안내로 구마노에서 요시노 강을 건너 우다宇陀에 도착했다.

이곳 우다에는 에우카시·오토우카시 형제가 있었다. 사전에 야타가라스를 보내 이와레비코에게 복종하겠는가 물으니 형 에우카시가 소리 내는 화살을 쏘아 야타가라스를 쫓아냈다.

에우카시는 동정東征군에게 대항할 만한 군사를 모으기가 어렵게 되자 거짓으로 복종하겠다고 하고 이와레비코를 유인할 덫을 설치한 궁전을 만들었다. 동생 오토우카시가 이와레비코에게 이 사실을 알렸다. 이와레비코는 부하를 에우카시에게 보냈다. 이들은 활을 당겨 겨누고 "복종한다고 했으니 네가 먼저 궁전에 들어가 복종하는 태도를 보여라."고 압박하니 결국 에우카시는 자신이 만들어 놓은 덫에 걸려죽었다.

오시사카忍坂에서는 쓰치구모土蜘蛛의 야소타케루八十建가 기다리고 있었다. 그곳에서 이와레비코는 야소타케루에게 음식을 대접하며, 칼을 숨긴 요리사를 대기시켜놓았다가 노래 신호를 시작으로 일제히 공격해 죽였다.

그 후 목적지인 이와레磐余에서 오토시키弟師木와 에시키兄師木를 물리쳤다. 마지막으로 니기하야히邇藝速日命는 자신의 처남인 나가스네히코長髓彦를 암살하고 이와레비코가 천손임을 인정하고 복종했다. 이로써 동정을 완성한 가무야마토이와레비코는 가시하라橿原에서 진무神武 천황으로 즉위했다. 이때가 기원전 660년의 일이다.

지금까지『고사기』와『일본서기』가 전하는 장황한 신화를 살펴보았다. 천손이 악전고투 끝에 어렵게 가시하라에 도읍을 정하고 진무가 초대천황으로 즉위한다는 내용은 왠지 옹색하여 천손강림 신화가 무색해진다. 그 과정을 보면서 고구려와 부여의 건국신화가 저절로 떠오른다.

　　『광개토대왕 비문』에는 다음과 같은 고구려 건국 신화가 전한다.

　　옛날 북부여에서 온 시조 추모鄒牟왕이 나라를 세웠다. 추모왕은 천제의 아들이며 어머니는 하백河伯의 딸이다. 알에서 태어났는데 성스럽고 덕이 있었다. 천제의 명으로 수레를 타고 남쪽으로 순행하다가 부여 엄리대수奄利大水에 이르렀다. 추모왕이 나루터에 다가가 말하기를 "나는 천제皇天의 아들이고, 하백의 딸을 어머니로 둔 추모왕이다. 나를 위해 갈대를 엮고 거북이를 띄워 다리를 만들라." 명하니 즉시 갈대가 연결되고 거북이들이 떠올라 다리를 만들었다. 추모왕은 강을 건너 비류곡沸流谷 홀본忽本 서쪽 산위에 성을 쌓고 도읍했다.

　　『삼국지』「동이전 부여조」에는『위략』의 일문을 인용하여 부여의 건국 신화를 전하고 있는데 "또 옛 기록에 예로부터 북쪽에 고리국高離國이 있었는데, 그 왕의 여종이 임신을 하자 왕이 그녀를 죽이려 하였다. 여종이 말하기를 '계란만한 기운이 아래로 들어와 제가 임신을 하게 되었습니다.' 하였다. 후에 아들을 낳았는데 왕이 아이를 돼지우리에 버리자 돼지가 주둥이로 숨을 불어넣어 따뜻하게 하였고, 마구간으로 옮기니 말이 따뜻한 기운을 불어넣어 죽지 않았다. 왕이 이를 기이하게 여겨 천자로 삼고자 그 어미에게 거두어 기르게 하였다. 그 아이의 이름을 동명東明이라 했는데 말을 잘 다루고 활을 잘 쏘았다. 왕은 그에게 나라를 빼앗길까 두려워 죽이려 하였다. 동명이 도망쳐 남쪽 시엄수施掩水에 이르러 활로 수면을 치니 물고기와 자라들이 떠올라 다리를 만들었고 동명은 시엄수를 건널 수 있었다. 이내 물고기와 자라들이 흩어지자 뒤쫓던 병사들은 건널 수가 없었다. 이에 동명이 도읍을 정하고 부여 땅에서 왕이 되었다."는 내용이다.

건국과정이 시원하다. 신의 자손이 건국하는 과정이라면 적어도 이 정도의 위엄은 있어야 신성성이 확보되는데 말이다.

지금까지 일본건국 신화에서 천황이 천손의 혈통으로 이어지는 내용을 살펴보았다. 말썽만 피우던 스사노오는 천상계에서 추방되어 이즈모국으로 내려와 고통당하던 백성을 구해 영웅이 되었고, 그곳에서 뿌리를 내리고 그 후손들이 대대로 나라를 다스리며 살았다. 그런데 천상계를 다스리는 아마테라스는 그 땅을 천손이 다스려야한다고 주장하며 다케미카즈치를 내려보내, 그 땅을 다스리고 있던, 같은 천손 스사노오의 자손인 오호쿠니누시와 그의 두 아들로부터 무력을 이용해 이즈모국을 빼앗는다. 그리고는 또 다른 천손 니니기에게 왕권의 상징인 삼종의 신기(거울, 칼, 곡옥)를 주어 인간계로 내려 보냈다.

니니기는 휴가日向의 다카치호高千穗봉(현 미야자키宮崎현과 가고시마鹿兒島현의 경계)으로 내려와 "이 땅은 가라국韓國을 바라보고 있고, 가사사笠沙(가고시마鹿兒島현)로 통하며 아침 해가 바로 떠오르는 곳이요, 석양이 밝게 비치는 나라로다. 그러니 이곳은 참으로 좋은 땅이구나." 하였다.

가라국韓國이 보여 좋은 땅이라고 한다. 뜬금없다. 천상계 다카마가하라高天原와 가라국이 무슨 관계가 있어 보인다. 왠지 천상계 다카마가하라는 가라국韓國이라는 암시를 준다. 그러면 천손이 어디에서 왔는지 유추할 수 있다. 천손의 자손이 만세일계의 천황이 되었으니 천황의 출신도 알 수 있게 된다.

흔히들 한반도에서 일본열도로 건너가 국가를 건설한 세력을 셋으로 대별한다. 하나는 가야와 백제계의 야마토大和 세력이고, 또 하나는 신라계의 이즈모出雲 세력이며, 다른 하나는 백제계의 규슈九州 세력이라 한다.

다케미카즈치가 평정한 곳은 이즈모국(시마네島根현)이다. 그곳 토착세력들을 평정했으니 그 땅을 접수하라는 명을 받고, 천손 니니기瓊瓊杵尊가 강림한 곳은 이즈모국이 아닌 휴가日向의 다카치호高千穗봉(현 미야자키宮崎현)으로 규슈 땅이다. 엉뚱하다. 서로 멀리 떨어진 곳이다.

한반도에서 일본열도로 건너온 가야·백제·신라의 도래인들에게 이즈모국의 토착세력과 규슈 휴가의 토착세력은 모두 시차를 두고 열도로 건너온 자신들의 조상이기는 마찬가지여서, 규슈 세력이나 이즈모 세력을 엄밀하게 구분할 필요가 없었기에 신화의 서술에 공간적 구별을 하지 않은 것으로 보인다.

전통적으로 일본인들은 한반도 남쪽을 가라韓라 불렀다. 나중에 백제와 신라에 흡수되어 사라지지만, 그들의 조상들이 건너올 당시의 이름인 가라韓가 보이니 좋다는 표현으로 조상의 본적지를 새겨두었던 것이다.

일본은 645년 다이카카이신大化改新으로 강력한 율령정치를 시행하며 중앙집권적인 천황 친정체제를 구축했다. 660년 백제가 멸망하자 제38대 덴지天智 천황(칭제·재위 661-671)은 663년 백제 부흥을 위해 2만 7천의 지원군을 보냈다고 『일본서기』는 기록하고 있다. 당시 일본의 5백만 인구와 국력으로 보면 올인이다. 그러나 일본의 모든 국력을 투입한 백촌강白村江(금강 하구) 전투에서 백제·왜 연합군은 나·당 연합군에게 완패했다.

우리는 일본이 백강(백촌강)전투에 참전한 이유로 본국인 백제를 부흥시키기 위해서라고 이야기하지만, 일본은 백제가 속국이므로 이를 구원하기 위해 대규모 군사를 보냈다고 주장한다.

냉정하게 생각해보자. 일본이 이미 망한 백제에 많은 군대를 보낸 진짜 이유는 무엇일까? 그리고 전쟁에서 크게 패한 자랑스럽지 않은 역사를 왜 기록해놓았을까? 그 이유를 다음에서 엿볼 수 있다.

660년 백제가 망하고, 663년 백제 잔당과 왜국 연합군의 백제 부흥 운동은 백촌강 전투의 패배로 막을 내리고 주유州柔가 함락되자 『일본서기』 제38대 덴지天智 천황 2년(663)조는 "주유가 항복했으니 어찌할 도리가 없네. 백제의 이름도 오늘로 끊겼구나. 조상을 모신 무덤은 언제 다시 성묘할 수 있으리오.州柔降矣 事无奈何 百濟 之名絶于今日 丘墓之所 豈能復往"라고 한탄을 기록하고 있다.

백제·왜 연합 부흥군이 항복하여 백제가 망했는데 더 이상 조상의 묘에 성묘할 수 없다고 한탄하고 있다. 왜의 조상 묘가 백제에 있다고 말하고 있다. 국력을 총동원해서 지켜내야 하는 조상의 나라임을 이야기하고 있다. 이제 우리는 일본이 왜 망한 백제에 그토록 많은 군사를 보냈는지 알았고, 또 왜 가라국韓國이 보여서 좋은 땅인지 알 수 있게 되었다.

『구당서舊唐書』「백제전」에는 그 때의 상황을 다음과 같이 기록하고 있다.

"유인궤劉仁軌 군대는 백강白江 입구에서 백제 왕자 부여풍扶餘豊 군대를 상대로 네 번을 싸워 모두 이겼다. 4백 척의 배가 불타올랐고, 적은 궤멸되었으며, 부여풍은 도망쳤다.仁軌遇扶餘豊之衆於白江之 口 四戰皆捷 焚其舟四百艘 賊衆大潰 扶餘豊脫身而走"

과장을 잘하기로 유명한 중국이 기록한 백제·왜 연합군의 규모가 400척이다. 기존의 연구에 의하면 당시의 기술로는 군선 한 척에 30~40명 내외의 수군만이 탑승할 수 있었다고 한다. 후하게 쳐서 액면 그대로 군사력을 계산해보면 1만 6천으로 추정할 수 있다. 그것도 백제 잔당과 왜 연합군의 규모이다. 대장 백제 왕자 부여풍의 군대와 싸웠다는 내용이 있을 뿐 왜군이 어떻게 되었다는 이야기는 없다.

『삼국사기』「신라본기」 제30대 문무文武왕(재위 661-680) 11년(671)조에는 "이때 왜국의 수군이 와서 백제를 도왔다. 왜선 1천 척이 백강白江에 정박하니 백제의 정예 기병이 강 언덕 위에서 이들을 지켰다. 신라의 용맹한 기병이 당나라 군대의 선봉이 되어 먼저 백제 진영을 격파하니 주류周留는 전의를 상실하고 곧 항복하였다.此 時 倭國船兵 來助百濟 倭船千艘 停在白江 百濟精騎 岸上守船 新羅驍騎 爲漢前鋒 先破岸陣 周留失膽 遂即降下"고 기록하고 있다.

하지만 「신라본기」는 백강에 왜선이 정박했던 일은 적어놓았지만 전투를 벌인 기록은 없다. 시기적으로도 「신라본기」 671년 조의 왜선 1천 척 백강 정박 내용과 『일본서기』의 663년 조의 2만 7천 백제 지원군 파견은 연대가 맞지 않는다.

『일본서기』 663년 조의 기록대로 대규모의 왜군이 패퇴했다면, 신라의 입장에서는 승전한 싸움의 전과를 안 적어놓았을 리가 없다. 그런데도 「신라본기」 663년 조에는 왜군에 대해서 일언반구의 기록도 없다. 그렇다면 전투도 벌이지 않았던 백강에 정박했던 왜선 1천 척은 무엇이란 말인가?

『삼국사기』 「신라본기」의 기록대로 왜선 1천 척이 백강에 정박했다면 4만 전후의 원병을 보냈다고 추산할 수 있다. 임진왜란·정유재란 당시 인구 1천 2백만을 헤아리던 일본이 6년 동안 투입한 일본군의 연인원이 16만 정도였다고 하니 당시 일본의 국력으로는 불가능한 일이라 판단되지만, 그 원병의 규모가 사실이라고 하더라도 금강 하구에 1천 척의 군선들이 어깨를 맞대고 정박했다면 과연 자유롭게 움직일 수나 있었을까 하는 의문을 떨쳐버릴 수 없다.

663년 당나라 군대는 백제 왕자 부여풍 군대와 네 번을 싸워 네 번을 이겼고, 군선 400척이 불타올랐다는 『구당서』 「백제전」의 기록과 671년 백강에 1천 척이 정박했다는 『삼국사기』 「신라본기」의 기록은 서로 다른 사실을 말하고 있다. 그렇다면 왜선 1천 척은 왜 백강에 정박하고 있었을까? 그것은 군선이 아닌 전쟁에서 패한 백제 난민을 일본으로 실어 나르기 위한 난민 수송선이라 여겨진다.

백제의 잔당들은 조국 부흥을 위해 일본과 손잡고 끈질기게 게릴라전을 펼쳤고, 이 지루한 잔당 토벌전이 진행되는 동안 신라와 백제잔당 사이에 물밑 교섭이 있었을 것이라고 생각된다. 백제잔당 은 백제 난민을 일본으로 안전하게 보낼 수 있도록 요청했고, 신라 가 이에 응함으로써 골치 아프고 끈질긴 게릴라들을 처분할 수 있 게 되었던 것이다.

『삼국사기』「신라본기」에 1천 척 왜선의 행방을 일언반구도 담지 않은 이유는 승전국인 자신들이 점령지 백제를 완전히 장악하지 못하고 타협했다는 부끄러운 사실을 후손들에게 남기고 싶지 않았 기 때문이리라.

그렇다면 일본은 도대체 왜, 그 자랑스럽지 않은 패전을 과장하 여 역사서에 남겨놓았을까? 그 이유를 다음과 같이 추리해볼 수 있다.

『일본서기』는 663년 백제 부흥을 위해 2만 7천명의 지원군을 보 냈다고 기록하고 있다.

『구당서』는 663년 백제와 싸워 이겼고, 4백 척의 배가 불타올랐 다고 적고 있다.

『삼국사기』는 671년 왜선 1천 척이 백강白江에 정박했다고 말해주 고 있다.

파병한 지원군의 숫자와 전투 상대, 사건 발생 연대와 왜선의 용 도가 모두 다르다.

가라국韓國이 보이니 좋은 땅이며, 백제가 망했으니 조상 묘를 찾아갈 수 없다고 한탄하는 것은 그들의 본적지가 백제임을 알 수 있다. 그런 백제가 망했다니 슬프기도 하지만, 선조의 나라를 지키지 못해 조상 앞에 얼굴을 들 수 없다는 자괴감이 앞섰을 것이다. 뛰어난 학자들과 고급 기술자들, 각종 선진문물을 끊임없이 공급 받으며, 물심양면으로 도움을 준 고국을 위해 아무것도 한 것이 없 다는 반성과 미안함이 "조상님, 비록 패배했지만 우리도 마음으로 는 이만큼 하고 싶었습니다."라고 역사에 남겨야 심정적 위안을 얻 을 수 있었기 때문이리라.

망국 백제 난민들의 엑소더스로 한반도와 일본열도에 가로놓인 해협은 더 깊어지고 멀어진 채 오늘에 이르고 있다. 외세와 결탁하 여 백제를 멸망시킨 신라는 통째로 고려로 넘어갔고, 고려는 조선 으로, 또 조선은 한국으로 이름만 바뀌었을 뿐 자신들을 일본열도 로 쫓아낸 한반도에 사는 원수 같은 그 민족들과는 심정적으로 가 까워질 수 없었던 것이다. 이렇게 케케묵은 두 나라의 애증은 한·일 두 나라 사이에 철벽처럼 버티고 서 있다.

백제 멸망 후 백제의 정치 시스템 그리고 인재들, 찬란했던 선진 백제의 문화가 고스란히 일본으로 유입되었다. 본국 백제가 없어 지자, 일본은 조상의 나라인 본국 백제의 눈치를 볼 필요가 없어졌 고, 미련 없이 '일본'이라는 국호와 '천황'이라는 칭호를 사용하기 시 작했다. 본국으로부터 젖을 떼고 정을 떼는 독립의 몸부림이었다.

『삼국사기』「신라본기」제30대 문무文武왕(재위 661-680) 10년(670) 조는 "왜국이 국호를 고쳐 일본이라 하고 스스로 해가 나오는 곳 에 가까운 까닭으로 그와 같이 이름 지은 것이라 한다."고 적고 있 다. 즉 한반도보다 해 뜨는 곳에 가깝기 때문에 일본이라 작명했 다는 것이다. 그러니 일본이라는 국명은 한반도에서 건너가 일본에 살게 된 도래인의 시각과 사상에서 비롯되었다고 볼 수 있겠다.

천황을 칭하기 시작한 시기에 관해서는 여러 설이 있으나, 백제 멸망 전후인 38대 덴지天智 천황(칭제·재위 661-672) 때부터라고 전한다.

이렇듯 새 시대가 도래하면 필연적으로 새로운 역사서를 만들어낸다. 이를 증명이라도 하듯 일본에서 가장 오래된 역사서가 이때 만들어진다. 바로『고사기古事記』와『일본서기日本書紀』이다.

『고사기』는 덴지 천황의 동생 제40대 덴무天武 천황(재위 673-686)의 명으로 히다노아레稗田阿禮가 암송한 천황의 계보를 제43대 겐메이元明 천황(재위 707-715)의 명으로 오노 야스마로太安麻呂가 엮어 712년 완성했고,『일본서기』는『고사기』와 달리 편찬 경위를 알 수 없다. 다만 도네리舍人 친왕 등이 720년 편찬했다고 전해진다.

백제 멸망 후 많은 뛰어난 인재들이 기존 백제계 일본인의 세력에 더해졌을 것이다. 이들이 새 일본의 새 역사를 편찬하는 주체가 되었을 것이라는 것은 당연한 추측이다. 이들은 일본의 역사에 백제의 역사를 투영하며 적어 내려갔다. 이는 망국의 한을 안은 백제계 일본인들이 어찌할 수 없었던 애절함과 속절없음을, 눈물을 훔치며『고사기』와『일본서기』에 투사했던 것이다.

이런 배경에서 천손 니니기는 가라국韓國을 바라볼 수 있어서 좋다는 규슈 땅으로 강림했으며, 진무 천황은 동쪽의 야마토를 정벌했으며, 그 결과로 자신들이 야마토大和에 도읍을 정했다고 말하고 있는 것이다.

3. 중국 사서에 보이는 일본의 왕

일본사람들은 중국의 『삼국지三國志』 「위지동이전魏志東夷傳」이나 『한서漢書』를 금이야 옥이야 귀하게 여긴다. 자신들의 역사서인 『고사기』와 『일본서기』의 행간과 문맥에서는 왠지 부정할 수 없는 한반도 사람들의 체취가 느껴지는 것이 사실이다. 반면, 자신들이 들어와 살기 이전부터 이 땅에 살던, 선조라고 여기고 싶은 원주민들의 동시대 역사를 제3자가 세밀하고 담담하게 기록해둔 「위지동이전 왜인조倭人條」에는 단일민족으로서 도래인들의 피가 섞이기 이전이라 믿고 싶은, 원형이라 생각되는 열도 원주민들의 생활상이 그려져 있어 그 내용을 통해 스스로 순수한 정통성을 보장받을 수 있기 때문일 것이다. 게다가 중국의 그 역사서를 통해 세계무대에 데뷔했으니 더 말할 나위가 없다.

가. 『삼국지三國志』

아직 국가의 틀을 갖추지 못한 일본열도는 『삼국지三國志』 「위지동이전 왜인조」를 통해 동아시아 무대에 처음으로 등장한다. 우리가 1145년 편찬한 『삼국사기』와 1281년 편찬한 『삼국유사』를 가지고 있는 것처럼 일본인들에게는 712년 편찬된 『고사기古事記』와 720년 편찬된 『일본서기日本書紀』같은 역사서가 있음에도 『삼국지』 「위지동이전 왜인조」를 금지옥엽으로 끔찍이 아낀다.

먼저, 그 정통성 넘치는 중국의 역사서는 일본의 지배자를 어떻게 묘사했는지 살펴보도록 하자.

중국 서진(西晉, 265-316)의 진수陳壽가 편찬한 『삼국지』는 위서魏書, 촉서蜀書, 오서吳書로 구성되어 있다. 그중 위서의 「오환선비동이전烏丸鮮卑東夷傳」은 중국 동북지방의 오환烏丸, 선비鮮卑, 부여夫餘, 고구려高句麗, 옥저沃沮, 읍루挹婁, 예濊, 삼한三韓, 왜倭의 당시 역사와 풍속을 전하고 있다.

「오환선비동이전」은 총 9,226자로 이루어졌다. 일본인들은 아홉 나라 중 「왜인조」가 1,984자로 가장 길고 다음으로 삼한, 고구려, 선비의 순으로 글자 수가 배분된 것은 당시 중국이 가졌던 왜에 대한 중요성과 관심을 나타내는 것이라 해석하며 자랑스러워한다.

그 『삼국지』「위지동이전 왜인조」는 다음과 같이 전한다.

"바닷길로 열흘, 육로로 한 달 남으로 가면 여왕이 다스리는 야마대국邪馬臺國에 이른다." 또 "그 나라는 원래 남자가 왕이 되어 7~80년을 다스렸으나, 나라가 혼란해져 오랫동안 싸움이 지속되자 협의하여 여자를 왕으로 세웠다. 그 이름을 히미코卑彌呼라 하는데 귀신을 부려 백성을 미혹시켰다. 나이가 들어서도 남편이 없어 남동생이 정사를 도왔다. 히미코가 왕이 된 후로 그녀를 본 사람은 많지 않다. 1천 명의 여종이 시중을 들고 남자 한 명에게만 식사 시중을 들거나 왕명을 전하기 위한 출입이 허용된다. 궁전은 누각이나 성책으로 엄중하게 보호되고 무장한 경비병이 항상 지키고 있다."

여기에 야마대국의 여왕 히미코의 이름이 처음으로 등장한다. 히미코라는 구체적인 이름을 가진 여왕의 등장은 일본열도에 국가라고 할 만한 정권이 존재했다는 근거를 제공했으며, 이 여왕으로부터 일본인들은 역사의 정통성을 찾으려 애썼다. 급기야는 120년이라는 시차를 초월하여『삼국지三國志』「위지동이전 왜인조」의 주인공인 여왕 히미코와『고사기』·『일본서기』의 등장인물인 진구神功 황후를 오버랩 시켜 야마대국은 일본의 원형으로 오래전부터 열도에서 자생한 정권이라는 정통성을 만들려는 시도를 했다.

『일본서기』진구 황후조는 「위지동이전 왜인조」를 인용하여 다음과 같은 기록하고 있다.

"진구 황후 39년,『삼국지三國志』「위지동이전 왜인조」에 의하면 명제明帝 경초景初3년(239) 6월에 왜의 여왕은 대부 난승미 등을 대방군에 보내 낙양의 천자를 알현하고 싶다며 공물을 가져왔다. 태수 등하는 관리를 붙여 낙양으로 호송했다.

진구 황후 43년,『삼국지三國志』「위지동이전 왜인조」에서 말하기를 정시正始4년(243) 왜왕이 다시 사자인 대부 등 8명을 보내 헌상품을 바쳤다."

이처럼『일본서기』편자는 「위지동이전 왜인조」를 인용하여 야마대국의 여왕 히미코가 진구 황후인 것처럼 은근슬쩍 끼워 넣었다.

『일본서기』에는 진구 황후의 아들 제15대 오진應神 천황(재위 270-313)이 110년을 살았다고 하는데,『송서』「왜국전」에 보이는 왜5왕 찬讚·진珍·제濟·흥興·무武 중 1명으로 비정되는 오진 천황은 서기 400년 전후에 재위했으며, 그의 재위 기간에 백제의 아직기·궁월군·왕인·아지사주 등이 일본에 귀화하여 양잠, 직물, 관개, 치수기술, 한자 등을 전했다고 한다. 이로써 중국과 일본의 역사는 120~130년의 시차가 있음을 알 수 있다.

게다가 진구 황후의 손자인 제16대 닌토쿠仁德 천황(재위 313-399)
은 142년을 살았다고 하는데 이는 「위지동이전 왜인조」의 히미코
와『일본서기』진구 황후 조의 연대를 맞추기 위해 늘여 붙인 가공
의 나이와 재위 연대라는 것이 중론이다.

또『삼국지』「위지동이전 왜인조」는 다음과 같이 전한다.

"경초 2년(238) 6월, 왜 여왕이 대부 난승미難升米 등을 대방군에
파견하여 중국황제에게 공물을 바치겠다고 하니 대방 태수 류하劉
夏는 사람을 시켜 그들을 낙양으로 호송했다. 그해 12월 황제가 왜
여왕에게 조서를 내리며 말하기를 "친위왜왕親魏倭王 히미코에게 이
르노라. 대방 태수 류하는 사람을 보내 너의 신하 대부 난승미와
차사 도시우리都市牛利를 안내했고, 네가 보낸 남자 노비 4명과 여
자 노비 6명, 반포 2필 2장도 도착했다. 네가 있는 곳은 까마득히
먼 곳인데도 사절을 보내 조공하니 너의 충효를 심히 가상히 여기
노라. 이제부터 너를 친위왜왕親魏倭王으로 삼고 금도장과 자수紫綬
를 갖춰 대방 태수에게 보내 하사하노라. 너는 백성을 가르치고 깨
우쳐 순종하도록 하라." 하였다.

히미코의 조공은 위魏의 권위를 빌어 왜의 내치 안정을 꾀하려는
시도로 보이며, 중국의 하사품은 과시욕과 더불어 가까운 나라와
싸우고 먼 나라와 손을 잡는 전형적인 근공원교 외교를 보여주고
있다.

「위지동이전 왜인조」의 마지막 부분에는 야마대국의 최후를 다
음과 같이 기록해두었다. "히미코가 죽자, 묘를 크게 만들었는데
직경은 1백 보이며 남녀 노비 1백여 명을 순장시켰다. 다시 남자 왕

을 세우자 사람들이 따르지 않고 또다시 서로 죄를 씌워 죽이니, 그 수가 1천 명이나 되었다. 이에 히미코의 종녀宗女 13세 이요壹與를 왕으로 삼자 나라가 겨우 안정되었다."

진구 황후에 투영된 여왕 히미코가 247년 죽고 이요壹與가 왕위를 계승한다. 「위지동이전 왜인조」에서 히미코가 죽고 이요가 왕위를 계승한 이후, 야마대국은 역사에서 감쪽같이 사라졌다가 중국 남조 제齊(479-502)의 심약沈約이 저술한 『송서』「왜국전」에 "왜는 고구려의 동남쪽 바다에 있는데 대대로 조공을 한다. 421년 황제가 조서를 내려 왜의 찬讚이 만 리나 떨어진 먼 곳에서 조공하고 충성을 다하니 벼슬을 내릴만 하다."라는 내용으로 왜5왕 찬讚·진珍·제濟·흥興·무武가 등장할 때까지 1백 수십 년의 공백기를 가져야 했다. 흔히 이 시기를 일본 역사에서는 잃어버린 4세기가 한다.

일본학자들은 「광개토대왕 비문」의 신묘년조辛卯年條를, 중국에 조공사도 보내지 못해 역사에서 사라져버린, 무정부상태로 의심되는 시기인 신묘辛卯년(391)에 "왜가 바다를 건너와 백제·가라加羅·신라를 정복하여 신민으로 삼았다百殘 新羅 舊是屬民由來朝貢 而倭以辛卯年 來渡海破 百殘□□新羅以爲臣民."고 해석하고 있다. 비면의 자구가 세월에 심하게 마멸되어 판독이 불가능한 부분은 자신들이 원하는 글자를 대입시켜 창작하고 해석했다고 의심된다.

아키히토 천황의 초등학교 시절부터 대학 때까지의 학우인 하시모토 아키라橋本明는 그의 저서 『잘 알려지지 않은 천황 아키히토』에서 다음과 같이 이야기했다.

"메이지 시대가 옛일이 되어가니 사람들은 그 시대를 그리워한다. 그러나 위정자는 새로운 국가체제의 국시에 맞추기 위해 역사에 손을 대는 바보 같은 일을 저질렀다. 참모본부參謀本部는 압록강 서안의 집안集安에 서 있는 고구려 광개토왕의 사적을 기록한 호태왕비문好太王碑文을 개찬改竄했다는 의혹이 있다."

나. 『후한서後漢書』

중국 남북조 시대(420-589), 남조 송宋(420~479)의 범엽范曄이 저술한 『후한서後漢書』는 다음과 같이 전한다.

"한 무제가 조선을 멸한 이래 30여 개 나라에서 사절을 보낸다. 나라마다 수장이 있어 왕을 칭하는 것이 이어진 전통이다. 그곳의 대왜왕大倭王은 야마대국邪馬臺國에 거한다."

한 무제가 고조선을 멸하고 한사군을 설치한 해가 기원전 108년이니, 그 후 언제부터인가 사절을 보내는데 30여 국에 각기 왕이 있고 그중 야마대국에 자리 잡은 왕이 대왜왕大倭王이라는 것이다.

또 "57년 왜의 노국奴國이 조공을 해왔다. 왜의 남쪽 끝에 있는 나라이다. 광무제가 인수印綬를 하사했다. 107년 왜국왕 수승帥升이 노비 160명을 헌상하며 알현을 청했다."

1784년 규슈九州 하카타만博多灣에 접한 작은 섬 시카노시마志賀島에서는 논에서 일하던 농부에 의해, 서기 57년 후한의 광무제가 2만여 호에 불과한 작은 나라 노국奴國의 왕에게 하사했다는 금으로 만든 '한위노국왕漢委奴國王'이라 새겨진 금도장이 발견된다. 물론 그 도장의 진위 여부에 많은 의문들이 제기되고 있지만 '한이 위임한 노국왕' 또는 위委를 왜倭로 읽어 '한의 왜노국왕'으로 읽고 있다. 57년 조공한 노국왕의 이름은 기록하지 않았다.

다. 『송서宋書』

남북조시대(420-589) 남조 제齊(479-502)의 심약沈約이 저술한 『송서宋書』의 기록에 "왜국은 고구려의 동남 바다에 있는데 대대로 조공을 한다. 421년 조서를 내려 왜의 찬讚이 만 리나 떨어진 먼 곳에서 조공하며 충성을 다하니 벼슬을 내릴만하다." 하였다.

425년 찬이 또 사마조달司馬曹達을 보내 보물을 헌상했다. 찬이 죽고 동생 진珍이 왕이 되자 사절을 보내 조공했다. 스스로 칭하기를 사지절 도독 왜·백제·신라·임나·진한·모한 육국제군사 안동대장군 왜국왕使持節都督倭百濟新羅任那秦韓慕韓六國諸軍事安東大將軍倭國王이라 했다. 진은 또 왜수倭隋 등 13인의 작호를 청하여 평서平西, 정노征虜, 관군冠軍, 보국장군輔國將軍을 하사받았다.

443년 왜국왕 제濟가 사절을 보내 조공하니 다시 '안동장군 왜국왕'에 봉했다. 451년 옛날처럼 '사지절 도독 왜·신라·임나·가라·진한·모한 육국제군사 안동장군使持節都督倭新羅任那加羅秦韓慕韓六國諸軍事安東將軍'에 봉했고 더불어 23명의 장군 겸 군태수를 임명했다.

제가 죽고 세자 흥興이 사절을 보내 조공을 했다. 462년 조서를 내려 말하기를 "왜왕의 세자 흥이 대를 이어 충성을 맹세하며 바다 먼 곳에서 신하가 되었다. 나라를 안정시키고 공손하게 조공을 했다. 변방에서 새롭게 왕을 이었으니 작호를 주어 '안동장군 왜국왕'으로 봉해도 좋겠다." 하였다.

흥이 죽자 동생 무武가 왕이 되어 스스로를 '사지절 도독 왜·백제

·신라·임나·가라·진한·모한 칠국제군사 안동대장군 왜국왕'이라 칭했다.

478년 상표를 올려 말하기를 "신국臣國은 멀리 떨어진 외진 곳에 나라를 세워 조상 대대로 직접 갑옷을 입고 사방으로 두루 돌아다니느라 편히 쉴 틈이 없었습니다. 동으로 모인毛人 50국을 정벌하고, 서로는 중이衆夷 66국을 복속시키며, 북으로 바다건너 95국을 평정하니 왕도가 태평하고 조화로워 나라 땅이 넓어졌고 누대에 걸쳐 조정을 섬기는데 소홀함이 없었습니다.

신이 비록 어리석고 하찮지만, 분에 넘치게도 자손을 남겨 다스릴 곳을 통솔하고 하늘을 지극히 숭상하며 백제를 거쳐 조공을 가려고 배를 준비했는데, 고구려가 극악무도하여 나라를 삼키려 변방을 약탈하고 예속시키며 살육을 멈추지 않으니 모든 것이 망가지고 좋은 풍속을 잃게 되었습니다. 조공하러 길을 나서면 때로는 지나갈 수 있었지만 때로는 막혀 가지 못했습니다.

신의 죽은 아버지 제濟는 원수들이 조공 가는 길을 막으니 분노하여 백만의 활로 크게 군사를 일으키려 했지만 아버지와 형이 죽어 뜻을 이루지 못했습니다. 상중이라 군사를 일으킬 수 없어 손을 놓고 있었는데, 이제야 아버지와 형의 뜻을 받들어 군사를 훈련시켜 일어나니 날쌔고 용감한 군사들이 문무의 공을 다하여 서슬 퍼런 칼날 앞에서 싸우기를 마다하지 않고 있습니다. 만약 황제의 은덕으로 이 강력한 적을 무찌른다면 많은 어려움을 이겨내고 얻은 평안함이 전대의 공에 비할 바 없을 것입니다. 마음대로 개부의 동삼사開府儀同三司를 자칭하오니 그 나머지 작호를 주시면 충절로써 보답하겠나이다." 하였다. 이에 조서로 무武에게 '사지절 도독 왜·신라·임나·가라·진한·모한·육국제군사 안동대장군 왜왕'의 작호를 내렸다.

이 내용을 살펴보면 모두 자칭自稱 사지절使持節, 마음대로竊自假 개부의동삼사開府儀同三司를 칭하고, 나머지 벼슬을 내려주시면 충성을 다하겠다其餘咸各假授 以勸忠節고 애걸하는 내용이다.

에가미 나미오江上波夫의 『기마민족국가』에서는 다음과 같이 말하고 있다.

"동북아시아에는 주로 농사를 짓고 부수적으로 목축을 하는 민족, 또는 반농반수렵 민족인 기마민족이 적지 않은데 부여, 고구려, 말갈, 발해, 여진, 만주 등이 주요한 민족이다. 그중 부여와 고구려는 우리나라 최초의 통일국가 건설자인 천손민족과 특히 가까운 혈연관계가 있는 것 같다. 지금까지 전개해온 내 학설의 대부분은 동북 아시아계의 기마민족이 먼저 한반도 남쪽을 지배하고 나중에 변한(임나)을 기지로 북 규슈에 침입했으며, 결국에는 기내畿內지방으로 진출하여 야마토大和 조정을 수립하고 일본에 최초의 통일국가를 실현한 경위의 대강을 살펴보는데 중점을 두었다."

이러한 기마민족 일본정복설로 일본 역사학계에 돌풍을 일으켰던 에가미 나미오江上波夫 교수가 모리 고이치森浩一 교수와의 대담집 『대담 기마민족설』에서 주장한 왜5왕에 대한 주장을 들어보자. 여러 나라를 다 아울러서 이야기하다 보니 다소 내용이 길지만 그대로 인용하였다.

왜 5왕의 한반도 지배력 범위인정 요구에 대하여

야마토大和 조정이 왜인의 토지를 점령하여 왜국 통일국가를 이 룬 시점에서 왜국의 5왕은 각각 즉위 후 중국 남조에 사신을 보내 자신이 왜국왕이 되었으니 책봉해달라고 요청한다. 그들이 요구한 것은 마한·진한·신라·백제·임나, 거기에 왜를 더한 여섯 나라로 왜·한韓연합의 왜국왕으로 인정해달라는 것이었다.

이 요청에 중국 남조 정부는 곤란해졌다. 왜냐하면 마한의 후예 인 백제는 왜국보다 먼저 남조에 사신을 보내 백제왕으로서 인정 받았기 때문이다. 아시아의 종주국인 중국 남조의 송은 '사지절도 독 백제제군사 진동대장군 백제왕使持節都督 百濟諸軍事 鎮東大將 軍 百濟王'으로 백제의 부여왕을 백제왕에 임명하고 있었기 때문에 왜왕의 요구는 인정할 수가 없었던 것이다. 이에 대해 왜왕들은 '사 지절도독 왜·백제·신라·임나·진한·모한 6국제군사 안동대장군 왜국왕'이나 '사지절도독 왜·백제·신라·임나·가라·진한·모한 7 국제군사 안동대장군 왜국왕'이라 자칭하고 집요하게 인정을 요구 했던 것이다. 그러나 중국은 최후까지 왜왕의 주장을 인정하지 않 았다.

왜왕이 주장했던 것은 현존하는 신라, 백제, 임나(가라) 3국 이외 에도, 신라의 전신인 진한과 백제의 전신인 마한(모한) 등 존재하지 않는 나라들까지 추가해 인정해달라는 것이었다. 여기에는 2가지 의문점이 있다. 그 하나는 '왜국은 대국이다.'라고 단지 으스대기 위한 목적에서의 주장이라면 왜 변한은 넣지 않았는지 의문이다.

하지만 당시 왜왕이 한반도 남쪽 지역에 실제로 가지고 있던 나라는 가라, 즉 임나 한 나라였다. 이는 현재 지배하고 있기 때문에 전대의 변한까지 거슬러 올라가 종주권을 굳이 주장할 필요가 없는 것이다. 하지만 신라·백제 양국은, 지금은 지배하고 있지 않지만 원래 지배했으므로 종주권이 있는 것이다. 그러니 진한 즉 신라, 마한 즉 백제를 포함하여 현재로부터 과거에 걸쳐 한반도 남쪽 지역의 한인韓人 나라에 대하여 모두 종주권을 인정해 달라. 단 변한은 현실적으로 지배하고 있는 임나·가라의 전신이므로 말할 필요도 없다는 주장이었다고 나는 해석한다.

참으로 가소로운 일이다. 한일고대사 연구 분야에서 신선한 바람을 일으켰던 기마민족 일본 정복설을 주장했던 에가미 나미오 교수도 임나일본부설의 신봉자이며 기존 일본사학계의 한계를 넘지 못했다. 그는 "왜왕이 한반도 남쪽 지역에 실제로 가지고 있던 나라는 가라, 즉 임나이고 현재 지배하고 있기 때문에 변한시대까지 거슬러 올라가 종주권을 주장할 필요가 없다."고 주장했다. 그러나 '사지절도독 왜·백제·신라·임나·진한·모한 6국제군사 안동대장군 왜국왕'을 칭할 수 있도록 요구했다. '왜'도 과거부터 현재까지 지배하고 있는 나라이다. 그의 주장대로라면 '왜'도 넣지 말았어야 한다. 자신의 주장과 모순된다.

「위지동이전 한조」는 또 다음과 같이 전한다.

"나라(변한)에 철이 난다. 한韓·예濊·왜倭 모두 여기서 철을 얻는다."

한과 예, 왜를 변한과 다른 나라로 표현했다. 에가미 교수의 주장대로 왜가 변한을 임나라는 이름으로 지배하고 있었다면 『삼국지』의 편자 진수의 붓은 이렇게 움직였을 것이다. "왜가 다스리는 변한에 철이 나는데 한과 예, 그리고 종주국인 왜도 이곳에서 철을 가져간다."

에가미 교수의 "신라·백제 양국은, 지금은 지배하고 있지 않지만 원래 지배했으므로 종주권이 있는 것이다."라고 한 대목은 도가 지나친 왜곡이다.

이는 「광개토대왕 비문」에 "백제와 신라는 예로부터 우리의 속민으로 조공을 해왔는데, 신묘辛卯년(391)에 왜가 바다를 건너와 백잔百殘, 신라를 격파하고 신민으로 삼았다. 이에 영락 6년(396) 왕이 손수 수군을 이끌고 리잔利殘국을 토멸했다.百殘新羅舊是屬民 由來朝貢而倭以辛卯年來渡海破百殘□□新羅以爲臣民以六年丙申王躬率水軍討利殘國"는 일본 측의 광개토대왕비 비문 해석에서 비롯된 것이다.

비문 위조설이나, 비면이 마멸되어 읽을 수 없는 부분에는 자신들이 해석하고 싶은 글자를 대입시켰다는 의심은 차치하고 액면 그대로 받아들여 보면, 비문은 신라와 백제 두 나라가 고구려의 속민이었다고 전제했는데 이는 광개토왕의 업적을 기리기 위한 고구려의 과장이다. 노략질 수준의 왜구 침입에 고구려가 개입하여 승리한 것을 과장하여 왕의 업적으로 적다 보니, 정작 바다를 건너온 왜는 안중에도 없고 엉뚱한 리잔국을 토멸했다는 앞뒤가 맞지 않는 이야기를 비판 없이 자신들의 역사로 받아들여 신라·백제에 원래 종주권이 있었던 것처럼 주장하고 있다. 그리고 이에 "영락 6년(396) 광개토대왕이 손수 수군을 이끌고 리잔利殘국을 토멸했다.”는 내용은 애써 외면하고 있다.

여기서 ‘왜’를 짚고 넘어가자. 한반도 남서 해안에 산재하는 ‘왜’, 일본의 규슈와 서일본에 위치하는 ‘왜’, 중국 해안과 내륙 곳곳에 점재하는 ‘왜’ 등을 이야기하려면 길어지지만, 그들은 해안이나 내륙의 호수 근처에서 물고기를 잡아 생활을 영위하는 사람들이라는 공통점이 있다.

이 사실로 일본인들의 비문 해석을 추리해보면, 신묘辛卯년에 등장하는 ‘왜’와 영락 6년 광개토대왕이 토멸했다는 리잔利殘국은 왜의 일족으로 한반도 남서쪽 해안에 있던 세력임을 짐작할 수 있다.

중국에 조공사도 보내지 못해 중국 역사서에서 통째로 사라져버린 열도에 있는 왜가 무정부상태로 의심되는 시기인 신묘辛卯년 (391)에 바다를 건너와 백제·□□·신라를 정복하여 신민으로 만들었다는 그들의 비문 해석은 넌센스다. 혹시 한반도 남서 해안에 있던 왜족 리잔이 백잔百殘과 신라를 격파했다면 모를까. 비문개찬설이 지지받는 이유이다.

여왕 히미코 이후 일본열도 지배자의 이름이 찬讚·진珍·제濟·흥興·무武 등으로 『송서宋書』·『양서梁書』에 나타나는데 유력한 설로 찬讚은 15대 오진應神 천황이나 16대 닌토쿠仁德 천황, 제17대 리추履中 천황에 비정된다. 진珍은 18대 한제이反正 천황이나, 16대 닌토쿠仁德 천황, 제濟는 19대 인교允恭 천황, 흥興은 20대 안코安康 천황, 武무는 21대 유랴쿠雄略 천황에 비정된다.

라. 『양서梁書』

629년 당唐의 요사렴姚思廉이 편찬한 『양서梁書』에는 "진晉나라 안제安帝(396-418) 때 왜왕 찬讚이 죽자 동생 미彌를 왕으로 세웠고, 미가 죽자 아들 제濟가 왕이 되었고, 제가 죽자 아들 흥興을 세웠다. 흥이 죽자 동생 무武가 왕이 되었다."고 전하는데, 『송서宋書』에 "찬讚이 죽고 동생 진珍이 왕이 되었다."는 부분은 미彌를 왕으로 세웠다는 『양서梁書』의 내용과 서로 다르다.

마. 『수서隋書』

636년 당(唐)의 장손무기長孫無忌·위징魏徵이 편찬한 『수서隋書』에는 다음과 같이 전한다.

"사람들은 거리를 몰라 단지 날짜로 계산한다. 그 지세는 동고서저이며 도읍지는 야마퇴邪靡堆로 위지魏志에 따르면 야마대邪馬臺라 한다. 개황開皇 20년(600) 성은 아매阿每, 자는 다리사비고多利思比孤, 호는 아배계미阿輩雞彌라는 왜왕이 사신을 보내 문안하니 천자가 관리를 시켜 그 나라의 풍속을 물었다. 그 사신이 말하기를 '왜왕은 하늘을 형으로 모시고 해를 동생으로 삼는다. 날이 밝기 전에 나와 가부좌를 틀고 집무하며 해가 떠오르면 일을 마친다. 나머지 일은 동생에게 맡긴다.' 하였다. 수문제隋文帝가 말하기를 '이것은 이치에 크게 어긋난다.' 하여 훈령을 내려 이를 바로 잡았다."

바. 『신당서新唐書』

1060년 북송(北宋 960-1127)의 구양수歐陽修가 편찬한 『신당서新唐

書』「일본전」에는 "요메이用明, 다른 이름은 목다리사비고目多利思比孤라고 한다. 수隋 개황말開皇末(600)에 이르러 중국과 처음으로 통교했다."고 기록했다. 600년이면 제33대 여제 스이코推古 천황(재위 592-628)의 치세이다. 제31대 요메이 천황(재위 585-587)과는 시간적으로 맞아 떨어지지 않는다.

사. 『북사北史』

643~659년 중국 남북조시대의 북조였던 북위北魏·서위西魏·동위東魏·북주北周·북제北齊·수隋 등의 역사를 당唐의 이연수李延壽가 편찬한 『북사北史』에는 다음과 같은 내용이 소개되어있다.

607년 그 왕 다리사비고多利思比孤가 조공을 보냈다. 그 사신이 말하길 "듣자하니 바다 서쪽의 보살천자가 불법을 다시 일으킨다 하여 조공하고 배알합니다. 불법을 배울 학승 10명이 같이 왔습니다." 하였고 국서에 말하기를 "해가 솟아오르는 곳의 천자天子가 해가 지는 곳의 천자에게 국서를 보냅니다." 운운하니 수양제가 이를 보고 불쾌히 여겼다. 홍려경鴻臚卿이 이르기를 "오랑캐들의 무례한 말을 두 번 다시 듣지 않겠다." 하였다.

607년은 제33대 스이코推古 천황의 치세로 역대 최초의 여성 천황이며 이때부터 '천황'이라는 호칭이 사용되었다고 하는데 어디까지나 '천자'를 자칭했지 '천황'을 칭하지 않았다. 부처도 천자요, 황제도 천자요, 자신도 천자라 했다.

4. 천황의 개요

신화 속 천황의 기원과 초대 진무神武 천황의 야마토大和 건국, 그리고 중국 각 왕조의 사서에 나타난 천황에 대하여 살펴보았다.

천황은 고대 이래로 일본의 군주를 가리키는 말로, 시대에 따라 그 호칭과 특징이 다양하게 나타나고 있다.

천황의 조상은 나라奈良 지방의 야마토大和 토착 호족, 기타큐슈北九州의 호족, 주로 한반도에서 건너간 도래인渡來人이라는 설 등 여러 주장들이 있다.

4세기경에는 일본열도에 할거割據하고 있던 각 부족의 왕들을 통합한 지배자로써 오오키미大王라 불렸으며, 제33대 여제 스이코推古 천황(재위 593-628) 때 "해 뜨는 곳의 천자가 해지는 곳의 천자에게 글을 보낸다. 무탈하신가?日出處天子致書日沒處天子無恙云云"라는 내용으로 수나라에 보낸 문서에는 '천자'라는 칭호도 보인다.

645년 나카오에노 미코中大兄皇子(제38대 덴지天智 천황)는 당시 천황가의 외척으로 전횡을 일삼던 소가蘇我씨 일가를 축출하고 중앙집권 정치개혁을 단행했다. 이를 대화개신大化改新이라하는데, 율령제의 성립으로 천황을 중심으로 하는 중앙집권 국가가 확립되었다. 이후 200년간 천황의 친정이 지속되었다. 이즈음부터 천황이라는 칭호가 나타났다고 한다.

헤이안平安 시대(794-1192) 중기부터는 천황이 어릴 때 섭정攝政이 정치를 하고, 천황이 성인이 된 후에는 관백關白이 정치를 하는 외척들에 의한 섭관攝關 정치가 지속되었으며, 천황이 후계자에게 양위하고 상황上皇이 되어 꼭두각시로 앉혀놓은 천황의 배후에서 실권을 행사하는 원정院政(1086-1185)이라는 정치형태가 나타났다.

가난한 지방 무사를 규합하여 거대한 세력을 만드는데 성공한 미나모토 요리토모源賴朝는 가마쿠라鎌倉에 최초의 무사정권 가마쿠라鎌倉幕府 막부(1185-1333)를 세웠다.

1221년 막부에 휘둘리던 왕권을 되찾기 위해 제82대 고토바後鳥羽 상황(재위 1183-1198)은 가마쿠라 막부 타도를 기치로 군사를 일으켰지만, 오히려 막부에 진압되어 3명의 상황은 유배되고 천황이 폐위되었다.

가마쿠라 막부 후기 제88대 고사가後嵯峨 천황(재위 1242-1246) 이후에는 북조 혈통과 남조 혈통이 번갈아 가며 즉위하는 양통질립兩統迭立을 거치면서 고대 천황제는 몰락하고 말았다.

가마쿠라 막부 멸망 후 제96대 고다이고後醍醐 천황(재위 1318-1339)이 1333~1336까지 일시적으로 친정을 폈지만, 남북조·무로마치室町·전국戰國시대와 에도江戶시대까지 천황은 정치권력을 잃고 반딧불이 같이 희미하게 전통적·의례적 명맥만 유지할 수 있었으며, 도쿠가와德川 막부의 금중병공가제법도禁中並公家諸法度에 의해 사생활까지 규제받았다.

도쿠가와 막부 말기 정세의 급격한 변화 속에 존왕론이 대두되었고, 조슈長州(야마구치山口현)와 사쓰마薩摩(가고시마鹿兒島현)의 하급 무사를 주축으로 메이지유신이 단행되었다.

목숨을 걸고 새로운 정권을 창출한 메이지明治 정부의 개국 관료들은 호랑이의 위엄이 클수록 여우의 호가호위가 강해질 수 있음을 알았다. 즉 천황은 '인간의 모습으로 나타난 현인신現人神'이라는 주장을 80년에 걸친 지속적인 반복·주입 교육으로 일본 국민들을 세뇌시키는데 성공했다.

이처럼 메이지유신 이후 천황의 권력은 크게 강화되었고, 「대일본 제국헌법」에 의해 '만세일계·신성불가침'의 현인신現人神으로 신격화 되는 근대천황제가 확립되어 향후 80년간 횃불이 되어 타올랐다.

일본인들은 1868년 메이지明治 시대부터 1945년 패전할 때까지 이 신화를 사실로 받아들여 천황을 '현인신'이라 굳게 믿었으며, '천황 폐하 만세'를 외치며 기꺼이 전장에서 스러져갔다.

1945년 패전 후 천황의 위상은 크게 달라졌다. 1946년에는 '천황 인간선언'으로 신격이 부정되었고 「일본국헌법」에서는 '천황은 일본 국민 통합의 상징'으로 규정되어 오늘에 이르고 있다.

II

2016년 8월 8일 현 아키히토明仁 천황의 비디오 메시지가 방송되었다. 머리말에 인용해놓았듯이 내용의 요지는 건강상태를 고려해 생전에 황태자에게 양위하여 천황의 업무에 공백이 없도록 하는 것이 좋을 것이라는 내용이다. 2019년 4월 30일 현 천황이 나루히토德仁 황태자에게 양위하고 상황으로 물러난다는 이야기였다.

지금까지 설렁설렁『일본의 기원』에 대해 끄적이며 넋 놓고 지내던 터였다. 아차 싶었다. 이건 빨리 순서를 바꾸어야 하는 일이었다. 일본 천황에 대한 고찰도 내 버킷 리스트에 오래전에 넣어두었던 것이었기 때문이다. 급히『일본의 기원』과『천황』의 순서를 바꾸기로 했다. 그러나 틈틈이 공부하며 조각조각 기록해두었던 원고를 마주하고 보니 황망했다. 전업 작가가 아닌, 얼치기 아마추어에게는 시간이 모자랐다. 그러나 분투 중에 쓰러짐을 택하기로 마음먹었다.

1. 천황의 내력

진무神武 이후 모든 천황이 실재했다는 주장, 제10대 스진崇神 천황 이후부터 실재했다는 설, 제15대 오진應神 천황부터 실재했다는 주장과 제26대 게이타이繼體 천황 이후부터 실재했다는 설 등 초대 진무 천황을 시작으로 제25대 부레쓰武烈 천황까지는 실재했는지 가공됐는지 의견이 분분하다.

역대 천황의 대수 확정 작업은 중앙집권을 추진하던 메이지明治 시대(1868-1912)에 시작되었고, 다이쇼大正 천황(재위 1912-1926) 말기에 들어와 확정되었다. 그 결과 초대 진무 천황으로부터 현 천황까지 125대라 전해지고 있다. 그중 제35대 여제 고교쿠皇極 천황과 제37대 사이메이齊明 천황은 동일 인물이고, 제46대 여제 고켄孝謙 천황과 제48대 쇼토쿠稱德 천황도 같은 인물이어서 역대 천황은 총 123명이다.

남북조시대(1336-1392)에 무로마치室町 막부에 의해 교토에서 옹립된 북조의 초대 고곤光嚴 천황(재위 1331-1333), 제2대 고묘光明 천황(재위 1336-1348), 제3대 스코崇光 천황(재위 1348-1351), 제4대 고코곤後光嚴 천황(재위 1352-1371), 제5대 고엔유後円融 천황(재위 1371-1382) 등 5명은 대수에 들어가지 않는다.

옛날부터 '오키미大王'라 칭했던 군주의 명칭을 '천황'이라 부르기 시작한 것은 여러 설들이 많지만 제38대 덴지天智 천황(칭제·재위 661-671) 시대 전후로 보고 있다.

초대 천황 진무부터 제9대 가이카開化 천황까지는 가공된 천황이라는 것이 중론이며, 제10대 스진崇神 천황이 진무 천황에 투영된 일본 건국의 시조라고 보는 것이 통설이다. 제2대 스이제이綏靖 천황부터 제9대 가이카開化 천황까지는 가공된 천황으로 보아 결사缺史 8대라 한다.

메이지시대 이전에는 신라를 정벌했다는 진구神功 황후를 제15대 천황으로 넣은 사서도 있었지만, 1926년 황통보령皇統譜令이 시행되면서 역대 천황의 대수에서 빠졌다.

초대 진무 천황으로부터 제62대 무라카미村上 천황(재위 946-967)까지는 오우미노 미후네淡海三船(722-785)가 초대 진무神武, 제2대 스이제이綏靖, 제3대 안네이安寧 등 역대 천황의 시호를 중국식으로 만들어 상표上表한 것에서 비롯된 중국식 시호로 '□□천황'이라 했지만, 제63대 레이제이冷泉 천황(재위 967-969)부터 제118대 고모모조노後桃園 천황(재위 1770-1779)까지는 '□□원院'이라 했다. '천황'이라 다시 칭하게 된 것은 제119대 고카쿠光格 천황(재위 1780-1817) 때부터였다. 메이지시대에는 모두 '천황'으로 부르도록 했으며 이로써 '□□원院'이라는 명칭은 사라졌다.

2. 야마토大和시대 - 신화시대에서 고대왕권 국가로

(초대 진무神武 천황~제32대 스슌崇峻 천황)

초대 진무神武 천황이 야마토大和에 건국한 기원전 660년부터 아스카飛鳥 시대로 접어드는 592년까지를 야마토 시대라 한다.

『일본서기』는 진무 천황(재위 기원전 660-585)이 신유辛酉년 정월 초하루 가시하라橿原 궁에서 즉위했고, 이 해를 즉위 원년이라고 적고 있다.

진무 천황 즉위했던 해를 기원전 660년에 해당하는 신유辛酉년으로 한 것은 매 1,260년마다 돌아오는 신유년에는 큰 혁명이 일어난다는, 중국 전한前漢 말부터 발달한 참위讖緯사상에 의한 것이다. 여제인 제33대 스이코推古 천황(재위 593-628) 9년에 해당하는 신유년(601)을 1,260년 만에 돌아온 신유년으로 정하고, 601년으로부터 1,260년 전에 해당하는 기원전 660년을 진무 천황이 즉위한 해로 삼았다. 그러나 왜 스이코 천황 치세의 신유년이 그 기준이 되었는지 아무도 말해주지 않는다. 그래서 그 근거는 지금도 알 수가 없다.

이시와타리 신이치로石渡信一郎는 『일본서기』는 5세기 말의 백제계 왕조 성립을 숨기고 백제계 왕조가 태초부터 일본 열도를 지배하고 있었다고 주장하기 위해, 오진應神 천황 등 실제 천황으로부터 진무神武라는 가공의 초대 천황을 만들어내 신유혁명설辛酉革命說이라는 중국의 사상에 근거하여 그 즉위년을 기원전 660년으로 했다."고 지적했다.

진무 천황이라는 이름은 중국처럼 후세에 붙여진 시호이다. 일본풍 이름은 가무야마토이와레비코노미코토神倭伊波禮琵古命인데, 가무야마토神日本는 미칭이다. 이와레磐余는 나라奈良현 사쿠라이시 중부에서 가시하라시 동남부에 걸친 옛 지명이며, 히코彦는 남자를 말하는 것으로 '이와레 지방의 남자磐余男'가 진무 천황의 본명인 것이다.

규슈九州의 휴가日向 다카치호高千穗봉에서 동쪽 정벌여행(동정東征)을 떠나 소국들을 통합하면서, 천황을 중심으로 하는 야마토大和 조정의 지배영역이 일본의 상당 부분을 차지하는 통일국가로써 모양을 갖추는 것은 3세기부터 4세기 중반에 걸쳐 이루어졌다고 볼 수 있다.

제2대 스이제이綏靖 천황(재위 기원전581~기원전549)부터 제9대 가이카開化 천황까지는 결사缺史 8대라 하며 『일본서기』, 『고사기』 모두 천황의 업적에 관한 기록이 거의 없다. 초대 진무와 제10대 스진崇神 사이를 잇기 위해 야마토 지방에 예로부터 전해오는 신의 이름을 근거로 스이코조推古朝 무렵 「황통보皇統譜」에 기재된 천황들이라 여겨진다.

진무 천황이 휴가日向에 있을 때의 부인 아히라쓰히메에게서 얻은 장남 다기시미미노미코토는 진무 사후 아버지의 황후였던 히메타타라이스즈히메노미코토를 아내로 맞았다. 또 스이제이 천황은 어머니의 여동생 이스즈요리히메를 황후로 맞아 제3대 안네이安寧 천황을 낳았다.

제9대 가이카開化 **천황**(재위 기원전158~기원전98)은 아버지 제8대 고겐孝元 천황의 비였던 이카가시코메노미코토를 황후로 맞아 제10 대 스진崇神 천황을 낳는다.

상상하기 어려운 엽기적인 근친혼이다. 이처럼 천황 중에는 아버지의 사후에, 아버지의 부인이나 숙모, 이모를 자신의 아내로 취한 경우가 적지 않다. 유교 세례를 받는 후세 사람들은 도덕적으로 상상할 수 없는 근친혼이다.

흉노를 포함한 고대 북방 유목기마민족에게는 수혼제娶婚制라는 혼인 풍습이 있었는데, 이것은 아버지의 사후 이를 승계하는 아들이 자신의 생모를 제외한 아버지의 모든 여자들을 자신의 아내로 삼는 풍속이다. 형사취수제와 자매가 한 남자와 결혼하는 자매혼도 같은 것이다.

천손강림 신화에서 니니기노미코토가 사쿠야히메를 만나 결혼을 하는데 그 아버지가 언니까지 딸려 보내는 이야기, 야마사치히코의 아들 우가야후키아에즈노미코토는 숙모를 아내로 맞아 초대 진무 천황을 낳는다. 제2대 스이제이 천황이 이모를 황후로 맞은 것이나, 진무 천황의 장남이 생모가 아닌 아버지의 황후를 아내로 맞아들인 것, 그리고 제9대 가이카 천황이 아버지인 제8대 고겐孝元 천황의 비妃를 황후로 맞았던 것은 북방기마민족이 정치적, 사회적 이유로 한반도로 밀려 내려와 숨을 고르고 신식무기로 무장한 기마병을 앞세워, 일본열도에 진출하여 토착 농경민족을 정복하고 왕조를 세워 지배했다는 에가미 나미오 교수의 기마민족 일본정복설를 뒷받침하는 결혼 풍습의 증거가 될 수도 있을 것이다.

기마민족 일본정복설을 주창한 에가미 교수는 사학계 정통 학자가 아닌 고고학자이다. 그런데 그가 제시한 이 충격적인 가설이 고대사학계에 용인된다. 역사를 연구하는 사학자들은 『고사기』·『일본서기』에 등장하는 도덕적으로 설명할 수 없는 근친혼을 잘 알고 있었다. 그리고 후세들에게 근친혼의 정당성을 설명해야 했다.

그 대답을 에가미 나미오 교수의 기마민족 일본정복설에서 찾은 것이다. "거봐, 그래서 근친혼을 했던 거야."라고 설명할 수 있게 되었고, 유교적으로 진화한 사회에서는 설명하기 어려웠던 근친혼을 북방기마민족의 수혼제 풍습으로 합리화시킬 수 있었다. 그 전통은 여전히 이어져 내려와 아버지가 거느리던 한국의 현지처를 아들에게 인계한다는 괴담 같은 증언을 수차례 접한 적이 있다.

하지만 오진應神 천황(재위 270-312) 15년에 백제왕이 아직기阿直岐를 시켜 좋은 말 두 필을 바치니, 그 사육을 아직기에 명했다는 『일본서기』의 기사는 당시 일본에는 말을 사육한 경험자가 적었다는 사실을 알 수 있다. 이 이야기는 그 시절 일본열도에는 말을 일상적으로 다루는 문화가 정착되지 않았음을 말해준다. 고분에서 말을 장식하는 유물 몇 점 나온 것과 고분 벽화의 말 관련 그림, 흙으로 만든 인물상 등 소량의 유물 외에는 기마민족의 실생활인 의·식·주에 관련된 풍습의 흔적은 찾아보기 어렵기 때문이다. 오히려 지금까지 발견되는 토기 등의 유물을 보면 대대손손 수렵과 채집의 단계를 거치면서 농사로 생활을 영위하는 전형적인 농경민족이었다. 북방에서 기마유목민족이 쳐들어와 일본열도를 정복하고 토착 농경민을 지배했다고 보기 어려운 이유들이다.

이런 점에서 기마민족 일본정복설은 만세일계萬世一系의 천황이 일본을 통치해왔다는 그들의 신념과 원칙에 크게 위배되지만, 근친혼을 설명하기에는 적당한 이론이었기에 부득이하게 용인했다고 여겨진다.

제10대 스진崇神 천황(재위 기원전97~기원전30)은 초대 진무 천황과 동일 인물로 여겨지는데 그 이유는 일본식 시호가 같기 때문이다.

"휴가日向에서 동정하여 야마토를 평정한 초대천황 진무를 『일본서기』는 하쓰쿠니시라스스메라미코토始馭天下之天皇라고 적고 있다.

한편 스진 천황은 사도四道장군을 파견하여 도카이東海(일본 혼슈 중앙부의 태평양을 면한 지역), 호쿠리쿠北陸(일본 혼슈 중앙부의 동해에 면한 지역), 산인山陰(일본 혼슈 서부의 동해에 면한 지역), 산요도山陽道(일본 혼슈 서부의 세토瀨戸내해에 면한 지역) 방면까지 지배권을 넓혔다. 제정을 분리시켜 신들에게 제사를 지내고, 관개시설을 개발하여 농사를 권장했으며 조세제도를 정비한 천황으로 전해진다. 『고사기』는 하쓰쿠니시라스미마키노스메라미코토所知初國之御眞木天皇, 『일본서기』는 하쓰쿠니시라스스메라미코토御肇國天皇라고 기록하고 있다.

'하쓰쿠니시라스스메라미코토'라는 칭호는 본래 실질적인 야마토 조정의 건설자이자 초대천황이었던 스진 천황에게 부여된 것이었다. 그러나 천황의 기원을 조금 더 오래전 일로 끌어올리기 위하여 스진 천황의 인격과 업적을 분할하여 '진무'라는 가공의 천황을 만들어 여기에도 '하쓰쿠니시라스스메라미코토'라는 칭호를 부여했다.

제11대 스이닌垂仁 천황(재위 기원전29~70)은 하늘과 대지의 신들을 잘 받들고, 자신의 딸에게 아마테라스오미카미天照大神를 섬기도록 했다. 그 딸이 신성한 거울을 바치고 이세伊勢(미에三重현)야말로 아마테라스오미카미를 제사지내기에 가장 적당한 성지라고 하여 이곳에 사당을 짓고 제를 올렸다. 이것이 황조신皇朝神 아마테라스오미카미에게 제사를 지내는 이세伊勢 신궁의 유래라 전한다.

일본 씨름인 스모의 기원도 전해진다. 천황 재위 중에 다기마케하야當麻蹴速라는 힘센 장사가 있었다. 그는 힘자랑을 하며 목숨 걸고 상대할 자는 누구든 나오라고 큰소리쳤다. 이 이야기를 전해 들은 천황이 이에 대항할, 이즈모出雲에 있던 장사 노미노스쿠네野見宿禰를 불러 다기마케하야와 겨루게 했다. 다기마케하야는 옆구리를 채이고 허리를 밟혀 죽었다. 이렇게 양자가 자웅을 겨뤘던 날인 스이닌 천황 7년 7월 7일을 일본의 국기인 스모의 기원으로 정했다. 후일 궁정에서는 칠석인 7월 7일에 스모대회가 개최되었다.

또 하나의 전설이 전해지는데 이 시대에는 순장 풍습이 있어서 주인이 죽으면, 가까이에서 시중들던 사람들이 사후에도 곁에서 시중들 수 있도록 주인과 함께 생매장했다. 천황은 이 잔혹한 일을 중지하게 하고 흙으로 빚은 사람과 말 등의 인형을 묘소 주위에 세워 순장을 대신하도록 했다.

제12대 게이코景行 **천황**(재위 71~130)은 4세기 전반으로 그 재위 기간이 비정된다. 이 시기에는 야마토 조정의 세력이 동서로 크게 신장되는 시기이다. 천황은 둘째 아들 야마토타케루노미코토日本武尊를 보내 서쪽으로는 구마소熊襲를 쳐서 규슈九州를 평정하고, 동쪽으로는 에미시蝦夷를 정벌했다.

천황에게는 80명에 달하는 자식이 있었는데 대부분 각 지방의 통치자로 파견되어 그 땅에 뿌리를 내리고 살았다 전한다.

제14대 주아이仲哀 **천황**(재위 192~200)은 구마소와 에미시를 정벌한 영웅 야마토타케루노미코토의 아들이다. 그는 진구神功를 황후로 맞아들이고 함께 각지를 순행했다. 그러던 중 다시 구마소가 반기를 들자 구마소 정벌을 위해 규슈로 향한다. 이때 진구 황후에게 신이 내려 다음과 같은 신탁을 했다.

"구마소는 황폐한 불모지이므로 정벌할 가치가 없다. 그보다는 바다를 건너 금은보화가 많은 신라를 쳐야 하며, 그 전에 나에게 정성들여 제사를 지내면 신라가 금방 항복할 것이고, 구마소는 저절로 복종하게 될 것이다."

그 신탁을 들은 주아이 천황이 높은 곳에 올라가 서쪽을 조망해 보았지만, 끝없이 바다만 펼쳐졌을 뿐 그런 나라가 보이지 않자 신탁을 무시하고 구마소 정벌에 나섰다가 갑자기 병을 얻어 죽었다. 이에 진구 황후는 민심의 동요를 막기 위해 주아이 천황의 죽음을 숨기고 비밀리에 장례를 치렀다.

진구 황후는 황통보에 천황으로 오르지 못했지만 일본 고대사에 큰 획을 그은 여걸로 묘사되어 있다. 『일본서기』 진구 황후 조는 다음과 같은 신라정벌 설화를 전하고 있다.

"때마침 황후의 산달이 다가왔다. 황후는 허리춤에 돌을 둘러(돌로 자궁을 막고) 출산을 늦추고, 신라정벌을 끝내고 돌아와서 아이를 낳고 싶다고 기도했다. 그리고 무지막지한 괴력의 신을 불러 선봉에 서게 하고, 겨울 10월 3일 대마도 와니우라顎浦를 출발했다. 그때 바람신이 바람을 일으키고, 파도신은 파도를 일으키니 바다 속 큰 물고기들이 모두 떠올라 배를 호위했다. 순풍을 타고 배는 파도에 인도되어 키나 노를 쓰지 않고도 신라로 들어갔다. 그때 배를 태운 파도가 신라 안쪽까지 들어갔다. 이것은 천신신명의 도움이시다. 신라왕은 벌벌 떨며 넋이 나갔다. 신라 사람들이 모여 웅성거렸다. 신라가 생긴 이래 처음으로 바닷물이 나라 안까지 들어왔다. 천운이 다 돼서 나라가 바다로 변할지도 모르겠다."

『고사기』는 진구 황후에 관한 다음과 같은 낭만적인 에피소드를 남기는 것도 잊지 않았다.

"쓰쿠시筑紫(후쿠오카福岡현) 마쓰라松浦에 행차하여 다마시마玉島 강가에서 식사할 때가 4월 상순이었다. 그곳에서 황후는 강 가운데 바위에 올라, 치마의 실오라기를 뽑아내 밥풀 미끼를 달아 은어

낚시를 했다. 그래서 4월 상순경에 여인들이 치마의 실오라기를 뽑아 밥풀 미끼로 은어를 낚시하는 전통이 지금까지도 끊이지 않고 전해지는 것이다."

신라 정벌의 주인공 자리를 주아이 천황이 아닌 진구 황후가 차지한 것은 황후의 모계 선조가 신라 왕자 아메노히보코天日槍라고 전해지는 것처럼 원래 황후 자신이 신라와 관계가 깊었기 때문이다. 또 다른 이유는 661년 백제 부흥을 위해 쓰쿠시筑紫까지 가서 몸소 백제 부흥군을 지휘하다가 그곳에서 사거한 제37대 여제 사이메이齊明 천황(재위 655~661)을 모델로 하여 진구 황후의 신라 정벌 이야기가 만들어졌을 가능성이 있기 때문이다.

신탁을 받는 능력이 뛰어난 진구 황후는 그 무녀적인 성격 때문에『삼국지』「위지왜인조」에 출현하는 야마타이邪馬臺국의 히미코卑彌呼에 비정되는 경우가 있다. 하지만 1백 수십 년의 시간적 공백이 있어 연대적으로 맞지 않는다. 다만 히미코와 진구는 고대 일본에 제정일치의 통치형태가 존재했음을 보여준다.

아무튼 신라정벌 설화의 주인공인 진구 황후는, 메이지 시대에는 지폐의 모델로 나섰으며 신탁으로 신라를 정벌했던 것처럼 조선 병탄을 합리화하는 상징으로 그녀를 이용해 일본국민들을 선동했던 것도 사실이다. 신화나 설화를 역사에 편입시켜 필요할 때마다 선동과 우민화로 이웃을 침략하는 행동은 이들의 오래된 나쁜 버릇이다.

『고사기』와『일본서기』가 제15대째에 해당하는 진구에게 '황후'라

했을 뿐 왕력 대수와 천황이란 칭호를 부여하지 않은 것은 진구 황후가 야마대국의 남왕과 왕권을 찬탈한 동이계의 반역녀였기 때문에 정규 왕통에서 배제한 것이라는 김성호 선생의 주장에 일견 고개가 끄덕여진다.

제15대 오진應神 **천황**(재위 270~310)부터 실재했다고 보는 설도 있다. 신라 정벌의 전설을 가진 진구 황후의 아들이다. 이 오진 천황은 한·일간에 에피소드가 많다.

당시 진구 황후는 만삭의 몸이었다. 황후는 돌로 자궁을 막고 아이가 나오는 것을 늦추었다고 한다. 옛 역사서에는 "때마침 황후가 산달이 되었다. 신라 토벌을 마치고 돌아와 아기를 낳을 수 있도록 해달라고 기도했다. 그리고 배에 군대를 싣고 신라에 도착했다."고 전한다. 이렇게 태어난 아들이 오진 천황이다.

오진 천황은 관개시설 개발하고 내정을 정비했으며, 백제의 왕인 王仁을 통해 『논어』와 『천자문』을 받아들이고, 궁월군弓月君과 아지사주阿知使主 등 한반도로부터 건너온 이민 집단을 수용했다. 각종 서적과 유교 그리고 공예기술을 수입하여 중국대륙과 한반도의 선진문화를 야마토 일본의 발전에 활용했다. 『송서宋書』「이만전夷蠻傳」에 나타나는 왜왕 찬讚을 오진 천황에 비정하기도 한다.

광개토왕비 신묘년조辛卯年條에는 "백제(百殘)와 신라는 예로부터 우리(고구려)의 속민으로 조공을 해왔는데, 신묘년(391)에 왜가 바다를 건너와 백잔, 신라를 격파하여 신민으로 삼았다. 이에 영락 6년(396) 왕이 손수 수군을 이끌고 리잔利殘국을 토멸했다.「百殘 新羅

舊是屬民由來朝貢 而倭以辛卯年 來渡海破 百殘□□新羅以爲臣民 以六年丙申 王躬率水軍討利殘國…」는 대목이 나온다. 동아시아 고대사에서 한일 양국이 가장 많이 인용하고 있는 대목임과 동시에 뜨거운 논쟁이 끊이지 않는 대목이다.

원래 고구려의 속민이던 백잔과 신라에 왜가 바다를 건너 쳐들어와 신민으로 삼았다는데 광개토대왕은 엉뚱하게도 리잔을 토멸한다. 토멸된 리잔과 바다를 건너와 백잔과 신라를 신민으로 삼았다가 자취를 감춘 왜의 관계가 석연치 않다. 공교롭게도 이 시기에 일본 열도에는 오진應神 천황이 지배자로 나타나는 우연이 일어난다.

『비류백제와 일본의 국가기원』의 저자 김성호 선생은 오진 천황의 비밀을 다음과 같이 풀고 있다.

> "리잔은 396년에 멸망했으나, 광개토왕에게 항복했던 백잔은 660년까지 존속했다. 그러면 리잔왕과 그의 태자를 포함한 왕실집단은 어떻게 된 것일까? 몰살당했을까, 타처로 도피했을까?
> 이들의 행방을 『일본서기』에서 찾아내는 것이야말로 일본 천황가의 기원을 규명함에 있어 핵심과제가 된다."

즉, 광개토왕비 신묘년조에 등장하는 리잔利殘을 비류백제로, 그리고 백잔百殘을 온조백제로 보았으며, 396년 멸망한 리잔의 왕, 오진 천황이 일본 규슈로 건너가 새로운 왕조를 세우고 이어서 동정을 하여 야마토大和 정권을 세웠다는 이론이다.

그의 추론이 꽤나 설득력 있게 다가온다. 광개토대왕비의 고구려 건국 신화에 보이는 거북이 부교 신화와 『고사기』의 진무神武 천황 동정東征 신화에서 거북을 탄 노인이 길을 안내하는 설화, 진구 황후의 신라정벌 신화에서 물고기가 배를 떠받치는 등 물고기를 신화에 출현시켜 신성함을 배가시킨 점은 주몽의 고구려 건국 신화와 판박이다.

또 고구려 각저총에 출현하는 삼족오와 진무神武 천황의 동정에 호위했던 야타카라스八咫鳥의 유사성, 가락국 김수로왕 보자기 강림 신화와 일본의 천손강림 건국 신화가 매우 유사하다. 이는 백제의 식민지가 자립하면서 한반도에 있던 본국의 건국설화를 자기화한 것으로 생각할 수 있겠다.

지금까지 다룬 천황 중 『일본서기』에 등장하는 초대 진무神武, 제10대 스진崇神, 진구神功, 제15대 오진應神의 이름에는 공통적으로 '신神'이라는 한자가 들어있다. 야마토大和 정권을 세우고 건설한 진무와 스진, 오진은 역사를 늘려 잡기 위해 가공해 넣은 동일 인물이며, 진구神功 황후는 야마토 정권에 정통성을 부여하기 위해 한반도에서 초빙한 모계의 여왕으로 이들은 모두 새로운 왕조의 건국 왕을 의미하는 것이다.

제16대 닌토쿠仁德 천황(재위 313~399)은 치수를 위해 제방을 쌓고 대규모 수로를 정비하는 토목공사를 벌였다. 중국, 한반도와 교류하며 야마토 조정의 전성기를 이룩했다. 『송서宋書』「이만전夷蠻傳」에 나타나는 왜왕 찬讚 또는 진珍을 닌토쿠 천황에 비정하기도 한다.

"높은 곳에 올라 바라보니 민가의 굴뚝에서 연기가 피어오르지 않는다. 이는 백성들이 가난하여 밥 짓는 사람이 없기 때문이다. 예로부터 성군의 치세에는 백성들이 임금의 덕을 칭송하고, 집집마다 평화로운 노랫소리가 넘쳐났다고 한다. 내가 이곳을 다스린 지 3년이 되었지만 칭송하는 노래도 없고, 굴뚝에서 드문드문 연기가 피어오를 뿐이다. 이는 오곡이 풍족하지 못해 백성이 가난하기 때문이다. 도성 안이 이러할진대 하물며 멀리 떨어진 곳은 오죽하겠는가? 오늘부터 3년간 과세를 중지하여 백성의 고통을 줄이도록 하겠다." 하고 천황 스스로 검약한 생활을 실천했다고 하며 백성을 사랑한 성군으로 전해진다.

제19대 인교允恭 천황(재위 412~453)은 제17대 리추履中, 제18대 한제이反正 천황의 동생이다. 닌토쿠 천황의 황후인 가즈라키葛城 씨 출신의 어머니 사이에서 나온 세 아들은 모두 천황에 즉위했다. 이는 외척 가즈라키 씨의 세도를 말하는 것으로 후일 '대악천황' 제21대 유랴쿠雄略 천황의 피비린내 나는 골육상쟁의 원인이 되었다.

제20대 안코安康 천황(재위 453~456)은 호족 네노오미根使主의 중상모략으로 자신의 삼촌인 오쿠사카大草香 왕자를 죽이고, 그의 처를 비로 삼았다. 당시 7세였던 오쿠사카 왕자의 아들 마요와眉輪 왕은 천황이 취해 잠든 틈을 타 안코 천황을 칼로 찔러 아버지의 죽음을 복수했다. 일본 역사상 처음으로 죽임을 당한 천황이다. 이 사건을 계기로 5세기 중엽부터 6세기 전반까지 황실은 황위계승

문제로 골육상쟁이 끊이지 않게 된다.

제21대 유랴쿠雄略 **천황**(재위 456~479)은 인교 천황의 5번째 왕자이다. 많은 사람을 죽이는 등 잔학한 행동을 일삼아 '대악大惡천황'이라는 별명을 얻었다. 안코 천황이 중상모략을 믿고 삼촌 오쿠사카 왕자를 죽이자, 오쿠사카 왕자의 어린 아들 마요와 왕이 안코 천황을 찔러 죽여 아버지의 죽음에 복수한다. 여기에서 모든 불행은 시작된다.

형 안코 천황의 암살 소식을 접한 동생 오하쓰세大泊瀨(유랴쿠雄略 천황) 친왕은 바로 보복에 나선다. 그는 형의 암살이 7살짜리 어린 아이의 단독범행이 아닐 것이라고 판단한다.

즉시 안코 천황의 바로 아래 동생이며, 자신에게는 형에 해당하는 야쓰리노시로히코八釣白彦 친왕의 집으로 군사를 이끌고 찾아갔다. 그곳에서 안코 천황의 사후처리를 논의해보았으나, 자신의 형을 죽인 마요와 왕의 처리에 대한 반응은 뜨뜻미지근했다. 그 반응을 보고 한통속이라 판단한 오하쓰세 친왕은 그 자리에서 형을 죽였다.

그길로 안코 천황의 형인 사카이노쿠로히코坂合黑彦 친왕을 찾아가 같은 내용을 상의해보았지만 역시 반응은 한결같았다. 게다가 마요와 왕과 함께 조정 최강 세력이었던 외척 가쓰라기노 쓰부라葛城圓 대신의 저택으로 도망쳤다. 이로써 마요와 왕의 배경에는 가쓰라기 씨가 있음을 알게 되었고, 두 형이 마요와 왕의 토벌을 주저했던 이유도 자연히 드러나게 된 셈이다.

그렇다면 가쓰라기 씨는 왜 안코 천황을 죽여야만 했을까? 가쓰라기 씨가 외척의 세도를 계속 누리려면 끊임없이 천황에게 딸을 공급해야 했다. 제17대 리추, 제18대 한제이, 제19대 인교 천황까지는 황후 자리에 가쓰라기 씨의 여자를 공급할 수 있었다. 그러나 안코 천황 대에 이르러서는 가쓰라기 씨 집안의 여자 공급이 끊겼다. 안코 천황은 가쓰라기 씨 외척의 세도에서 자유로울 수 있었던 것이다.

그런데 제17대 리추 천황과 가쓰라기 씨 여자 사이에서 태어난 이치노헤노오시하市邊押羽 황태자가 또 가쓰라기계 여자와 결혼했다. 그래서 조정 최대 세력인 가쓰라기 씨는 당연하게도 이치노헤노오시하 황태자를 천황으로 만들고 싶었던 것이었다. 문제는 이치노헤노오시하 황태자가 안코 천황보다 나이가 많았다는데 있었다. 가쓰라기 씨의 입장에서는 안코 천황이 이치노헤노오시하 황태자에게 빨리 양위를 하면 딱 좋겠는데, 그때까지는 양위라는 관행이 없던 때라 순리를 따르자니 이치노헤노오시하 황태자가 먼저 늙어 죽을 상황이었다.

그렇다면 방법은 무엇이 있을까? 그것은 안코 천황이 자의든 타의든 빨리 죽는 것이었다. 이에 가쓰라기 씨는 호족 네노오미根使主를 사주하여 천황이 오쿠사카大草香 왕자를 죽이도록 하고, 죽은 오쿠사카大草香 왕자의 아들 마요와 왕이 안코 천황을 제거하는 계획을 실행에 옮겼던 것이다. 마요와 왕은 아버지의 원수를 갚고, 가쓰라기 씨는 대대손손 외척으로서 권력을 유지할 수 있으니 말이다.

여기까지는 가쓰라기 씨의 생각대로 척척 잘 진행되었다. 다만 어린 오하쓰세(유랴쿠雄略 천황)의 날카로운 통찰력과 기민한 행동력을 간과한 것은 치명적인 실수였다.

오하쓰세 친왕은 정예군을 이끌고 즉시 형 사카이노쿠로히코 친왕과 마요와 왕을 숨겨주고 있는 가쓰라기노 쓰부라 대신의 저택을 포위했다. 그리고 저택에 불을 질러 2명의 황족과 쓰부라 대신을 죽였다. 이로써 조정 안에서는 아무도 대적할 수 없었던 강력한 가쓰라기 가문도 몰락의 길을 걷게 되었다. 하지만 여기서 끝난 것이 아니었다. 처참한 살육은 계속되어 이 모든 불행의 씨앗이던 가쓰라기 씨의 피가 흐르는 삼촌 이치노헤노오시하市邊押羽 황태자와 자신의 동생 미마御馬 친왕을 죽이고 자신이 천황의 자리에 오른다.

이것이 유랴쿠 천황이 즉위하기까지의 이야기다. 이런 과정을 지켜본 동시대 사람들에게 유랴쿠 천황은 카리스마 넘치는 거대 권력을 장악한 군주로 각인된다.

그러나 '대악 천황'이라는 불명예스러운 별명이 붙은 것은 닌토쿠 천황 이래의 혈통을 단절시킨 장본인이었기 때문이었다. 가쓰라기 씨를 타도하는 과정에서 황위계승 후보자를 5명이나 죽였고, 정작 본인의 아들이 제22대 세이네이淸寧(재위 480~484) 천황으로 즉위했지만 후사를 남기지 못하고 일찍 죽었다. 결국 주위에 황통을 이을 인물이 전무한 상태가 되었다.

피비린내 나는 살육의 광풍 속에서 이치노헤노오시하 황태자의 아들이자 제17대 리추 천황의 손자인 두 명의 친왕이 신변의 위험을 느끼고 도망쳐 지방호족에게 의탁해 있던 것을 찾아내고 모셔와 차례로 천황으로 즉위시킨다. 이들이 바로 제23대 겐소顯宗 천황(재위 485~487)과 제24대 닌켄仁賢 천황(재위 488~498)이다.

제25대 부레쓰武烈 천황(재위 498-506)은 황태자 시절 연적이었던 헤구리노 시비平群鮪를 죽이고 그의 아버지 헤구리노 마토리平群眞鳥 대신을 왕권을 노린다는 죄명을 씌워 살해한다. 그리고 자신과 같이 공모한 조정 최고의 권력자 오토모노 카나무라大伴金村의 천거로 천황이 된다.

제21대 유랴쿠 천황과는 비교가 안 될 정도로 극악무도하게 잔혹한 살인을 즐겼다고 전해진다. '참혹한 형벌이 집행될 때는 몸소 형장으로 나가 직접 보았다.', '임부의 배를 가르고 그 안의 태아를 보고, 사람의 손톱을 뽑고 그 손으로 감자를 캐도록 했다.', '사람을 나무에 오르게 하고 밑에서 활을 쏘아 사람이 떨어지는 것을 보고 즐거워했다.', '사람을 연못에 빠뜨리고 기어 나오는 것을 삼지창으로 찔러 죽였다.' 등등 믿기 어려운 잔학함을 보였다고 전한다.

이 잔인한 천황에게는 자식이나 형제가 없어 후계를 만들지 못한 채 세상을 떠났다. 제16대 닌토쿠 천황 이래로 이어지던 혈통이 유랴쿠 천황 대에 끊길 뻔했다. 운 좋게도 지방호족에게 노복으로 의탁하고 있던 이치노헤노오시하市邊押羽 황태자의 두 아들을 데려다가 제23대 겐소, 제24대 닌켄 천황으로 즉위시켜 가까스로 혈통을 이었지만 닌켄의 아들인 제25대 부레쓰 천황 대에서 완전히 끝나게 된다. 훗날 사가들이 만세일계의 혈통을 끊기게 한 천황인 유랴쿠와 부레쓰 천황을 폭군으로 기록했다.

이렇듯 부레쓰 천황은 후사를 남기지 못하고 죽었다. 천황의 대가 끊겼으니 무슨 수를 써서라도 혈통을 이을 황족을 찾아내야 했다. 조정의 권력자 오토모노 카나무라大伴金村의 발의로 단바丹波국(현 교토京都)에 있던 제14대 주아이仲哀 천황의 5세손 야마토히코노오키미倭彦王를 영입하려했지만, 정작 본인은 자신을 모시러 온 병사를 멀리서 보고는 지레 겁을 먹고 산속으로 줄행랑을 쳤다. 할수 없이 이번에는 에치젠越前국(현 후쿠이福井현)에 있던 제15대 오진應神 천황의 5세손 오오도노오키미男大迹王를 천황으로 맞았다.

이렇게 옹립된 인물이 제26대 게이타이繼體 천황(재위 507~531)이다. 게이타이 천황은 전대의 부레쓰 천황과는 혈통이 너무 멀어 실제로 이때 왕조의 교체가 이루어졌다고 주장하기도 한다. 이후로이렇게 먼 혈족으로부터 천황을 영입하는 일은 없어졌다. 현재 천황가 혈통의 기초는 게이타이 천황이라 여겨지는 이유이다.

우여곡절 끝에 천황이 되었지만 정통성의 결여로 야마토大和에바로 입성하지 못하고 인근 지역을 전전하다가 즉위 20년 만에 이와레타마호노미야磐余玉穗宮에 도읍을 정하고 정치를 행했다. 게이타이 천황이 명실공히 천황으로서 인정받는 것은 기존 왕통과 피를 나눈 제24대 닌켄仁賢 천황의 딸 다시라카手白香와 혼인을 하고부터이다. 이는 오랫동안 엷게 희석된 피를 닌토쿠 천황의 혈통을이은 여계女系를 매개로 하여 다시 진하게 되살렸다고 생각했기 때문이다.

그 후 게이타이 천황의 아들 세 명은 천황이 되었다. 제29대 긴

메이欽明 천황은 다시라카 황후의 소생으로서 적자로 여겨졌으며, 지방호족의 딸을 어머니로 둔 제27대 안칸安閑과 제28대 센카宣化 두 천황의 배우자는 모두 닌켄 천황의 딸들로 채워졌다. 정통 혈통인 닌켄 천황의 딸을 매개로 하여 혈통의 순도를 더욱 높여 군주로서의 권위를 확립하겠다는 의지의 표현이었다.

제32대 스슌崇峻 천황(재위 587~592) 천황 계승권을 둘러싼 호족 모노노베物部 씨와의 싸움에서 승리한 소가노 우마코蘇我馬子에 의해 천황으로 즉위한다. 실질적인 조정 지배권은 우마코에게 있었고, 또 그의 후원으로 천황이 되었으니 스슌은 우마코를 거스르기 어려운 처지였다. 그의 절대적인 영향력 아래 있던 스슌 천황은 마치 꼭두각시와 같은 존재였다. 두 개의 권력이 양립할 수 없듯, 둘 사이의 관계는 미묘하면서도 보이지 않는 반목이 싹트기 시작했다.

그럴 즈음인 592년 멧돼지를 헌상받은 스슌 천황은 그 멧돼지를 가리키며 "언젠가 이 멧돼지의 목을 따듯, 내가 싫어하는 놈을 베어버리고 싶다."고 말했다. 천황이 이런 발언을 하고 궁궐 내에 많은 무기와 군사를 모으고 있다는 정보를 접한 우마코는 부하를 시켜 천황을 암살했다. 그리고 바로 그날 매장해버렸다. 그 당시에는 천황이 죽었을 경우 빈소를 마련하고 2~3년 동안 육탈되기를 기다렸다가 매장하는 풍습이 일반적이었다. 그런데 사망 당일 매장했다는 기록은 일반적인 죽음이 아니었음을 대변하고 있다.

당시 권력을 쥐고 있던 소가노 우마코蘇我馬子에 의한 암살이다. 면면히 이어지는 천황의 역사에서 신하에게 암살당한 천황은 스슌

이 유일무이하다. 일본 역사상 제20대 안코安康 천황 이후 2번째로
죽임을 당한 천황이다.

3. 아스카飛鳥·나라奈良시대 - 천황제와 친정체제 확립
(제33대 스이코推古 천황~제49대 고닌光仁 천황)

나라奈良현 아스카飛鳥를 수도로 하는 592년부터 710년까지를 아스카 시대, 나라현 헤이조平城에 있던 794년까지를 나라奈良 시대라 한다.

제33대 스이코推古 천황(재위 592-628)은 최초의 여성 천황으로 조카 쇼토쿠聖德 태자를 섭정으로 두었다. 태자는 소가노 우마코蘇我馬子와 협력하여 정치를 펼쳐나갔다. 견수사遣隋使를 파견하여 선진 중국 문물을 받아들이고 관위 12계와 17조의 헌법을 제정하는 등 천황 중심의 중앙집권국가를 꾀했으며, 불교를 받아들여 널리 융성하게 하였다.

일본 천황 역사에 이름을 올린 여성 천황은 10대 8명이다. 이 가운데 아스카飛鳥 시대와 나라奈良 시대에는 여성 천황이 집중적으로 많이 나온 시기이다. 이 시대 즉위한 18명의 천황 중 8명이 여제였다. 제33대 스이코推古(재위 592-628), 제35대 고교쿠皇極(재위 642-645), 제37대 사이메이齊明(재위 655-661), 제41대 지토持統(재위 690-697), 제43대 겐메이元明(재위 707-715), 제44대 겐쇼元正(재위 715-724), 제46대 고켄孝謙(재위 749-758), 제48대 쇼토쿠稱德 천황(재위 764-770) 등 8대이다. 그중에 중임하는 형태로 두 번 즉위한 천황이 2명 있었다. 제35대 고교쿠 천황과 제37대 사이메이 천황이 동일 인물이고, 제46대 고켄 천황과 제48대 쇼토쿠 천황도 중조重祚한 동일 인물이다.

메이지 시대 이전에는 신라를 정벌했다는 진구神功 황후를 제15
대 천황으로 역대에 넣은 사서도 있었지만, 1926년 황통보령이 시
행되면서 천황의 대수에서 빠졌다.

세월이 훌쩍 지난 에도江戸 시대에도 2명의 여제가 탄생한다. 제
109대 메이쇼明正 천황(재위 1629~1643)과 제117대 고사쿠라마치後
櫻町 천황(재위 1762~1770)이 그 주인공이다.

제35대 고교쿠皇極 천황은 645년 정전인 대극전大極殿에서 나카오
에노미코(덴지天智 천황)가 소가노 이루카蘇我入鹿를 죽이는 쿠데타
발생의 책임을 지고 제36대 고토쿠孝德 천황(재위 645~654)에게 양
위한다. 지금까지 천황은 종신제였으므로 고교쿠 천황은 일본 최
초로 양위한 천황이기도 하다. 여제의 천황 즉위는 여러 가지 사정
들이 있었지만, 남편의 황통을 잇거나 자식에게 천황 자리를 물려
주는 중간자 역할이 주목적이었다.

제35대 고교쿠 천황이 중조한, **제37대 사이메이齊明 천황**(재위
655~661) 시대에는 고구려, 백제, 신라 등 삼국과 교류가 많았으
며, 그때까지 야마토 조정이 장악하지 못했던 관동과 동북지방에
할거하고 있던 에미시蝦夷와 규슈 남부의 하야토隼人 세력을 복속
시켰다.

660년 9월 백제는 달솔, 사미각종沙彌覺從 등을 보내 "올해 7월 신
라가 당나라를 끌어들여 쳐들어와 백제가 망했고, 임금과 신하가

모두 노예가 되었습니다."라고 알려왔다.

백제의 의자왕, 그의 비 은고恩古, 아들 융隆, 그리고 신하 50여 명이 소정방蘇定方에게 잡혀 당나라로 보내졌다.

겨울 10월에 백제 좌평 귀실복신鬼室福信은 좌평 귀지貴智 등을 보내 당나라 포로 100여 명을 바쳤다. 또 원군을 청하면서 백제 왕자 여풍장余豊璋을 모셔가겠다고 했다.

"백제는 아득한 천황의 은혜에 의지하여 나라를 운영해왔습니다. 이제 백제가 일본으로 보낸 왕자 풍장을 모셔와 왕으로 삼고 싶습니다." 하니 "원군을 청한 일은 오래전에 들어서 알고 있다. 어려움을 도와주고 끊어진 것을 다시 잇는 것은 당연한 일이다. 와신상담해서라도 반드시 구원해야 한다. 그 의지가 강하니 장군들에게 명하여 사방에서 함께 전진할 일이다. 구름이 모여들고 우레가 진동하듯, 함께 뭉쳐 적을 베어 닥친 어려움을 없애야 한다. 마땅히 관리를 배정하여 예로써 파견해야 한다."고 조서를 내리고 왕자 풍장豊璋과 그의 처자, 그 숙부 충승忠勝 등을 보냈다. 그 파견대가 출발한 것은 즉위 7년조에 보인다.

여제는 661년 직접 백제 구원군을 이끌고 규슈 쓰쿠시筑紫까지 왔으나, 가을 7월 이곳 아사쿠라朝倉궁에서 세상을 떠났다.

이때 그녀의 나이 67세, 지금의 기준으로 생각하면 아직 한창이지만 당시에는 꽤 연로한 나이였다. 그 나이에, 그것도 1월 한겨울에, 왜 오사카 난바難波에서 규슈 쓰쿠시까지 먼 뱃길의 전쟁 여행을 선택해야 했을까? 단지 우호관계를 맺었기 때문에 연로한 여제가 한겨울에 백제 부흥을 위한 원군을 격려하고자 규슈까지 나섰다는 해석은 이해하기 어렵다. 결국 여제의 전쟁 수행은 미수에 그쳤고 그 아들 덴지 천황 때로 미루어진다.

이미 321년 진구神功 황후가 신라를 정벌했다는 전설과 이야기의 전개가 비슷하다. 진구 황후가 산달이 다되어 현해탄을 건너 신라를 쳐 복속시켰다는 내용과 67세의 나이에 여자의 몸으로 한겨울 긴 뱃길 전쟁 여행을 마다하지 않았다는 내용이 유사하다.

제38대 덴지天智 천황(칭제·재위 661-671)은 나카토미 가마타리中臣鎌足와 짜고 제35대 어머니 고교쿠皇極 천황(재위 642-645)의 면전에서 소가노 이루카蘇我入鹿를 암살하는 쿠데타를 일으켰다. 이를 계기로 정치제도를 개혁·정비하는 다이카大化 개신을 단행했다. 동생인 제36대 고토쿠孝德 천황(재위 645-654)과 어머니 고교쿠 천황이 중조한 제37대 사이메이齊明 천황의 뒤를 이어 즉위했다.

660년 백제가 멸망하자 덴지 천황은 663년 백제 부흥을 위해 2만 7천의 지원군을 보냈다. 그러나 일본의 모든 국력을 투입한 백촌강白村江(금강 하구) 전투에서 나당 연합군에게 완패했다.

『삼국사기』「신라본기」 제30대 문무文武왕(재위 661~680) 조에는 670년 "왜국이 국호를 고쳐 일본이라 하고 스스로 해가 나오는 곳에 가까운 까닭으로 그와 같이 이름 지은 것이라 한다."는 시답지 않은 에피소드까지 소개했지만, 이상하게도 동아시아 4국이 입체적으로 벌인 663년 금강 하구 백촌강 전투에 대해서는 일언반구도 없다. 『일본서기』의 기록대로 일본이 대규모의 지원군을 백제에 보냈다가 패퇴했다면, 신라의 입장에서는 이 전과를 빠트리지 않고 기록하는 것이 당연한데도 말이다. 다만 『구당서舊唐書』「백제전」은 당나라 유인궤劉人軌 군대는 백제왕자 풍豊과 4번을 싸워 4번 이 겼으며, 적은 궤멸되고 400척의 배가 불타올랐고, 풍은 도망쳤다 고 기록하고 있다. 물론 백제왕자 풍은 2만 7천 일본 지원군과 연 합한 백제 부흥군의 총사령관이었다.

이를 정리해보면, 이 백강 전투에 일본은 구묘지소丘墓之所가 있 는 백제의 망국을 슬퍼하며 2만 7천의 구원군을 보냈다고 했으며, 전통적으로 과장이 유명한 중국은 백제 부흥군과 싸워 4전 4승 했으며 400척의 배가 불타올랐다고 했다. 그러나 신라는 이 전투 가 역사에 남길 만한 전쟁이 아니었는지 역사서에 백강 전투 기록 을 남기지 않았다.

백강 전투가 있던 663년과는 시차가 있지만, 『삼국사기』「신라본 기」 제30대 문무文武왕(재위 661~680) 11년(671) 조에는 "이때 왜국의 수군이 와서 백제를 도왔다. 왜선 1천 척이 백강白江에 정박하니 백 제의 정예 기병이 강 언덕 위에서 이들을 지켰다. 신라의 용맹한 기병이 당나라 군대의 선봉이 되어 먼저 백제 진영을 격파하니 주 류周留는 전의를 상실하고 곧 항복하였다."는 내용은 분명히 기록 해 두었다.

아무튼 백제 부흥이 실패로 끝나고 주유州柔가 함락되자 『일본서 기』 덴지天智 천황 2년(662)조에 다음과 같은 슬픈 노래가 남아있다.

주유가 항복했으니 어찌할 도리가 없네. 州柔降矣 事于奈何
백제의 이름도 오늘로 끝났구나. 百濟之名 絶于今日

조상을 모신 무덤에 언제 다시 성묘할 수 있으리오. 丘墓之所 豈
能復往

　재일 사학자 김달수 선생은 오카다 히데히로岡田英弘 씨의 「왜국
이란 무엇인가?」를 인용하면서 다음과 같이 말한다.

　　'일본이라는 국호와 천황이라는 왕호가 처음으로 채용되었다'는
　　것도 모두 오미조近江朝(지금의 시가滋賀현, 667~672) 때의 일인데 이
　　것은 일본이 전 국력을 쏟아부었으나 한반도에서 패하여 물러났음
　　에도 불구하고 더욱더 발전하는 계기가 되었다고 말할 수 있다. 이
　　것은 대체 무슨 이유인가?
　　　간단하게 말하면 그것은 백제가 망하면서 가능했다고 말할 수
　　밖에 없다. 백제가 망하면서 그전에 일본에 건너와 토착한 백제계
　　씨족 위에 또 많은 백제 망국의 신하와 유민이 더해진 것이다. 다
　　른 말로 표현하면 한반도에서 망한 백제가 그대로 일본의 덴지조
　　天智朝에 더해졌다고 해도 지나치지 않을 것이다.

　허망하게도 백제가 멸망하자 중국의 책봉체제를 따르던 백제의
눈치를 볼 것도 없이 국명을 왜에서 일본으로, 대왕을 천황으로 과
감히 고쳐 부르면서 본국으로부터 젖을 떼는 명실상부한 독립국의
형태를 갖추기 시작했다. 이것은 위의 내용처럼 망국 백제의 인재
와 시스템이 덴지 천황의 치세 위에 고스란히 더해졌기 때문이라
여겨진다.

제39대 고분弘文 천황(재위 672)은 덴지 천황의 아들로 즉위했다. 덴지 천황의 동생 오아마大海人 친왕은 672년 지방호족과 결탁하여 난을 일으켰는데, 임신壬申년에 일으킨 난이라 하여 임신의 난이라 한다. 즉 삼촌과 조카의 왕위쟁탈전 결과, 덴지 천황의 후계자 오토모大友 친왕을 자살에 이르게 하고 삼촌이 즉위하였으니, 그가 바로 제40대 덴무天武 천황(재위 673-686)이다.

덴지 천황의 사거와 함께 오토모 친왕이 즉위했지만,『일본서기』의 편자 중 한 명인 도네리舍人 친왕이 아버지 덴무 천황이 왕위 찬탈자로 기록되는 것을 꺼려 오토모 친왕의 즉위 사실을 삭제했다는 주장도 있다. 그러나 진구神功 황후를 '진구 천황'으로 적는『일본연대기』조차도 덴지 천황 다음은 덴무 천황이라고 기록하고 있다. 임신의 난에서 패배한 오토모 친왕은 목을 매 자살하는데, 오아마 친왕 군대가 그 목을 잘라서 가지고 돌아와 오아마 왕자에게 바친다. 만약 오토모 친왕이 즉위하여 천황이 되었다면 이렇게 시신을 훼손하는 일은 있을 수 없기 때문이다.

메이지 3년(1870) 제47대 준닌淳仁 천황(재위 758~764), 제85대 주쿄仲恭 천황(재위 1221~1221, 4개월)과 함께 오토모 왕자에게 제39대 고분弘文 천황(재위 672)의 시호가 추증되었다.

제45대 쇼무聖武 천황(재위 724~749) 시대에는 역병과 재해로 많은 사람들이 죽었다. 게다가 측근의 반란까지 일어나자 불교의 힘으로 백성을 구하고자 국가 차원에서 고쿠분지國分寺, 고쿠분니지國分尼寺 등 많은 사찰을 건립했다. 나라奈良 대불로 유명한 동대사東大寺도

이때 세워졌다. 제작에 2년, 보강주조에 5년, 도금에 5년 총 12년에 걸쳐 완성됐는데, 많은 국민의 노동력과 막대한 비용이 들었음을 쉽게 짐작할 수 있다.

제46대 고켄孝謙 **천황**(재위 749~758) 역사상 처음으로 여성임에도 황태자가 되어 32세에 천황에 즉위한 독신 천황이다. 아버지 쇼무 천황은 황후에서 나온 자식의 왕위 계승을 바랐다. 고켄 천황은 그 첫 번째 딸이다. 그 후 아들이 태어나면 서열이 바뀌는데, 실제로 남동생이 태어나 황태자가 되지만 1년이 채 안 돼서 세상을 떠난다. 이후로 황후는 아이를 낳지 못했다. 이렇게 되니 고켄 천황은 미혼을 강요당하게 되는데, 결혼하여 남편이 생기면 그 남편과의 사이에 태어나는 남성이 천황으로 즉위할 가능성이 생기기 때문이다.

이러한 전후 사정으로 즉위한 여성 천황 고켄이 출가하여 중조하니, 바로 제48대 쇼토쿠 천황이다. 이 여제는 승려 도쿄道鏡와의 에피소드로 후세의 인구에 회자되고 있다.

제47대 준닌淳仁 **천황**(재위 758~764)은 제40대 덴무天武 천황(재위 673-686)의 손자이다. 후지와라 나카마로藤原仲麻呂(706~764)의 도움으로 천황이 된 준닌은 764년 나카마로가 반란을 일으켰다가 진압되자 자신에게 양위한 제46대 여제 고켄孝謙 상황(재위 749-758)에 의해 천황의 지위를 빼앗기고 아와지淡路섬에 유폐되어 죽는다. 이런 이유로 아와지 폐제淡路廢帝라 불렸다. 아와지 폐제에게는 메이지 3

년(1870)에 준닌 천황의 시호가 추증되었다.

제48대 쇼토쿠稱德 **천황**(재위 764~770) 준닌 천황에 양위한 후 출가한 고켄 상황은 병으로 쓰러졌으나 승려 유게 도쿄弓削道鏡의 신비한 법력으로 치유되었고 그를 총애하였다. 승려 도쿄를 싸고도는 천황에게 준닌 천황과 그의 후원자 후지와라 나카마로, 반대파 귀족들은 거세게 저항했다. 둘의 관계를 비판하던 준닌 천황을 아와지로 쫓아내고 나카마로를 제거한 고켄 상황은 다시 즉위하여 쇼토쿠 천황이 되었다.

도쿄와의 사랑 전선에서 반대파 제거에 성공한 여제의 도쿄에 대한 총애는 점점 심해지더니, 그를 위한 지위를 신설하여 태정대신선사太政大臣禪師로 임명했다. 그리고 그의 동생 유게 기요히토弓削淨人를 참의에 임명하여 정치체제 강화를 꾀했다. 이로써 도쿄는 정계에서도 권력을 휘두를 수 있게 되었다. 이어 야마토의 스미데라隅寺에서 불사리가 발견되었다 하여 법왕法王이라는 새로운 지위를 만들어 도쿄를 즉위시켰다. 법왕은 모든 면에서 천황과 동등한 대우를 받는 높은 지위였다.

적당히 하면 좋을 것을 급기야 도쿄의 동생, 기요히토의 공작으로 "도쿄가 천황이 되면 천하가 태평해진다."는 우사宇佐 신궁의 신탁을 만들어내기에 이른다.

이 이야기를 접한 쇼토쿠 천황은 그 신탁의 진위를 확인하기 위해 와케 기요마로和氣淸麻呂를 우사로 보냈다. 어느 시대나 의인은 있는 법, 이 기요마로가 물건이었다. 그는 도쿄의 회유에도 불구하고 "우리나라는 개벽 이래 신하가 군주가 된 예는 없다. 황위에는 반드시 황족을 세워야 한다. 사악한 도쿄를 추방하라."고 보고하고 결국 가고시마로 유배된다.

이로써 일본 역사상 천황이 다른 혈통으로 대체될 뻔한 두 번의 사건 중 하나가 클리어되었다. 다른 하나는 무로마치室町시대 (1392~1573)의 쇼군將軍 아시카가 요시미쓰足利義滿의 천황 등극 기도였다. 이 사건은 그 시대에 다루기로 하자.

어쨌든 이 사건으로 도쿄의 천황 등극은 좌절되었지만 쇼토쿠 천황의 도쿄에 대한 사랑은 식을 줄 몰랐고, 도쿄의 고향인 오사카 야오시八尾市에 유게궁由義宮을 조영하고 부수도副首都로 삼았다. 그러나 도쿄의 권력과 야망도 결국은 쇼토쿠 천황의 사거와 함께 사라지게 되었다.

쇼토쿠 천황은 불법에 귀의한 채로 다시 천황에 복귀한 유일무이한 천황으로 기록된다. 천황은 국가통치의 주체로써 일본 신토神道의 제주祭主이다. 신토 최고의 제주가 출가하여 불교 내부에 속해 있다는 사실은 사람들을 혼란스럽게 만들었다. 신토와 불교를 융합하는 신불습합神佛習合 사상이 거부감 없이 받아들여지는 일본인들의 종교관 속에도 황조신皇朝神과 아마테라스오미카미를 모신 이세伊勢 신궁 등에서는 신도와 불교를 분리하려는 의식이 강했다.

다이조사이大嘗祭는 천황 즉위와 함께 거행되는, 신에게 올리는 가장 성대한 제사이다. 이런 분위기 속에서 쇼토쿠 천황은 이 신성한 자리에 천황 본인과 지근거리에서 보좌하는 궁녀만 출입이 허용되던 금기를 깨고 도쿄를 포함한 승려들을 참석시켰을 것이라고 한다.

그렇다면 무엇이 쇼토쿠 천황이 이렇게 행동하게 했을까? 출가한 자신이 병을 얻자 승려 도쿄가 신비한 불법의 간호로 건강을 되찾아 주었다. 천황은 승려 도쿄를 대신선사大臣禪師에서 태정대신선사太政大臣禪師, 그리고 곧 법왕法王으로 승진시켰으며, 그의 고향에 그의 성씨인 유게궁由義宮을 건설하여 부수도로 삼았다. 게다가 천황 자리를 물려주려 하였다. 한마디로 말하면 승려 도쿄에 대한 끝없는 사랑이었다. 『일본영이기日本靈異記』는 "도쿄 법사가 쇼토쿠 천황과 잠자리를 같이 하며 정치의 실권을 쥐고 천하를 좌지우지했다."고 적고 있으며, 이 이야기는 후세에 점점 살이 붙어 도쿄의 거근巨根설까지 나오게 되었다.

상황으로 물러나 천황을 폐위시킨다.

불법에 귀의하여 즉위식도 올리지 않고 중조한다.

출가한 천황이 다이조사이大嘗祭를 거행하면서 승려들을 참석시킨다.

이세 신궁 구내에 신궁사라는 절을 건립한다.

누구나 알아차릴 수 있는 눈이 먼 도쿄와의 애틋한 사랑에 수반된, 만세일계를 저버리는, 외부자인 승려 도쿄를 천황에 즉위시키려는 여제의 행위에 모두 실망한다. 이때부터 에도시대(1600~1867)까지 여성 천황의 맥이 끊긴다. 이는 쇼토쿠 천황의 행동에서 여제에 대한 한계를 충분히 경험했기 때문이리라.

4. 헤이안平安시대
- 천황 친정에서 섭정·관백·원정院政으로
(제50대 간무桓武 천황~제81대 안토쿠安德 천황)

나라奈良 헤이조쿄平城京에서 교토 헤이안쿄平安京로 천도한 794년부터 미나모토源 씨가 가마쿠라鎌倉 막부를 여는 1192년까지의 약 400년간을 헤이안 시대라 한다. 이 시대에는 부모형제, 외척들의 정치 개입으로 정치가 문란해져 400년 동안 30명이나 되는 천황이 등장했다.

제50대 간무桓武 천황(재위 781~806) 2001년 12월 18일 한·일 월드컵을 앞두고 아키히토 천황은 "일본과 한국 국민들 사이에는 옛날부터 깊은 교류가 있었다고 『일본서기』 등에 상세하게 기록되어 있습니다. 한국으로부터 이주해온 사람들과 초빙된 사람들에 의해서 다양한 문화와 기술이 전해졌습니다. 궁내청 악부樂部의 악사 중에는 당시 이주자의 자손으로 대를 이어 악사로 일하며 지금도 아악을 연주하고 있는 사람이 있습니다. 이러한 문화와 기술이 일본 사람들의 열의와 한국 사람들의 우호적 태도에 의해 일본으로 전해진 것은 행운이라 생각하며, 이후 일본의 발전에 크게 기여했다고 생각합니다. 나 자신, 간무 천황의 생모가 백제 무령왕의 자손이라고 『속일본기續日本紀』에 적혀 있어 한국과의 인연을 느낍니다. 무령왕은 일본과도 관계가 깊어, 이때 이래로 일본에 오경박사가 대대로 초빙되게 되었습니다. 또 무령왕의 아들 성왕은 일본에 불교를 전했다고 알려져 있습니다. 그러나 유감스럽게도 한국과의 교류는 이러한 교류만이 아니었습니다. 이를 우리는 잊어서는 안 된다고 생각합니다(말미 생략)."라고 기자회견에서 발언했다. 이는 『속일본기』의 기사에 간무 천황의 생모 다카노노 니이가사高野新笠가 "백제 무령왕의 아들 순타純陀 태자의 자손"이라는 내용에 근거한 것이다.

여담이지만 천황의 이같은 발언에 대해 아사히朝日 신문과 교도共同 통신을 제외한 거의 모든 일본 매스컴은 침묵했다.

간무桓武 천황의 가장 두드러지는 업적은 무엇보다도 헤이안平安 천도다. 나라의 헤이조쿄平城京에서 교토의 나가오카長岡로 잠시 옮겼다가 다시 교토의 헤이안쿄平安京로 천도한다.

헤이안 천도는 간무 천황이 직접 주도했다. 후사가 없이 사거한 제48대 쇼토쿠稱德 천황의 뒤를 이어 황위계승 서열에서 멀었던 아버지가 후지와라藤原 씨의 입김으로 62세의 나이에 제49대 고닌光仁 천황(재위 770~781)으로 즉위한다. 간무 천황이 우여곡절 끝에 아버지의 뒤를 이어 즉위했을 때는 이미 45세였다. 황위와 인연이 멀었지만 막상 천황이 되고 보니 오히려 강렬한 군주의식이 생겼다. 모순과 불합리가 횡행하던 사회 전반의 쇄신을 위해 천도를 결행했으며, 어머니가 신분이 낮은 귀화계 씨족 출신이라는 콤플렉스도 더욱 분발하는 힘으로 작용했을 것이라고 한다.

그러나 1,000년 수도 헤이안平安 천도라는 대역사의 실마리가 간무 천황의 여러 가지 콤플렉스에서 기인했다는 상상은 지나치다는 생각을 떨쳐버릴 수 없다. 물을 건너 일본열도로 온 사람이라는 의미의 '도래인渡來人'들은 이미 토착화했으며, 그들은 정·재계를 비롯한 사회 전반에서 두드러진 활약을 하고 있었다. 무령왕은 6세기 초의 인물이며, 그의 자손인 간무 천황의 어머니 다카노노 니이가사高野新笠는 8세기 중후반의 인물이다. 이미 세대가 열 번 남짓 바뀐 2~300년 세월 동안 일본에 뿌리를 내리고 살던 무령왕의 후손들은 일본인으로 토착화했을 것이므로 씨족 콤플렉스 운운은 어불성설이다.

간무 천황이 효자였던 것만은 사실인 듯하다. 우에다 마사아끼上田正昭는 다음과 같이 풀었다.

> "간무 천황은 어머니 쪽의 혈통을 잊지 않았다. '짐 혼자 기쁘게 고귀한 말씀을 받을 수 있겠는가? 대체로 자식들이 부모의 행복을 비는 것이 당연하다. 그렇기에 짐의 어머니 다카노 부인高野夫人을 황태부인皇太夫人이라 기려 관위를 올리고자 한다.' 여기서 소위 다카노 부인이라 함은 간무 천황의 어머니 다카노노 니이가사高野新笠를 말한다. 그녀는 백제 무령왕의 후예라는 야마토和 씨 출신으로, 귀화씨족의 혈통을 잇는 사람이었다. 이것은 『속일본기續日本紀』에서 분명히 이야기하고 있다."

간무 천황 어머니의 혈통 콤플렉스 운운하던 다카모리 아키노리高森明勅 씨는 『일본의 10대 천황』에서 또 다른 시각으로 헤이안 천도의 이유를 말했는데, 이것이 더 합리적 추론이라 여겨진다. 천도를 단행했던 이유로 치유가 불가능하게 부패한 나라奈良의 불교세력과 인연을 끊고 헤이안平安으로 천도하여 새로운 세상을 만들려는 의도에서 시작되었다고 보는데, 이것이 더 설득력 있어 보인다.

"나가오카長岡로 천도를 결정한 이유로는 오사카 서북·효고兵庫 남동 방면을 다스리던 관리로부터 기묘한 보고가 올라오고부터이다. 검은 점이 있는 두꺼비 2만 마리가 이동하는 신기한 일이 발생했는데 이는 '천도해야 할 징조'라는 것이었다.

이때 이 방면을 다스리던 관리가(승려 도쿄의 회유에 굴하지 않고 '우리나라는 개벽 이래 신하가 군주가 된 예는 없다. 황위에는 반드시 황족을 세워야 한다. 사악한 도쿄를 추방하라.'고 보고하여 가고시마로 유배되었던) 와케 기요마로和氣淸麻呂였다. 천도 후 나라奈良에 있던 절들의 이전을 금지한 일이 이 사실을 입증해준다. 나라의 많은 절들은 백성을 상대로 고리대금업을 하여 사회 병폐를 양산했으며 이를 근절하기 위하여 간무 천황이 조칙을 내렸다."

그 조칙은 "고리대금의 해악으로 집과 토지를 잃은 가난한 인민들이 유민으로 전락하여 떠돌고 있다. 금후 고리대금업을 금한다. 이미 계약이 되어 있어 상환 기간이 돌아와도 돈을 빌린 인민을 그대로 살게 하고 천천히 갚도록 하라. 또 이렇게 금지명령을 내렸지만 아직도 고쳐지지 않는다. 나라의 모든 절들은 돈에 눈이 멀어 집을 담보로 잡고 고리대금업을 계속하고 있다. 승려들이 법을 지키지 않고 관리들도 그것에 부응하여 눈을 감아주고 있다. 만약 법을 어기는 자가 있으면 죄를 물어 처벌하며, 관리는 해임하고 재

산을 몰수한다."고 『속일본기』 간무 천황 연력延曆 2년(783) 12월조
가 증언하고 있다.

교토 나가오카長岡를 거쳐 헤이안平安으로 천도한 것은 나라 헤이
조平城에 만연했던 불교의 폐해를 끊으려는 시도로 볼 수 있을 것
이다.

간무 천황은 친정체제를 구축하고 군비를 확충하여, 열도 동북
의 에미시蝦夷를 정벌하기 위해 789년, 5만 정벌군을 파견했으나
크게 패했다. 794년에 다시 10만 정벌군을 보내 거의 평정했고,
802년에는 이사와膽澤 성을 쌓고 에미시를 제압한다. 이렇듯 끈기
있게 3차례나 동북지방에 원정하여 14년 만에 오랑캐를 제압했다.
또 『일본서기』에 이은 정사 『속일본기』를 완성시켰는데 그 자신의
치세 10년을 이곳에 넣어 공정한 기록이 가능했겠는가 하는 의문
이 있으나 그의 강력한 추진력을 느낄 수 있다.

헤이안 천도와 동북방 오랑캐 에미시 제압을 큰 업적으로 말할
수 있지만, 한 가지 더 추가한다면 『속일본기』와 『일본후기日本後紀』
등과 같은 역사서 편찬 업적을 빼놓을 수 없다.

제63대 레이제이冷泉 천황(재위 967-969) 아버지 제62대 무라카미
村上 천황(재위 946-967)의 사거로 17세의 나이로 즉위한다. 마음의
병을 앓고 있어, 기행奇行으로 유명했던 것처럼 병이 호전되지 않자
대극전大極殿에서 치러야 하는 즉위식을 자신전紫宸殿에서 치른다.
일이 이렇게 되고 보니 외척 후지와라 사네요리藤原實賴가 관백이
되어 정치를 대신했다. 유명했다던 그 기행은 어떤 것이었을까?

첫째, 다리가 다쳤는데도 하루 종일 공을 찼다는데, 이는 개구쟁이이고 공차기를 무척이나 좋아했음을 알 수 있는 일화이며 육체적으로 건강했음을 짐작할 수 있으나 제왕의 덕목은 아니라고 여겼던 것 같다.

둘째, 어릴 때 아버지 천황이 보낸 편지의 답장에 남성의 성기를 그려 보냈다는데, 어린 소년의 치기로 웃어넘길 수 있는 일화로 호탕함이 엿보이는 대목이지만, 어떤 모양으로 그려서 아버지에게 보냈는지 궁금하다.

셋째, 천황이 거하는 청량전淸涼殿 초소 위에 올라가 앉았다고 하는데 이 또한 개구쟁이 어린 남자아이에게는 흔히 있을 수 있는 일로 제왕의 덕목과는 큰 상관이 없는 기행이랄 것도 없는, 입꼬리가 저절로 올라가는 이야기로 여겨진다.

넷째, 병으로 누워있을 때도 큰소리로 노래 불렀다는데, 병석에서도 큰소리로 노래를 불렀다는 일화는 자신의 병에 크게 개의치 않고 긍정적으로 사고하는 낙천적 성격이 엿보인다.

다섯째, 퇴위 후에 살던 곳에 불이 나서 소달구지를 타고 피난가는 도중에도 큰소리로 노래를 불렀다는데, 앞에서도 보았듯이 장난이 심하고 노래를 즐기는 성격임을 알 수 있다.

병석에서 앓는다고 빨리 낫는 것도 아니며, 불이 났다고 법석을 떤다고 달라지는 것은 없다는 세상을 달관한 경지에 도달했다고 보이는데, 다만 제왕으로서 취할 행동으로써 적당하지 않다는 생각이 들기도 한다.

재위 2년 만에 양위하고 40년 넘게 건강하고 편하게 살았는데, 이는 궁중의 음모나 정쟁으로부터 도망치기 위해 일부러 기행을 저지르지나 않았는지 의심스러울 따름이다.

제66대 이치조一條 천황(재위 986-1011) 이치조 천황 시대에는『마쿠라노소시枕草子』의 작자 세이 쇼나곤清少納言,『겐지이야기源氏物語』의 저자 무라사키 시키부紫式部, 와카和歌 작가인 이즈미 시키부和泉式部와 아카조메 에몬赤染衛門 같은 여류작가가 재능을 뽐내던 헤이안 여류문학의 꽃을 활짝 피운 시기였다. 화려한 귀족문화의 전성기이기도 했지만, 천황 자신이 온화하고 우아했으며, 학문과 음악적 재능이 뛰어나 피리를 잘 다루었고, 조정의 신하들에게 신망이 두터웠다고 한다. 대단한 고양이 애호가로 유명했던 천황은 자신의 고양이에게 신분이 높은 부인의 경칭인 묘부命婦 노오토도라고 이름을 지어주고 5위의 위계를 하사했다고『마쿠라노소시』가 전한다.

문학과 음악을 사랑하고 학구적이며 동물을 사랑한 우아한 성격의 천황은 헤이안시대 귀족문화의 꽃을 활짝 피웠다. 그리고 외척인 후지와라의 섭관정치 속에서 협치하고 조화를 이루어 내는 정치력을 발휘했다. 시대가 멋스러운 군주를 낳았는지, 천황이 이러한 시대를 만들었는지 모르겠지만 귀족문화 절정의 시대와 지적이고 낭만적인 군주의 만남이 서로 상승작용을 했음에는 이론이 없으리라.

이 시기에 섭정·관백으로서 후지와라藤原 씨의 섭관 정치는 전성기로 접어들었으며 제67대 산조三條(재위 1011~1016), 제68대 고이치조後一條(재위 1016~1036), 제69대 고스자쿠後朱雀(재위 1036~1045), 제70대 고레이제이後冷泉 천황(재위 1045~1068)까지 후지와라 씨의 권세는 식을 줄 몰랐다.

제71대 고산조後三條(재위 1068-1072) 천황은 후지와라 씨 섭정·관백이 외척이 아니었기 때문에 후지와라 씨가 좌지우지하던 정치를 친정체제로 전환할 수 있었다.

중요한 업적은 토지제도 모순점의 결정판인 장원莊園을 정리하는 '장원정리령'을 내린 것이다. 장원으로부터 나오는 경제력은 후지와라 씨 섭관(섭정·관백)정치의 원천이었는데 후지와라 씨의 장원도 직격탄을 맞았다. 장원정리에 의한 후지와라 씨의 경제적 기반 몰락은 결과적으로 천황이 유력한 장원 영주가 되는 결과를 낳았다.

후지와라 씨 섭관정치의 3대 권력기반은 천황의 외척으로서의 지위, 섭정·관백으로서의 지위, 그리고 최대 장원 영주로서의 지위이다. 이 세 가지 지위를 차례로 잃은 후지와라 씨는 몰락의 길을 걷게 된다.

제72대 시라카와白河 천황(재위 1072-1086) 후지와라 씨 섭정·관백을 배제하고 천황의 친정을 강화하려는 아버지 고산조 천황이 재위 5년 만에 갑자기 시라카와 천황에게 양위한 진짜 이유는 따로 있었다. 이는 후지와라 씨가 또다시 외척의 지위를 회복하지 못하게 하고, 자신은 상황上皇이 되어 자신이 세운 어린 천황을 대신하여 정치를 독점하는 것이었다. 이러한 정치형태를 소위 원정院政이라고 하는데, 고산조 천황의 원정을 통한 정치독점 의도는 허무하게도 반년 후 본인의 죽음으로 끝이 났다.

시라카와白河 천황은 고산조 천황의 유지를 이어 당시 8세이던 제73대 호리카와堀河 천황(재위 1087~1107)에게 양위하고, 자신은 상황上皇이 되어 어린 천황의 후견으로서 조정을 지배했는데 이것이 원정의 시작이었다.

애첩이 죽고 딸까지 세상을 떠나자 1096년 출가하여 법황法皇이 되었다. 천황의 조칙보다 상황의 말씀인 원선院宣이 더 권위가 있던 시절이라 천황은 허수아비에 지나지 않았다. 상황이 천황 위에 군림하던 이때, 관백 후지와라 모로미치藤原師通가 세상을 떠나더니 1107년 호리카와 천황마저 급사해 시라카와 원정은 경쟁과 견제가 없는 유일무이한 권력이 되었다.

일이 이렇게 되니, 차기 천황으로 예정되었던 배다른 형제 스케히토輔仁 친왕을 제쳐두고 겨우 5살이던 손자를 황위에 오르게 한다. 바로 제74대 도바鳥羽 천황(재위 1107~1123)이다. 1119년 도바 천황은 아키히토顯仁 친왕을 낳았는데, 법황의 증손자이다. 1123년에는 이 증손자도 즉위하는데 제75대 스토쿠崇德 천황(1123-1141)이다.

반세기에 걸친 무소불위의 독재 권력은 끝을 몰랐으며, 원院의 북쪽을 경비하고 호위하는 북면무사北面武士를 창설하고 관리의 임명, 위계와 후궁들의 서열 등을 마음대로 결정하고 집행했다.

시라카와 법황의 전제정치를 보여주는 일화는 많은데, 그중 재미

있는 이야기가 『고사담古事談』에서 다음과 같이 전해온다.

어느 날 법승사法勝寺에 금니일체경金泥一切經(금분으로 적은 대장경)을 공양하려는데 큰 비가 내려 3차례나 연기되었다. 4번째 공양을 하는 날에도 비가 내리니, 화가 난 법황은 그릇에 빗물을 받게 하여 그 그릇을 감옥에 가두었다고 한다.

또 천하에 3가지 마음대로 되지 않는 것으로, 예로부터 우기에 범람하는 가모가와賀茂川의 수해, 두 개의 주사위를 던져 나오는 숫자, 그리고 교토 엔랴쿠사延曆寺의 무장 승병이 집단으로 조정에 요구하는 강력한 집단민원 등을 들어 크게 한탄했다고 한다.

10세기 이후에는 승병으로 대표되는 사원의 무장이 본격화되면서 유력한 사원의 집단행동이 속출하여 정치에 큰 영향을 미쳤다.

시라카와 법황은 친정 14년, 원정 44년에 걸친 58년간의 장기집권으로 정권의 핵심에 있으면서, 대규모 사원들이 주도하는 승병의 집단행동에 대응하기 위해 사적인 무사집단인 북면무사를 설치했는데, 그 숫자가 1천여 명에 달했다. 아이러니하게도 이 무사집단은 헤이平 씨 같은 무사가 세력을 확대하여 중앙의 정치에 진출하는 길을 열었다. 이를 계기로 귀족이 섭정·관백으로서 정치를 하는 시대에서 무사가 정치를 하는 시대로 바뀌게 된다.

제74대 도바鳥羽 천황(재위 1107~1123) 아버지 호리카와 천황의 뒤를 이어 5세의 나이에 즉위했다. 시라카와 법황의 원정은 계속되었으며, 도바 천황이 15세가 되자 법황은 양녀인 18세 후지와라 쇼시璋子를 천황의 후궁으로 넣었다. 쇼시는 보기 드문 미인으로, 법황과 쇼시는 그렇고 그런 관계였다고 한다.

도바 천황의 황후가 된 쇼시는 아키히토顯仁 친왕을 낳았는데, 누구도 천황의 자식이라 생각하는 사람은 없었다. 천황 자신도 그를 할아버지의 아들 숙부자叔父子라 부르며 마지막까지 애정을 보이지 않았다고 한다. 더 엽기적인 사실은 천황이 쇼시와 할아버지 사이에서 삼각관계를 유지했다고 하는데, 그 쇼시 사이에 세 아들과 두 딸을 두었다.

21세의 도바 천황은 법황의 압력으로 숙부자인 제75대 스토쿠崇德 천황에게 양위했고 시라카와 법황의 원정은 계속되었다. 6년 후 법황이 사거하자 도바 상황이 실권을 쥐게 되었다. 1141년 도바 상황은 출가하여 법황이 되었고, 스토쿠 천황을 압박하여 3세였던 아들에게 양위하게 하였는데 바로 제76대 고노에近衛 천황(재위 1141~1155)이다.

제75대 스토쿠崇德(재위 1123-1142) 천황은 아들을 생산하지 못해, 도바 상황의 아들을 양자로 하여 황태자로 세웠으나, 이듬해 시게히토重仁 친왕이 태어났다. 그러자 도바 상황은 스토쿠 천황의 아들 시게히토 친왕을 고노에 천황의 어머니에게 입양시키고 출가하여 법황이 되었다. 그리고 바로 스토쿠 천황을 압박해 고노에 천황에게 양위하도록 하였는데 병약한 고노에 천황은 17세의 젊은 나이에 세상을 떠났다.

스토쿠 상황은 자신이 중조重祚하거나, 고노에 천황의 어머니에게 양자로 입양시킨 자신의 아들 시게히토 친왕의 즉위를 원했지만 어림도 없는 이야기였다. 도바 법황이 눈길도 주지 않았던 스토쿠 상황은 도바 법황에게는 할아버지의 아들인 숙부자叔父子였고, 시게히토 친왕은 바로 그 스토쿠 상황의 아들이었다. 할아버지와 황후 쇼시와의 삼각관계에서 3남 2녀를 얻은 도바 법황은 이 중 넷째 아들인 마사히토雅仁 친왕을 황위에 올리니 그가 제77대 고시라카와後白河 천황(재위 1155~1158)이다.

자신의 아들을 천황으로 앉히고 싶었던 스토쿠 상황은 도바 법황이 사거하자 곧 천황계승 문제로 고시라카와 천황에 대항하는 난을 일으켰으나 수적 열세로 몇 시간 만에 어이없이 진압되고 사누키讚岐(가가와香川현)로 유배되었다. 이후 머리카락도 손톱도 깎지 않고 쇠약해져 울분 속에서 생애를 마감했다.

제77대 고시라카와後白河 천황(재위 1155~1158) 병약한 고노에 천황이 17세의 젊은 나이에 생을 마감하자, 제75대 스토쿠 천황의 이부동모異父同母라고 여겨지는 29세의 마사히토 친왕이 고시라카와 천황으로 즉위한다. 어린 나이에 천황으로 즉위하는 것이 일반적이었던 시절에 29세라는 나이는 이례 중의 이례였다.

스토쿠 상황은 마사히토 친왕을 "문무 어느 것 하나 뛰어나지 않아, 능력이 없고 예술 감각도 떨어진다."고 혹평했으며, 도바 법황이 "노는 데는 일가견이 있으나, 천황이 될 기량은 없다."고 혹평했던 것처럼, 젊은 시절부터 노는데 미쳐있던 마사히토 친왕 본인도 천황이 될 것이라고는 상상도 하지 않았다. 이런 평가를 받았던 29세 늦깎이 천황이 반세기에 걸쳐 집권했다는 사실은 상상하기 어려운 일이었다.

일이 이렇게 진행된 데에는 사정이 있었다. 고노에 천황이 요절하자 도바 법황은 싹수가 노란 마사히토 친왕보다는 오히려 나중에 제78대 니조二條 천황이 되는 손자 모리히토守仁 친왕에게 더 큰 기대를 했다. 그러나 아버지를 뛰어넘어 그 자식을 즉위시키는 것도 자연스럽지 않았기 때문에, 중간에 니조 천황에게 바통을 전달하는 역할로써 즉위한 과도기적 천황이었다.

그러나 뚜껑을 열고 보니 중간에 바통을 전달해야 하는 역할의 함량 미달이던 고시라카와 천황은 무가武家 미나모토源 씨와 다이라平 씨를 교묘하게 조종했을 뿐 아니라, 고시라카와 원정기라고 정의되는 제78대 니조二條, 제79대 로쿠조六條, 제80대 다카쿠라高倉, 제81대 안토쿠安德, 제82대 고토바後鳥羽 천황까지 5대 50년 동안에 걸쳐 원정을 지속한다.

흔히 사람은 변하지 않는다고 했지만, 또 사람의 앞날은 모를 일이다. 1156년 고시라카와 천황은 스토쿠 상황이 천황 계승문제로 일으킨 호겐保元의 난에서 승리를 거두었지만, 조정 내부의 천황 계승문제에 무사를 끌어들여 해결하는 과정에서 무사의 몸값을 한껏 올려놓았다. 그 결과로 미나모토 요시토모源義朝와 다이라 기요모리平清盛라는 무가의 실력자를 탄생시켰고, 결과적으로 약 700년에 걸친 무사정권이 이어지는 계기가 되었다.

제81대 안토쿠安德 천황(재위 1180~1185) 천황의 외척인 후지와라藤原 가문의 권력을 몹시도 부러워한 다이라 기요모리平清盛는, 17

살 된 딸 도쿠코德子를 11세이던 제80대 다카쿠라高倉 천황(재위 1168~1180)의 중궁中宮으로 넣어 7년 만에 손자를 보게 된다. 기요모리는 쾌재를 불렀다. 헤이平 씨 가문의 영속을 보장하는 전성기가 찾아온 것이다. 그러나 점점 오만해지는 기요모리와 고시라카와 법황은 사이가 멀어져 갔고, 법황의 비이자 다카쿠라 천황의 생모인 다이라 시게코平滋子가 세상을 뜨자 법황과 기요모리의 밀월은 끝이 났다.

1177년 헤이平 씨 타도 음모가 발각되어 법황의 측근들이 모두 처단되었지만, 고시라카와 법황은 여기에 굴하지 않고 기요모리 측근의 영지를 몰수하는 등 반헤이反平 씨를 노골적으로 표방했다. 여기에 화가 치민 기요모리는 고시라카와 법황을 유폐시키고 원정院政을 정지시켰다.

1180년에는 멋대로 다카쿠라 천황을 물러나게 하고, 헤이平 씨의 피가 흐르는 안토쿠 천황을 즉위시켰다. 그러나 대세는 이미 겐源 씨로 기울었고, 법황의 셋째 아들 모치히토以仁 왕이 여러 나라에 헤이 씨 타도 명령을 내렸다. 이에 미나모토 요리토모源賴朝, 기소 요시나카木曾義仲가 거병했다.

헤이 씨는 안토쿠 천황과 고시라카와 법황을 받들어 재기를 노렸지만, 법황의 마음은 일찌감치 헤이 씨를 떠났다. 할 수 없이 안토쿠 천황과 삼종의 신기를 챙긴 후, 헤이 씨 자신의 거점이던 로쿠하라六波羅를 불사르고 서쪽으로 도망갔다. 그 후 헤이 씨와 안토쿠 천황은 규슈 쓰쿠시筑紫의 다자이후大宰府로 갔다가 사누키讚岐(가가와香川현)의 야시마屋島 행궁에 머물렀다. 그러나 미나모토 요시쓰네源義經의 습격으로 다시 바다로 내몰리는 운명을 맞았다. 뱃머리에 선 다이라 기요모리의 처 도키코時子는 삼종의 신기와 8살 된 손자 안토쿠 천황을 안고 바다로 뛰어들었다. 이렇게 어린 천황은 단노우라壇ノ浦(야마구치山口현 시모노세키下關) 전투에서 패한 헤이씨 일족과 함께 수장되었고, 이때 바다 속에 잠긴 삼종의 신기 중 보검은 끝내 찾지 못했다. 헤이平 씨의 채 20년도 누리지 못한 외척으로서의 권력이었다.

5. 가마쿠라鎌倉·남북조시대
- 막부와의 대립과 황통의 분열
(제82대 고토바後鳥羽 천황~제99대 고카메야마後龜山 천황)

미나모토 요리토모가 가마쿠라鎌倉에 막부를 세운 1185년부터 막부가 멸망한 1333년까지를 가마쿠라 시대, 제96대 고다이고後醍醐 천황이 친정을 편 1333년부터 제99대 고카메야마後龜山 천황의 남북합조까지 약 60년간을 남북조 시대라 한다.

제82대 고토바後鳥羽 천황(재위 1183~1196) 다카쿠라 천황의 넷째 아들로, 헤이平 씨가 안토쿠 천황과 함께 삼종의 신기를 가지고 도망쳐 천황계승의 상징인 삼종의 신기 없이 황위에 올랐다. 겨우 4살 때였다.

고시라카와 법황을 중심으로 행해지던 교토의 정치는 1192년 법황의 사거로 인하여 고토바 천황으로 이어졌다. 19살이 되던 해에 아들에게 양위하고 원정을 시작하여, 제83대 쓰치미카도土御門(재위 1198~1210), 제84대 준토쿠順德(재위 1210~1221), 제85대 주쿄仲恭 천황(재위 1221년 5월 13일~1221년 7월 29일)의 재위 기간 동안 원정을 실시했다.

고토바 상황은 가마쿠라鎌倉 막부에 억눌린 천황의 권위를 되찾고자 거병하여 1221년 조큐承久의 난을 일으켰으나 막부군과 싸움에서 연이어 패배했다. 이로써 조정의 군대가 약체임이 드러났고, 애초부터 막부 토벌계획은 탁상공론이었음이 증명되었다.

압승한 막부의 처분은 가혹했다. 고토바 상황은 오키隱岐섬(시마네島根현)으로, 쓰치미카도 상황은 도사土佐(고치高知현)로, 준토쿠 상황은 사도佐渡섬(니가타新潟현)으로 유형을 보냈다. 4살의 어린 나이에 즉위하여 재위 기간이 2개월 남짓한 제85대 주쿄仲恭 천황은 폐위되어 생모의 친정인 섭정 구조미치이에九條道家의 집으로 옮겨져 17세에 사거한다. 구조폐제九條廢帝로 부르며 역대 천황의 대수에 넣지 않다가 메이지 3년(1870) 주쿄仲恭 천황으로 시호가 추증되었다.

고토바 천황은 비범한 재능의 소유자였다. 와카和歌, 비파, 게마리蹴鞠(공차기), 궁마弓馬 등에 뛰어났고 도검에도 조예가 깊어, 도검 장인을 불러 스스로 도검 제작에 참여했다고 한다. 이즈음 칼에 국화 문양을 넣은 것을 시작으로 황실이 국화문양을 사용하게 된 유래라고 전해진다.

제89대 고후카쿠사後深草 천황(재위 1246~1259)의 혈통인 지묘인통持明院統과 제90대 가메야마龜山 천황(재위 1259~1274)의 혈통인 다이카쿠지통大覺寺統이 번갈아 가며 즉위하는 복잡한 양통질립兩統迭立이 시작된다. 이는 제91대 다이카쿠지통 고우다後宇多(재위 1274~1287), 제92대 지묘인통 후시미伏見(재위 1287~1298), 제93대 지묘인통 고후시미後伏見(재위 1298~1301), 제94대 다이카쿠지통 고니조後二條(재위 1301~1308), 제95대 지묘인통 하나조노花園(재위 1308~1318), 남북조 시대로 접어드는 제96대 다이카쿠지통 고다이고後醍醐 천황(재위 1318~1339) 시대까지 지속된다.

양통질립으로 다이카쿠지통 제96대 고다이고 천황은 지묘인통의 다음 천황에게 양위해야 하기 때문에 자신의 아이에게 천황 자리를 물려줄 수가 없었다. 이것에 불만을 가진 천황은 가마쿠라 막부 타도를 꿈꾼다. 첫 번째는 실패로 끝나 유배를 갔지만, 복귀한 후 아시카가 다카우지足利尊氏의 힘을 빌어 가마쿠라 막부 타도에 성공했다. 그러나 다카우지가 등을 돌려 지묘인통 고묘光明 천황에게 양위시키자 나라奈良 요시노吉野로 내려가 다이카쿠지통 남조를 열고 교토京都의 지묘인통 북조와 대립하게 되어 남북조 시대 (1334-1392)가 시작되었다.

1911년 메이지 천황의 결정으로 남조를 정통으로 인정하고 노리요시義良 친왕을 제97대 고무라카미後村上 천황(재위 1339~1368)으로, 히로나리熙成 친왕을 제99대 고카메야마後龜山 천황(재위 1383~1392)으로 하고 그 전까지 정통으로 여겼던 북조의 고곤光嚴 천황, 고묘光明 천황, 스코崇光 천황, 고코겐後光嚴 천황, 고엔유後円融 천황 등 5대에 걸친 북조의 천황을 대수에서 뺐다. 북조 6대, 남북합조 제100대 고코마쓰後小松 천황(재위 1382~1412)은 남북이 합조한 1392년부터를 재위 기간으로 산정했다.

남북조 중 남조가 정통성을 얻게 된 이유는, 메이지 천황의 "남조를 정통으로 한다."는 선언이 있었기 때문이다. 남조가 삼종의 신기(거울, 칼, 곡옥)를 보유하고 있었다는 등 의견이 분분하지만 정확히 밝혀진 것은 없다.

6. 무로마치室町·전국戰國·아즈치安土·모모야마桃山시대
- 조정의 추락과 무가武家의 발호

(제100대 고코마쓰後小松 천황~제107대 고요제이後陽成 천황)

1336년 고다이고後醍醐 천황의 요시노吉野 낙향 후 아시카가足利 막부가 들어섰다가 15대 장군 아시카가 요시아키足利義昭가 1573년 오다 노부나가織田信長에 의해 쫓겨날 때까지를 무로마치室町 시대 라 하며, 1467년 오닌應仁의 난을 시작으로 전국시대가 전개되다가 오다 노부나가를 거쳐 도요토미 히데요시豊臣秀吉가 전국을 통일하 고 도쿠가와 이에야스德川家康가 에도江戸 막부를 여는 1603년 이전 의 시대를 아즈치·모모야마 시대라 한다.

북조는 초대 고곤光嚴(재위 1331~1333), 제2대 고묘光明(재위 1336~1348), 제3대 스코崇光(재위 1348~1351), 제4대 고코곤後光嚴(재위 1352~1371), 제5대 고엔유後圓融 천황(재위 1371~1382)이 즉위했다. 남 북합조 천황인 제100대 고코마쓰後小松 천황(재위 1382~1412)은 북 조 6대 천황이다.

1392년 고코마쓰 천황의 치세에 북조와 남조가 강화를 맺어 남 북조를 하나로 통일한 것은 황위계승의 상징인 삼종의 신기를 되 찾는 것에 의미와 성과가 있었다. 남북조 강화의 조건은 다음과 같다.

첫째, 제99대 남조의 고카메야마後龜山 천황(재위 1383~1392)이 나라를 양보하는 의식으로 삼종의 신기를 제100대 북조의 고코마쓰 천황에게 건네줄 것.

둘째, 금후의 황위는 양통질립으로 할 것.

셋째, 제국諸國(지방행정 단위)의 국가관리 토지는 다이카쿠지통大覺寺統이, 황실령은 지묘인통持明院統이 지배한다.

위의 세 가지 강화조건을 통해 결국 합의가 이루어졌다. 그러나 삼종의 신기가 고코마쓰 천황에게 건네졌을 뿐, 강화조건은 제대로 지켜지지 않고 흐지부지되고 말았다. 결국 북조의 제101대 쇼코稱光(재위 1412~1428), 제102대 고하나조노後花園(재위 1428~1464), 제103대 고쓰치미카도後土御門 천황(재위 1464~1500)으로 이어지며 전국戰國시대로 돌입한다.

무로마치室町 막부 말기 아시카가足利 장군 계승 문제로 1467년에 일어난 오닌應仁의 난으로 전국이 동군과 서군으로 나뉘어 11년간 전란에 휩싸였다. 이 난리로 막부의 권력은 실추되고, 교토는 황폐해져 조정이 피폐해졌으며, 재정난에 빠져 치러야 하는 황실의 의식도 제대로 거행하지 못하는 상태가 되었다. 결국 천황의 권위가 바닥까지 떨어지는 혹독한 시련을 겪게 되었다.

제104대 고카시와바라後柏原, 제105대 고나라後奈良, 제106대 오기마치正親町 천황으로 이어지는 이 시기의 조정은 매우 힘겨운 시대를 맞이하게 되었다.

제104대 고카시와바라後柏原 천황(재위 1500~1525)의 치세에는 오닌應仁, 분메이文明 양난(1467~1477)의 영향으로 조정의 경제가 궁핍해져 천황 즉위식을 거행할 수가 없을 정도여서, 보다 못한 제10대 장군 아시카가 요시타네足利義稙와 혼간지本願寺가 즉위에 드는 비용을 보태 즉위 21년 만에 겨우 즉위식을 거행할 수 있었다. 이런 상황에서 교토에 천연두가 창궐하자 친히 「반야심경」을 필사하여 절에 봉납하고 만민의 안녕을 기원한 백성을 사랑한 천황이었다.

제105대 고나라後奈良(재위 1526~1557) 아버지의 치세 때처럼 황실 경제가 극심하게 몰락한 시기여서 황위 승계 후 10년이 지난 뒤에야 즉위식을 거행할 수 있었다. 1540년 교토에도 기근과 역병이 만연했으며, 전년부터 계속되는 홍수와 일기불순으로 전국적으로 흉작이 이어졌다. 견디기 힘든 이 재앙의 종식을 염원하며 아버지처럼 「반야심경」을 필사하여 각 지역에서 가장 큰 신사에 봉납했다.

1545년에는 즉위 후 한번 올리는 다이조사이大嘗祭를 거행하지 못함을 사죄하는 글을 이세伊勢 신궁에 바쳤다.

천황 즉위 후 치세 동안 단 한번 황조신과 천지신명에게 새 곡식을 바치고 함께 먹는 다이조사이大嘗祭는 제103대 고쓰치미카도後土御門 천황(재위 1464~1500) 치세까지 거행되었다가 222년간 중지되었고, 에도江戸 시대의 제113대 히가시야마東山 천황(재위 1687~1709) 때 다시 거행되었다가 또다시 중지되었다. 그러다가 제115대 사쿠라마치櫻町 천황(1735~1747) 이후 대대로 거행되었다.

제106대 오기마치正親町 **천황**(재위 1557~1586)이 고나라 천황의 사거로 황위를 이어받은 때는 전국시대 말기 황실경제가 극도로 궁핍했던 시기로, 지방 무가의 원조를 받아 3년 만에 겨우 즉위식을 거행할 수 있었다. 오다 노부나가織田信長는 오기마치 천황의 조정을 지원한다. 이는 천황의 권위를 자신의 일본통일 달성에 이용하려는 것이었지만, 황실도 노부나가의 도움이 절실한 재정난에 내몰려 있었다. 노부나가 사후 도요토미 히데요시豊臣秀吉도 오기마치 천황을 지원하며 황실 권위와 경제력 회복에 노력했고, 조정은 무로마치 막부 말기에 이르러 재정난에서 벗어날 수 있었다.

제107대 고요제이後陽成 **천황**(재위 1586~1611) 오다 노부나가織田信長는 측근의 모반으로 천하제패의 꿈을 안은 채 교토 혼노지本能寺에서 장렬하게 산화한다. 노부나가의 전국통일 꿈을 이어받은 도요토미 히데요시는 1584년 종3위 곤다이나곤權大納言을 시작으로 정2위 내대신, 정1위 관백을 거쳐 1586년에는 태정대신이 되었다. 오와리尾張(아이치愛知현 서부)지방의 영주 출신으로, 최고 관직인 태정대신, 관백, 정이대장군 등의 벼슬 중 하나를 골라잡으라는 조정의 제안에도 관심을 보이지 않았던 노부나가와는 비교되는 부분이다. 미천한 출신으로 최고위직에 오른 히데요시는 천황에게 관직을 받음으로써 그 정통성을 확고하게 하려 했음을 알 수 있다. 그는 얼마 후 전 태정대신의 딸을 양녀로 맞아들여 고요제이 천황의 비妃로 넣어 천황의 외척이 된다. 이같은 정통성 확보를 위한 노력은 그의 신분에 대한 콤플렉스의 반영이라 볼 수 있다.

농민 출신으로 열도를 지배하게 된 새로운 권력자 히데요시가
전통적으로 뿌리 깊은 계급사회에서 기득권층의 마음까지 지배하
기는 어려웠을 것이다. 그 권력을 공고히 하기 위해서는 특단의 타
개책이 필요했다.

전국을 제패한 히데요시는 명나라를 친다는 구실로 1592년 조
선을 침략한다. 이는 조선 원정을 위해 각 지방에서 군사력을 징발
하여 소모전을 치르게 함으로써 지방 무가세력을 약화시켜 대대
손손 정권을 유지하는데 목적이 있었다.

조선팔도를 유린하고 조선 사람들에게 씻을 수 없는 치욕을 안
겨준, 7년에 걸친 지루한 전쟁은 신분 콤플렉스를 극복하려는 히
데요시의 죽음으로 막을 내렸다.

이렇게 도요토미 히데요시의 시대가 무너지고 도쿠가와 이에야
스德川家康 정권이 들어섰다. 천황의 권위회복에 노력했던 히데요시
를 계승하면서도 도쿠가와의 에도江戸 막부는 천황과 조정의 힘이
강해지지 않도록 철저하게 억제하는 정책을 취했다.

에도 막부가 출범한 지 얼마 되지 않는 시점에 조정에서는 전대
미문의 섹스 스캔들이 발각되었다. 1609년 조정의 고급관료들과
여관女官(궁녀)들이 어울려 질펀하게 놀다가 꼬리가 길어 발각된,
궁내 관료의 난맥상을 만천하에 보여준 성추문 사건이다. 세칭 이
노쿠마猪熊 사건이라 하는데, 주인공 이노쿠마 노리토시猪熊教利는
세습 고급관료로 당시 보기 드문, 패션을 리드하는 멋쟁이 미남이
었다고 한다. 게다가 평소 여성편력이 심해 유부녀건 여관이건 가
리지 않고 닥치는 대로 손을 뻗쳤다. 얼굴과 가문이 받쳐주는 불

세출의 바람둥이였다.

조선이나 중국의 예를 보더라도, 기본적으로 궁녀는 궁궐의 주인인 천황의 여자들이다. 그러나 조선이나 중국과는 달리 환관제도를 도입하지 않은 일본 황실은 이런 종류의 사건이 언제든지 일어날 수 있는 가능성을 끌어안고 있었다.

사건의 발단은 1607년, 이노쿠마가 여관과 밀통한 것이 발각되어 고요제이 천황에게 심하게 꾸지람을 듣고 도망쳐 잠적했다가 슬그머니 돌아와 동료 관료들을 부추겨 여관들과 계속 밀통을 지속함으로써 시작되었다.

궁정관료 가잔인 다다나가花山院忠長는 한때 고요제이 천황의 총애를 받았던 히로하시노쓰보네廣橋局를 연모하는 마음이 있었다. 그래서 다다나가는 궁중 깊숙이 출입할 수 있는 어의인 치과의사 가네야스 빈고兼安備後에게 다리를 놓아달라고 부탁했다. 빈고는 역시 여관으로 근무하던 여동생 사누키讚岐를 통해 둘을 연결시켜 주었고, 두 남녀는 편지 왕래를 시작으로 밀회를 지속하게 되었다.

이 이야기는 이노쿠마의 호기심을 자극했고, 평소에 친하게 지내던 동료와 함께 달콤한 언변으로 조정의 관료와 여관을 끌어들여 장소를 옮겨 다니며 난잡한 유흥을 반복했다.

그러나 꼬리가 길면 밝히기 마련이다. 평소 이노쿠마가 친하게 지내던 동료 아스카이 마사카타飛鳥井雅賢에게 한을 품은 마쓰시타松下 가문의 여자가 여관으로 일하고 있었던 것이다. 당시 마쓰시타松下 가문의 가업은 공차기의 일종인 게마리蹴鞠로, 아스카이飛鳥井 가문을 능가하는 양의 게마리 면허증을 발행하고 있었다. 당시는 가업이 커다란 수입원이었던 시절이어서 아스카이 가문은 마쓰시타 가문의 게마리 면허증 발행 권한을 두고 볼 수 없었다. 그래서 막부에 소송을 제기했고, 1608년 아스카이 가문이 승소했다. 두 가문이 원수지간이 된 것은 너무도 당연했다.

이런 상황에서 궁중에 들어가 있던 마쓰시타 가문의 여관이, 조정 관료들과 밀통하며 놀아나던 여관들의 이야기를 엿듣게 된다. 자신의 가문인 마쓰시타 가의 적인 아스카이 가문을 제거할 수 있는 절호의 찬스가 온 것이다. 이 여관이 천황에게 추문을 보고하면서 궁정 내의 집단 성추문이 백일하에 드러났다. 1609년의 일이다.

자신의 여관들과 신하들의 성추문에 격노한 고요제이 천황은 난잡한 섹스 스캔들에 연루된 전원을 사형에 처하도록 명했다. 그러나 수사권을 가지고 있던 막부는 이 사건을 조사하면서 생각했던 규모보다 연루된 인원이 많음을 알게 되었다. 이들을 모두 사형에 처하면 행정상 큰 혼란이 생길 것을 염려한 막부는 관련자를 살살 다루는 처분을 내리기로 결정했다.

황실의 여관이 관련된 섹스 스캔들의 주모자 이노쿠마는 조선으로 도피하려 계획하고, 먼저 규슈로 도망쳤다. 도쿠가와 이에야스는 전국에 수배령을 내렸고, 규슈의 휴가日向(미야자키宮崎현)에 숨어 지내던 이노쿠마 노리토시猪熊教利는 체포되었다. 에도로 압송된 주모자 이노쿠마와 치과의사 가네야스 빈고는 참형에 처해졌다. 이노쿠마의 나이 27세였다. 그리고 관련 남녀 10여 명을 유배 보내는 것으로 사건은 일단락되었다.

천황은 조정의 성추문 관련자들을 사형에 처하는 엄벌을 요구했지만 막부가 내린 솜방망이 처분에 절망했다. 그 후 막부에 양위 의사를 밝혔지만 1611년까지 받아들여지지 않았다.

7. 에도江戸시대 - 조정과 막부의 대립과 변화

(제108대 고미즈노오後水尾 천황 ~ 제121대 고메이孝明 천황)

1603년 도쿠가와 이에야스德川家康가 에도에 막부를 열어 평화를 구가하다가 미국의 흑선이 에도만江戸灣에 나타나면서 막부가 무너지고 정권을 천황에게 넘기는 1867년까지를 에도 시대라 한다.

제108대 고미즈노오後水尾(재위 1611~1629) 고요제이後陽成 천황이 물러나고, 16세이던 천황이 즉위했다. 이듬해 천황과 제2대 장군 도쿠가와 히데타다德川秀忠의 막내딸 마사코和子의 혼담이 시작됐다. 이는 이에야스의 생각이 반영된 것이었지만, 조정에서 원하는 혼담은 아니었다. 그러나 거부할 수 있는 상황도 아니었기에 조정은 1614년 도쿠가와가德川家의 여인과 천황의 혼인을 발표했다. 우여곡절 끝에 장군의 막내딸 마사코는 1620년, 14세의 나이로 고미즈노오 천황에게 시집을 갔다. 1623년에는 딸을 낳았는데, 이 아이가 훗날 제109대 여제 메이쇼明正 천황이 된다. 마사코는 나중에 2명의 아들을 더 낳았지만 모두 요절했다.

고미즈노오 천황은 막부에 수차례 양위 의사를 밝혔다. 1615년 막부가 발포한「금중병공가제법도禁中並公家諸法度」에 의해 천황은 조정 관료의 임명까지도 막부의 통제를 받았다. 이 통제에서 벗어나는 길은 양위하고 상황으로서 권력을 행사하는 것뿐이었다. 왜냐하면 이 법도에는 상황에 대한 규정이 없었기 때문이다. 막부가 양위를 허가하지 않자, 어린 딸에게 양위하고 속박에서 벗어나는 길을 택했다.

고요제이 천황 치세에 일어난 성추문 이노쿠마猪熊 사건의 결과로 조정의 난맥상을 우려한 에도 막부는 조정에 대한 간섭을 강화하여 조정을 막부의 통제 아래에 두려고 「금중병공가제법도」를 제정하여 조정의 관료뿐만 아니라 천황까지도 통제하려했던 것이다.

이 법도는 17조로 이루어져 있는데 주된 내용은 다음과 같다.

> 제1조 천황은 학문에 매진해야 한다.
>
> 제4조 섭정·관백의 가문 출신이라도 재능이 없는 자가 태정대신, 좌대신, 우대신 그리고섭정이나 관백에 임명되어서는 안 된다.
>
> 제8조 개원改元은 중국의 연호에서 좋은 것을 골라야 한다.
>
> 제16조 예전에는 자의紫衣(보라색 가사)가 허락된 주지의 수가 적었다. 그러나 최근에는 함부로 자의를 허락하는 칙허가 남발되어 서열이 혼란스러워졌고, 종국에는 사원의 명예까지 훼손되어 매우 좋지 않다. 금후에는 자의를 허락함에 있어 신중을 기하여, 그 주지가 자의를 받을만한지 확인을 받은 후에 허락해야 한다.

내용을 보면 천황을 정치에서 배제하는 내용과 조정의 인사에 개입하는 것이며, 천황의 연호를 제정하는 문제와 자의紫衣 수여의 권한까지 통제하는 것이었다.

사원의 세력 확대를 두려워한 막부는 천황이 고승에게 자의를 수여하고 대사大師와 같은 존칭을 하사하는 권한을 제한하는 법도를 만들어 천황과 사원을 통제하려 했다. 자의는 보라색 법의나 가사를 말하며, 예로부터 종파를 불문하고 고승과 덕이 높은 비구니에게 조정에서 하사하는 것이었다. 승려와 비구니에게는 큰 영광의 상징이어서, 자의가 하사되면 사원으로부터 기부가 동반되어 조정으로서는 하나의 수입원이 되었다.

막부가 법도를 만들어 자의 수여를 제한했지만, 천황은 막부와 상의하지 않고 십여 명의 승려에게 자의를 수여했다. 이를 알게 된 3대 장군 도쿠가와 이에미쓰德川家光는 1627년 사전에 상의가 없었다는 이유를 들어 법도 위반으로 규정했으며, 자의 수여는 무효라고 선언하고 자의를 회수하도록 명령했다. 이에 대해 조정은 크게 반발했고, 대덕사大德寺 주지 다쿠안澤庵과 묘심사妙心寺의 고승 도겐에이토東源慧等 등이 조정에 동조하여 막부에 항변서를 제출했다. 막부는 1629년 다쿠안 등 막부에 반발했던 고승들을 데와出羽국(야마카타山形, 아키타秋田현 등 동북지방의 한국 동해 방향)과 무쓰陸奧국(후쿠시마福島, 미야기宮城, 이와테岩手, 아오모리青森현 등 동북지방의 태평양 방향)으로 유형을 보냈다.

1632년 2대 장군 히데타다秀忠의 죽음으로 대사면이 내려졌는데, 이때 자의 사건에 연루된 사람들이 해배되었다. 다쿠안은 3대 장군 도쿠가와 이에미쓰德川家光의 귀의를 받아들여 가까이에서 장군을 보좌하며 그간 박탈되었던 자의를 회복하고 명예를 되찾았다.

여기에 등장하는 다쿠안澤庵 스님은 현대를 사는 우리와도 무관하지 않은 인물이다. 다쿠안 스님은 역사적으로 알려진 것처럼 자의紫衣 사건으로 막부에 반발하여 일본 동북지방으로 유배를 갔던 대덕사大德寺의 주지였다. 또 우리가 소설을 통해 알고 있는 검객 미야모토 무사시宮本武藏(1584~1645)의 정신적 스승이었다는 것과 요즘도 우리가 흔히 먹고 있는 단무지의 일본말인, 그의 이름 그 대로인 다쿠안澤庵(다꾸앙)을 고안하여 보급한 스님으로 잘 알려져 있다.

쉬어가는 의미에서 잠깐 스님과 다꾸앙에 얽힌 에피소드를 소개 하고, 다음 천황 이야기로 들어가기로 하자.

다꾸앙의 기원은 무엇인가?

여기에 세노오 갓빠妹尾河童의 『다꾸앙 답사기 タクアンかじり歩き』 한 부분을 소개한다.

자의紫衣 사건과 미야모토 무사시의 스승으로 유명한 다쿠안 화 상澤庵和尚의 묘소가 있다는 도쿄 시나가와品川구의 동해사東海寺를 찾아가 주지 스님에게 다꾸앙에 대해 물어보았다.

대덕사大德寺 주지였던 다쿠안 선사는 막부의 자의 취소 조치에 항의했다가, 1629년 야마가타山形현의 가미노야마上山로 유배되었 다. 그 유배지에서 농민들에게 소금과 쌀겨를 사용하는, 무절임 방 법을 가르쳐주었다.

4년 후 해배되고 도쿠가와德川 3대 장군 이에미쓰家光의 불교 귀 의를 받아들여 막부에 중용되었고, 이에미쓰의 명으로 1639년 이 장소에 동해사를 세웠다.

어느 날 이 동해사에 장군 이에미쓰가 방문했다. 그때 대접했던 무절임에 장군이 크게 감격하여 "맛있군. 이것은 무엇인고? 뭐라? 이름이 없다고? 그렇다면 '다꾸안澤庵'이라 부르도록 하라." 했다고 한다.

그러니까 다꾸앙의 명명자는 에도 막부 3대 장군 도쿠가와 이에미쓰가 되는 것이다. 문헌에는 남아있지 않지만 이 절에 전해지는 오랜 이야기라 한다.

이렇듯 인간이라면 모름지기 자기만의 스토리를 가지고 있어야 할 것 같다. 다꾸앙 하나에도 에피소드가 있는데 하물며 천황임에야.

제109대 메이쇼明正 천황(재위 1629~1643) 승려 도쿄道鏡와의 눈먼 사랑에 만세일계를 저버리는, 외부자인 승려에게 양위하겠다는 여제 쇼토쿠稱德 천황(재위 764~770) 이래 850년 만에 탄생한 도쿠가와德川의 피를 이어받은 여제이다.

막 출범한 에도 막부는 압박과 통제를 통해 조정을 길들이려 했다. 그 과정에서 발생한 자의紫衣 사건으로 막부가 조정의 관계자를 가혹하게 재단하자, 조정과 막부는 극심하게 대립했으며, 고미즈노오 천황은 이 사건을 계기로 막부와 일체의 상의 없이 전격적으로 어린 딸에게 양위해버리고 만다.

8세가 되던 이듬해의 즉위식에서 어린 천황이 칭얼대니 우대신이 주머니에서 인형을 꺼내 어르고 달랬다고 한다. 어린 나이에 즉위했으나 고미즈노오後水尾 상황이 모든 실권을 행사하여 메이쇼 천황은 재위 15년 동안 한 번도 외부에 모습을 드러내지 않았다고 한다.

제120대 닌코仁孝 천황(재위 1817~1846)은 학문을 좋아하여 스스로 공부에 열심이었을 뿐만 아니라 조정 관료에게도 학문을 장려했으며, 그 자제의 교육에도 관심을 기울였다. 그들에게 학문 수련의 장을 마련하기 위해 궁중에서 독서회를 열기도 했다.

1847년에는 제116대 모모조노桃園 천황(재위 1747~1762)의 어머니가 살던 저택 자리에 당상관 자제의 교육을 위해 학습소를 세워 개강했다. 지금의 학교법인 학습원學習院의 기원인데 이를 계획·실행한 것은 바로 닌코 천황이었다.

이 학습소에서 교육받은 많은 젊은이들이 새 시대에 존왕양이 운동의 중심이 되어 막부 말기와 메이지유신 시대에 크게 활약했던 것이다.

제121대 고메이孝明 천황(재위 1846~1866) 1853년 미국의 페리 제독이 소위 흑선黑船이라고 불리는 함선 4척을 끌고 에도만에 정박하면서 미국의 국서가 막부에 전달되고, 다음 해에는 「미일화친조약」이 체결되었다. 이 시기부터 메이지유신까지의 기간을 막말幕末이라 부른다. 이로써 막부가 질러놓은 쇄국의 빗장이 열리면서 조정과 막부의 관계가 크게 변하기 시작했다.

페리 제독의 흑선을 접하고 외세의 위력을 알아차린, 개국을 추진하려는 막부와 개국은 불가하다는 천황의 의견은 팽팽하게 대립했다.

대세가 외국에 문호를 개방하자는 메이지유신을 향해 급박하게 달려가는 이 시점에, 도쿠가와의 에도 막부 이외에도 조슈번長州藩(야마구치山口현)과 사쓰마번薩摩藩(가고시마鹿兒島현) 등의 세력이 새로운 강자로 등장하기 시작했다.

이 신흥 양대 세력은 막부를 쓰러뜨리고 개국을 추진하며 왕정을 복고해야 한다고 주장한 반면, 고메이 천황은 외세를 배격하고 조정과 막부가 일치단결하여 외부의 적을 물리치고 막부를 개혁해야 한다고 주장했다.

1866년 고메이 천황이 천연두로 급사하자 막부 타도와 문호개방, 왕정복고를 주장하는 신흥세력에 의한 천황 독살설이 파다했다.

8. 도쿄東京시대 - 입헌군주에서 상징천황으로

(제122대 메이지明治 천황 ~ 제126대 나루히토德仁 천황)

제122대 메이지明治 천황(재위 1867-1912)은 대제라고 불리는 지금의 이미지와는 달리 어릴 때는 유약했다고 전해진다.

1863년 8월, 황궁의 9개문 중에서 하나를 경비하고 있던, 당시에는 급진적 존왕파였던 조슈번長州藩(야마구치山口현)은 갑자기 임무를 해제당하고 공무합체파인 사쓰마번薩摩藩(가고시마鹿兒島현)과 아이즈번會津藩(후쿠시마福島현)에 의해 교토에서 쫓겨난다. 이듬해인 1864년 조슈번長州藩은 세력만회를 위해 상경하여 황궁을 경비하고 있던 아이즈, 사쓰마, 구와나번桑名藩(미에三重현)의 경비병과 총격전을 벌였다. 이 사건을 금문禁門의 변變이라고 하는데, 이때 12세의 유약했던 무쓰히토睦仁(훗날 메이지 천황) 친왕은 포성에 놀라 기절했다고 한다.

1867년 8월 16세에 교토 황궁에서 즉위한 것은 아버지 제121대 고메이孝明 천황(재위 1846~1866)이 1866년 35세의 나이에 천연두로 급사했기 때문이다. 고메이 천황은 1862년 측근의 반대에도 불구하고 막부의 요청에 따라 여동생 가즈노미야和宮를 14대 장군 도쿠가와 이에모치德川家茂에게 시집보냈다. 이는 이미 내리막길을 걷고 있던 막부와 손잡으려는 공무합체파公武合体派의 입장과 궤를 같이하는 것이었다. 신흥세력인 도막파倒幕派가 장애물로 등장한 천황을 독살했다는 설이 나돌게 된 이유이다.

그해 3월 막부는 천황에게 권력을 바치는 대정봉환大政奉還을 상표했고 천황은 이를 받아들였다. 12월에는 「왕정복고 대호령」을 내려 섭정, 관백, 장군 등을 폐지하고 천황은 새 정부의 국가원수가 되었다.

1868년 무신년戊辰年에는 사쓰마, 조슈, 도사번土佐藩(고치高知현)의 유신정부군과 막부 잔당 군대 사이에 내전이 벌어졌다. 1월 미에현 도바鳥羽와 교토 후시미伏見에서 전쟁을 승리로 이끈 유신정부군은 지금의 황거인 에도성江戶城 접수를 시작으로, 이듬해 1869년 5월에는 막부 잔당 최후의 거점인 홋카이도北海道 고료카쿠五稜郭를 함락시키고 통일된 메이지 국가를 열게 된다.

1868년 9월에는 '메이지明治'로 연호를 바꾸고 재위 중 1개의 연호만을 사용하는 일세일원제一世一元制를 정했다. 천황의 시호諡號와 원호元號를 일원화하여 천황이 바뀌면 원호가 바뀌는 전통도 이 시대의 산물이다.

연호 메이지明治는 『역경易經』 출전으로 '성인남면이청천하聖人南面而聽天下 향명이치嚮明而治(성인이 중심을 잡고 앉아 천하를 헤아리니 치세가 밝다.)'에서 가져왔다고 한다.

10월에는 에도江戶를 도쿄東京로 개명하고 에도성江戶城에 입성한 후 도케이성東京城으로 개칭했다. 794년 제50대 간무桓武 천황(재위 781~806)의 교토 헤이안쿄平安京 천도 이래 교토京都는 1천년 이상을 왕도王都로써 기능했으나, 화재와 전란으로 황폐한 교토를 뒤로하고 천황의 거처를 도쿄東京로 옮기면서 꽃의 도읍, 화려한 도쿄의 위상을 갖게 되었다. 같은 해 12월 교토로 돌아가 결혼식을 올리고, 1869년 3월에 도쿄에 돌아와 정착했다.

유신 초기에 메이지 천황을 직접 본 외국인은 그 얼굴을 보고 놀랐다고 한다. 영국공사 팍스의 통역 미트포드의 회상록에 의하면 "적색, 금색의 연지를 입술에 바르고 볼에도 붉은 연지를 발랐으며, 눈썹을 밀고 그 위에 눈썹을 새로 그렸다. 치아도 검게 물들였다."고 한다.

다른 외국인은 "입 모양이 보기 좋지 않게 돌출했으나 얼굴 윤곽은 바르다."라고 기록하고 있다. 또 걸음걸이도 이상했다. 천황은 후궁에서 여성들 사이에 자랐기 때문에 남성의 걸음걸이가 아닌 귀족 여성의 걸음걸이로 걸었던 것이다.

메이지 천황은 음식에 대한 특별한 개성이 있었다. 그는 생선회를 싫어해서 절대 먹지 않았다. 민물고기는 좋아했지만 바닷물고기는 절대 먹지 않았다. 당시 교토사람은 바닷물고기를 별로 먹지 않았기 때문에 그리 신기한 일도 아니다. 음식에 관해선 너무 교토 사람다웠다. 불꽃놀이도 싫어하여 여간해서는 보러 가지 않았고, 목욕도 싫어해 여름이 아니면 목욕하는 일도 없었다. 후궁에서는 촛불을 사용했는데, 1873년 화재로 소실되어 재건된 황거에는 전기설비가 있었지만 거처에서는 전등사용을 금했다. 촛불이라는 것은 쓰다 보면 벽과 천정이 검게 그을게 된다. 그렇지만 개의치 않았다. 결국은 복도가 새까매지고 장식물이 검게 그을어, 메이지 천황 사후에는 모두 소각했다.

생선회와 불꽃놀이, 청결함을 싫어하는, 꽤 이상한 일본인이었다. 그러나 아이스크림과 외국 채소 아스파라가스를 매우 좋아했다. 맛있는 음식은 일본 것이든 서양 것이든 구별하지 않고 좋아했으며, 프랑스 향수를 좋아해 향수 1병을 3일 만에 다 썼다고 하며, 또 다이아몬드를 몹시 좋아해, 시종들은 천황이 보석상 근처로 가지 않도록 동선을 짰으며 구입한 다이아몬드는 어디에 사용했는지 알 수 없다고 한다.

특히 술을 매우 좋아해서, 그의 술 편력에 신하와 주위 사람들이 고생을 많이 했다고 한다. 시종이 남긴 회상록에 의하면 메이지 천황은 테이블 위에 놓인 술이 바닥날 때까지 자리를 뜨는 일이 없었다. 그러나 아무리 취해도 다음 날 아침 5시에는 어김없이 공부방御學問所에 나타나 모두들 감탄했다고 한다. 자신이 일본의 천황이라는 강한 자각이 있었음을 알 수 있는 대목이다.

1869년 메이지 천황은 후일 쇼켄昭憲 황후로 불리는 이치조 하루코一條美子와 결혼한다. 결혼한 후 얼마 지나지 않아 황후가 아이를 낳을 수 없음을 알게 되었다.

큰일이었다. 천황에게 아이가 없으면, 특히 아들이 없으면 정말 큰일이기 때문이다. 삼종의 신기를 지키려면 원하든 원하지 않던 측실이 필요했다.

그 일을 맡는 궁녀를 곤덴지權典侍라 하는데 천황의 의관이나 목욕 등 신변의 시중을 드는 일을 했다. 하지만 그보다 더 중요한 일은 천황의 잠자리를 살피는 일이었다. 그녀들은 교대로 천황의 잠자리 시중을 들며 오로지 천황의 아이 출산만을 희망하며 살았다. 천황의 관심을 끌기 위한 그녀들의 경쟁은 대단했을 것이다. 운 좋게 아들을 낳으면 그 아이는 공식적으로 황후의 아들이 되는데 이때부터 일생의 안위가 보장된다.

제121대 고메이孝明 천황(재위 1846~1866)의 생모는 곤덴지 오오기 마치 나오코正親町雅子, 제122대 메이지 천황(재위 1867~1912)의 생모는 곤덴지 나카야마 요시코中山慶子, 123대 다이쇼 천황(재위 1912~1926)의 생모는 곤덴지 야나기와라 나루코柳原愛子이다.

쇼켄昭憲 황후에게는 아이가 없었지만, 측실인 야나기와라 나루코柳原愛子에게 친왕 둘과 내친왕 하나를 얻었다. 하지만 후일 다이쇼 천황이 되는 요시히토嘉仁 친왕을 제외하고는 어릴 때 모두 세상을 떠난다. 또 다른 3명의 곤덴지에게서 4명의 자녀를 얻지만 출생 당일 죽거나 요절한다. 곤덴지 소노 사치코園祥子는 메이지 천황의 아이를 8명(왕자 2, 공주 6)이나 낳지만 공주 4명을 제외하고는 모두 요절한다.

메이지 천황은 5명의 측실로부터 15명의 자녀를 낳았지만 3살을 넘긴 자식은 5명에 지나지 않는다. 당시 일반 농민의 자녀들보다 생존률이 낮았다고 하는데, 이에 대해서는 측실들이 너무 어린 나이에 아이를 낳았기 때문이 아닐까 하는 추측과 전근대적인 궁전 내 위생 상태, 태어나자마자 여러 사람들에게 아이를 노출시켜야 하는 상황에서 감염되었던 것은 아닐까 하는 추측이 존재한다.

이 와중에 살아남은 왕자는 단 한 명으로, 그가 바로 다이쇼大正 천황이다. 그러나 그도 태어나자마자 전신에 발진이 생기고 경련이 일어나는 등 일생을 병마와 싸우게 된다.

메이지 천황은 자신의 건강에 관심을 갖지 않았다. 만년에 치아가 나빠져도 부드러운 음식만을 찾을 뿐, 치과의사도 찾지 않았다. 50세에 이르러 체중이 늘어났다. 그렇게도 좋아하던 승마마저 그만두고 식욕만 왕성해져 갔다. 마시는 술이 청주에서 와인으로 바뀌었지만 대주가의 성향은 바뀌지 않았다.

어느 날 저녁 와인 2잔을 마신 후 눈앞이 흐릿해지더니 바닥으로 쓰러져 혼수상태에 빠졌다. 벌써 7~8년을 당뇨와 만성 신장염으로 고생하고 있던 차였다. 모두 시의侍醫에게 왜 이 지경이 되도록 놔두었느냐고 비난했다. 그러나 가까이 오지 말라는 천황의 명령을 누가 거스를 수 있었겠는가? 1912년 메이지 45년 7월 30일 천황은 세상을 떠났다. 향년 59세였다.

일본인 대부분은 메이지유신이 있기까지 천황의 존재를 잘 알지 못했다. 메이지 정부는 각 현에 '인민을 깨우쳐 알린다.'는 「인민고유人民告諭」를 발표하여 국민에게 천황의 존재를 교육시켰다. 오우奧羽 인민고유에서는 "천황은 아마테라스오미카미天照大神의 자손으로 이 세상이 시작될 때부터 이 땅의 주인이다. 모든 백성, 그리고 한 뼘의 땅조차도 모두 천황의 것이다."라고 가르치고 있다.

1869년 나가사키長崎에서 발표한 「어론서御論書」에는 좀 더 노골적으로 표현되어 있다.

"이 일본이라는 나라에는 아마테라스오미카미天照大神의 뒤를 이은 천황이 처음부터 있었고 변함없이 일본의 주인이다. 여러 가지 어려움을 겪으며 오늘까지 끝없이 이어온 혈통은 놀랄만 하지 않은가?"

국민들에게 이렇게 교육하는 것은 '천황은 이 나라의 주인이다'라고 국민들이 생각하고 있지 않음을 반증하는 것이었다.

이처럼 메이지明治시대(1868-1912)에 들어서면서 천황의 존재를 알리기 위한 「오사토시쇼御諭書」(1869)를 발행하여 국민들에게 천황의 존재를 알리는 한편, 에도江戸시대(1603~1867)까지만 해도 긴리사마禁裏様·다이리사마内裏様로 불리며 외부와 단절된 생활을 하던 천황이 외부에 서서히 모습을 드러내기 시작했다.

1872년부터 천황은 지방을 순행했는데 긴키京畿, 주고쿠中國, 규슈九州 지방 순회를 시작으로 1885년까지 6회에 걸친 지방 방문이 북쪽 홋카이도北海道에서 남쪽 남규슈까지 이어졌다. 본래는 민정 시찰이 목적이었지만, 새로운 군주임을 국민들에게 널리 알리는 퍼포먼스적인 성격이 강했다.

내각제도가 도입되었고, 초대 총리 이토 히로부미伊藤博文가 중심이 되어 서양의 헌법을 모델로 하는 헌법을 만들었으며, 1889년에는 「대일본제국헌법」이 제정·발포되었다.

1890년부터 시행된 「대일본제국헌법」 제1장 제4조에는 "천황은 국가의 원수로서 통치권을 총람하며, 이 헌법의 조규에 따라 이를 행한다."고 명기되어 있다. 이처럼 주권자는 천황이고 국민은 천황의 신민이 되었으며, 제3조에 "천황은 신성하여 침해할 수 없다."고 정한 것처럼 육해군의 통수권자를 의미하는 대원수 복장을 한 초상화 '어진영御眞影'이 전국 학교에 하사되면서 천황의 신격화가 강화되었다.

천황의 신격화는 이것으로 끝나지 않았다. 천황의 역사에서 실재가 확인되는 것은 제38대 덴지天智 천황(칭제·재위 661~671) 치세

즈음이다. 천황의 친정을 국가의 중점 과제로 삼은 메이지 정부는 만세일계를 기정사실로 만들기 위해 묘안을 짜냈다. 모든 천황의 능을 조사했다는 막부 말기의 역사학자 가모 군페이蒲生君平가 쓴 내용을 그대로 채용해 천황능인지 아닌지 확실하지 않은 전방후원 분까지 입구에 도리이鳥居를 세우고 궁내청 관할로 만들었다.

메이지 천황의 아버지 제121대 고메이孝明 천황(재위 1846~1866)은 제87대 시조四條 천황(재위 1232~1242)의 능이 조성된 이래로 황실의 위패를 모신 교토 천용사泉涌寺에서 화장을 하고 불교식으로 석탑까지 세웠는데, 나중에 다시 봉분을 축조하고 묘를 만들어 마치 예전부터 있었던 능처럼 바꿔버렸다.

천황이 대대로 행하고 있는 궁중제사도 오랫동안 끊겼던 제사를 부활시키거나 메이지시대 이후에 새로 만들어진 것이다.

이렇게 천황의 신격화가 척척 진행되는 가운데, 1894년에는 조선의 지배권을 다투는 청일전쟁이 발발했고, 일본은 이 전쟁에서 승리했다. 1895년 청일간의 시모노세키조약으로 일본은 청에게 어마어마한 전쟁 배상금을 받았고, 조선의 지배권을 확정했으며, 대만을 식민지로 확보했다. 이로써 일본은 미래에 펼쳐질 여러 전쟁에 필요한 든든한 자원을 확보했던 것이다.

청일전쟁에서 승리한 후 1905년에는 러일전쟁을 일으켜 러시아 발틱 함대를 동해에서 무찌르는 기염을 토했다. 동양의 작은 나라가 대국 러시아를 상대로 전쟁을 벌여 승리를 거두었다는 긍지로 일본인들의 가슴은 풍선처럼 부풀어만 갔다. 양대 전쟁을 승리로 이끈 일본은 조선의 지배권에 쐐기를 박았고, 서양 열강과 어깨를 나란히 한다는 자긍심으로 좌고우면하지 않고 전쟁의 수렁 속으로 행군을 계속해나갔다.

러일전쟁이 종결된 1905년 11월, "제1조 일본 정부는 도쿄에 있는 외무성을 통해 금후 한국의 대외관계 및 사무를 감리·지휘하며, 일본국의 외교대표자나 영사는 외국과의 관계에 있어서 한국의 신민과 한국의 이익을 보호해야 한다."는 「을사보호조약」을 체결하여 조선을 식물국가로 만드는데 성공했다. 이는 조선을 통째로 삼키기 위한 워밍업이었다. 세계를 상대로 괄목할 전적을 쌓아 올린 일본은 이 기세를 몰아 5년 후에는 조선을 꿀꺽 삼킨다. 젖먹이 손목 비틀 듯 아무런 저항 없이 거저 빼앗아갔다. 그들은 일한합방이라 하고 우리는 경술국치庚戌國恥라고 한다. 이 또한 메이지 천황의 치적임은 물론이다.

청일전쟁에서 승리하면서 중국에 느꼈던 열등감에서 벗어나게 하였고, 러일전쟁을 승리로 이끌고 세계의 열강들과 어깨를 나란히 하면서 그들이 말하는 2,600년 역사의 최정점을 찍으며 국민들을 열광케 하였다. 부수입으로 대만과 조선까지 챙겼으니 일본 역사에서 전무후무한 전성기를 구가하게 만든 천황으로 지금까지도 국민의 큰 사랑을 받으며 대제大帝로 추앙받고 있다.

제123대 다이쇼大正 천황(재위 1912~1926) 1879년 8월 31일 메이지 천황과 곤덴지權典侍(궁녀) 야나기와라 나루코柳原愛子 사이에서 태어나 요시히토嘉仁라 명명되었다. 그에게는 15명의 형제자매가 있었는데, 대부분 요절하고 본인과 여동생 4명만 생존했다.

어릴 때 뇌막염 같은 질환을 앓았고, 감기를 늘 달고 살았으며, 장염, 기관지염, 백일해, 장티푸스, 흉막염 등으로 고생을 많이 했다.

태어날 때부터 병약했던 요시히토 친왕은 초등학교에 입학해야 하는 나이에도 병치레가 계속되자 학습원에 입학하지 못하고 친왕을 위해 설치한 어학문소御學問所에서 개인교습을 받기 시작했다.

만 8세가 되어 학습원에 편입학했다. 학습원에서는 일반 학생들과 같이 생활하며 규칙을 지켜야 했다. 그것이 나쁜 영향을 미쳤는지 병세가 악화되어 다음 해에는 휴학을 해야만 했으며, 피서지와 피한지를 번갈아 오가는 요양 생활이 시작되었다.

1889년 10세가 되던 해 황태자가 되는 동시에 육군 보병 소위로 임명되었다. 이후에도 병세는 호전되지 않았고 학습능력도 병세만큼이나 호전되지 않았다. 결국 학습원의 가혹한 스케줄을 견디지 못하고 1년 만에 중퇴하고 말았다.

다시 어학문소에서 학력에 맞춘 개인교습이 시작되었고 일반인의 시야에서 완전히 격리된 사적공간에서 고독하고 단조로운 생활이 이어졌다.

황태자와 사이가 좋지 않았던 동궁직 주도의 관리에서 황태자의 교육과 건강관리를 병행하는 방법으로 바꾸었다. 이 방침의 일환으로 메이지 천황의 절대적 신임을 얻고 있던 17세 연상의 황족 아리스가와노미야有栖川宮를 황태자의 손님이자 친구인 빈우賓友로 삼았다. 그는 황태자의 건강 상태나 생각을 파악하고 상담하는 역할을 담당했다.

1900년 5월 10일 공작 집안의 구조 사다코九條節子와 결혼했다.

결혼은 누구에게나 중요한 인생의 한 과정이지만, 황태자에게는 더욱더 의미 있는 이벤트였다. 왜냐하면 그렇게도 병약했던 황태자가 결혼과 더불어 건강을 회복했기 때문이다.

이세伊勢 신궁과 진무神武 천황, 조부 고메이孝明 천황에게 결혼을 보고하기 위해 신궁이 있는 미에三重현과 능묘가 있는 나라, 교토를 순행하면서 교토대 부속병원에 들러 척수병 환자와 화상을 입은 환자에게 다가가 병의 증상을 물었다. 대답은 병원장이 했지만 황태자의 질문을 받은 환자는 감동의 눈물이 그치지 않았다고 한다.

1901년 4월 29일 비妃인 사다코節子가 동궁에서 첫 번째 왕자를 생산했다. 히로히토裕仁 친왕으로 나중에 쇼와 천황이 되는 인물이다.

1907년 일본에 저항하던 고종은 만국평화회의가 열리던 네덜란드에 헤이그 밀사를 보냈다가 발각되어 순종에게 강제 양위하는 형식으로 물러났다. 1905년 을사보호조약 체결로 이미 일본의 보호국으로 전락한 조선에는 일제 통감부가 설치되었고 초대 통감 이토 히로부미伊藤博文가 부임했다.

이토는 순종 즉위와 때를 같이 하여 「일한친선」이라는 명목으로 새 황태자 이은李垠의 일본유학을 기획하고 그에 상응하는 요시히토 황태자(훗날 다이쇼 천황)의 조선방문을 추진했다.

1907년 10월 16일, 육해군 소장으로 진급한 요시히토 황태자는 육군 소장 복장으로 아리스가와노미야有栖川宮와 함께 인천에 상륙했다. 지금까지 황태자의 외국방문은 없었던 일이었다. 인천에서는 순종과 황태자 이은, 이토가 맞았으며 일행은 경인선을 타고 남대문에 도착하여 통감관저에 묵었다. 3일간 서울에 체류하면서 경운궁(덕수궁), 돈덕전惇德殿, 조선주둔군 사령부, 통감부, 남산 왜성대倭城臺공원, 창덕궁, 경복궁 등을 둘러보고 통감부 관저에서 고종을 만났다.

1912년에는 식민지 대만 방문이 내정되어 있었으나 당뇨병과 만성 신장염을 앓던 메이지 천황이 지병으로 위독해지자 중지되었다. 메이지 천황이 사거하자 「황실전범」에 따라 황태자는 즉시 황위를 계승하여 제123대 요시히토 천황이 되었고 원호를 「다이쇼大正」라 개원했다.

원호元號인 다이쇼大正는 『역경易經』 출전으로 '大亨以正天之道也대형이정천지도야(크게 형통하여 바르니 하늘의 도이다.)'에서 집자했다고 한다.

1913년에는 호전되던 천황의 건강이 갑자기 악화되어 감기가 지속되더니 폐렴까지 왔다. 즉위 후 과중한 업무 탓이었는지 자세가 단정하지 않았고, 걸음걸이도 불안했으며, 말이 어눌해졌다. 피서지와 피한지를 오가며 요양했으나 상태는 나아지지 않았다. 어릴 때 앓았던 뇌의 병이 원인이 되어 날이 갈수록 뇌의 기능이 악화됐다.

1915년 교토 황거에서 즉위식이 행해진 후에도 매년 전국각지를 순행했지만 황태자 시절처럼 지방 시찰이나 견학을 목적으로 하는 것은 아니었다. 이때는 이미 히로히토 황태자가 전국을 순회 방문하고 있었기 때문이다.

히로히토 황태자는 메이지 천황을 본보기로 하여 무표정하게 위엄을 유지하도록 교육을 받았다. 이는 숙고하지 않고 생각나는 대로 바로 발언하는 다이쇼 천황에게 교훈을 얻은 것이라 여겨진다. 이러한 교육의 영향으로 히로히토 황태자는 다이쇼 천황과는 반대로 과묵했으며 무슨 일이 있어도 얼굴에 심리상태를 표시하지 않는 포커페이스가 되어 갔다.

1918년에 이어서 1919년에도 국회 개원식에 참석하지 않으면서 천황의 친정체제가 무너지기 시작했다. 1920년 3월 말까지도 피한지에 머물러 있었다.

1918년 쌀값 폭등으로 전국 각지에서 폭동이 일어나고 본격적인 정당 활동이 시작되는 등 다이쇼 데모크라시라 불리는 사회적 혼란이 계속되었고, 1920년에 들어서면서 선거권을 요구하는 시민과 노동자들의 집회가 끊이지 않았다. 전국이 극도로 혼란한 상황에서 자취를 감춘 천황의 근황을 국민에게 설명해야 했다.

천황은 긴장하면 어릴 때 앓았던 뇌막염의 후유증으로 뇌에 이상이 생기고 신체의 평형을 유지할 수 없게 된다. 그러므로 흥분을 피하고 국무에 관련된 행사 등에는 되도록 출석하지 않도록 하여야 하며 요양에 힘쓰는 것 외에 다른 방법이 없다는 내부 진단이 나왔다. 그러나 외부에는 당뇨와 좌골신경통이라는 엉뚱한 내용으로 천황의 근황을 발표했다.

권력의 상층부는 천황의 병환을 알고 있었고 그 심각성에 고민이 깊어 갔다. 6월에는 「황실전범」의 규정을 들어 히로히토 황태자(쇼와 천황)를 섭정으로 두는 것을 제의하기에 이른다. 고위 관료와 내각이 갑론을박하는 사이 유럽을 방문했던 황태자가 돌아오면서 상황은 급변한다.

다이쇼 시대(1912~1926)는 세계적으로 군주제가 위기로 치닫던 시기였다. 1차 세계대전이 끝나고 러시아, 독일, 오스트리아, 터키 등 유럽 각지에서 군주제가 무너지고 공화정이 성립되었다. 때마침 다이쇼 데모크라시라고 통칭되는 민주주의 사조의 발전과 세계적 혁명 조류와 맞물려 사회 전반이 동요하고 있었다.

국체의 존폐가 걸린 중차대한 시기에 신체가 병약하고 정신마저 박약한 다이쇼 천황은 기득권층에게 불안을 넘어 공포감으로 다가왔을 것이다. 정부에게는 권위를 잃은 병약한 천황이 아닌, 메이지 천황을 계승하여 강력한 카리스마로 국민을 통합하는 천황이 필요했던 것이다.

이런 필요에 의해 1921년 11월 25일, 유럽을 방문하고 돌아온 지 얼마 되지 않은 히로히토 황태자를 섭정으로 앉히면서 다이쇼 천황은 정치적으로 유폐되었다.

건강하고 상층부 관료의 의도대로 잘 교육된 황태자를 섭정으로 세워야 하는 명분을 만들기 위해, 정부는 여러 차례 천황이 회복 불가능한 병을 앓고 있다고 언론에 발표했다.

항간에는 다이쇼 천황에 대한 이상한 소문들이 있었다. 국회 개원식 때 단상에서 개회사를 읽은 천황이 그 조칙이 적힌 서류를 망원경처럼 동그랗게 말아 의원석을 쳐다보았다는 이야기, 국회에서 붉은 주단 위에 신발을 벗고 그 신발에 양손을 넣어 네발로 걸었다는 기행 등은 시정에 회자되던 이상한 소문들이었다. 지병의 발표는 천황에 대한 항간의 괴상한 풍문을 모두 확인해주는 것이었다.

다이쇼 천황은 역대 천황 중에서 특히 와카和歌를 잘 지었고 한시에 능했다고 전해진다. 딱딱한 권위를 싫어하고, 마차에 백성을 태워 직접 이야기를 나누고, 병원을 방문했을 때는 환자들에게 다정하게 병상을 묻는 등 열린 마음의 소유자였음을 알 수 있다.

지방 순행의 와중에도 몰래 숙소를 빠져나가 현지의 백성들과 만나 직접 이야기하는 것을 즐겨 수행원들을 당혹하게 했다고 하며, 늦은 밤 조용히 궁중의 주방을 찾아 술을 청하기도 했다 한다.

1907년에는 조선을 방문하여 영친왕 이은과 교분을 쌓으며 조선어를 배우는 열의를 보였으며, 그 후에도 둘 사이의 친분은 계속되었다.

이러한 현인신의 파격적 행보가 서민들에게는 친근함을 주었을지도 모른다. 하지만 호가호위해야 하는 기득권 지배세력은 천황의 권위 실추를 매우 못마땅하게 여겼을 것이다.

그래서 천황위에서 떠밀렸다는 느낌을 지울 수 없다. 섭정이 된 히로히토 황태자 측에서 국새와 어새를 가지러 다이쇼 천황에게 가자, 천황이 그것들을 내주지 않으려 저항했다는 기록이 이를 증명하고 있다.

측실제도가 존재했음에도 손이 귀한 황실은 만세일계의 단절에 늘 조마조마해야만 했다. 이렇게 불안한 상황에서 측실제도가 사실상 없어졌음에도, 아들을 넷이나 얻었으니 황실은 물론이고 국민에게도 큰 안도감을 주었다. 다이쇼 천황의 짧은 치세에 생전업적은

차치하더라도, 황통을 이을 수 있는 후사를 많이 생산한 것만으로
도 그 역할은 충분히 다 했다 할 수 있을 것이다.

1926년 12월 25일 다이쇼 천황은 황후, 황태자 내외와 황족 그리
고 생모가 지켜보는 가운데 사거했다. 향년 47세였다.

제124대 쇼와昭和 천황(재위 1926~1989) 많은 천재지변과 끊임없
는 전쟁과 원폭, 패전 후의 전후 처리 등 역대 천황 중 가장 많은
스토리를 가졌을 법한, 파란만장한 삶을 산 쇼와 천황은 20세기가
시작되는 1901년 다이쇼 천황의 장남으로 태어났다.

1908년 학습원 초등과 입학 후 메이지 천황을 따라 순사한 육군
대장 노기 마레스케乃木希典 학습원 원장의 실질강건을 좌우명으로
건강, 검소, 근면을 배웠다.

학습원 초등과 졸업과 동시에 동궁에 동궁학문소가 설치되고,
그곳에서 이상적인 천황을 육성하는 제왕학이 7년간 행해졌으며,
메이지 헌법이 정한 통치권의 총람자 및 제국 육해군을 총괄 지휘
하는 대원수의 위상을 갖추게 되었다.

1921년에는 홍콩을 시작으로 싱가폴, 스리랑카, 이집트, 말타, 지
브랄타, 영국, 스코틀랜드, 프랑스, 벨기에, 네덜란드, 이태리 등 6
개월간의 해외 방문을 마치고 돌아왔다.

귀국 후에는 병약하여 국정을 수행할 수 없게 된 아버지 다이쇼
천황의 섭정이 되어 통치권을 대행했으며, 1926년 다이쇼 천황의 사
거로 황위를 이어 즉위하고 원호를 「쇼와昭和」로 개원했다.

쇼와昭和는 『서경書經』의 '百姓昭明協和萬邦백성소명협화만방(백성을

밝게 인도하니 온 세상이 화목하다.)'에서 가져온 것이라고 한다.

피비린내 나는 전쟁의 시대에 태어나 전쟁의 진앙으로 존재하다가 평화의 시대를 향유하며 천수를 누린 천황의 원호로는 무색하다.

1931년 관동군이 일으킨 만주사변, 1932년 해군 청년 장교들의 고위 인사 집단 테러 등 이미 군인들은 걷잡을 수 없는 폭주를 시작했고 정당 정치를 무력화시켰다. 1932년 관동군은 만주를 중국으로부터 분리시키고 청의 황제 푸이溥儀를 내세워 괴뢰 만주국을 수립했다. 세계적인 경제 불황과 맞물려 실의에 빠져있던 국민들은 전쟁과 폭력에 환호했고, 천황을 정수로 하는 전체주의, 국가주의의 충실한 일원이 되어갔다. 점차 천황은 '현인신現人神(인간의 모습으로 나타난 신)'으로 받들어지기 시작했다.

1936년 2월 육군 청년 장교들이 정부요인과 시종장, 정부 관청, 언론사 등을 습격하고 군사정권을 수립하려는 친위 쿠데타를 일으켰다가 천황의 명령으로 진압되는 사건이 발생했다. 이 사건을 진압하는 과정에서 군부는 크게 득세하여 꼭두각시 정부를 장악했다. 점차 군부의 발언권은 거세졌고, 종국에는 1937년 베이징 교외 로구교盧溝橋에서 총질로 도발하여 중일전쟁을 일으키고, 이해 겨울에는 난징南京 대학살을 자행했다. 이후 스스로 빠져나올 수 없는 전쟁의 수렁으로 깊이깊이 빠져들어가기에 이른다.

1938년에는 국가총동원령이 공포되고 1939년에는 미·일간의 무역이 중지되었다. 미국발 대공황의 불경기 여파 속에 전장이 확대되어가는 상황에서 미치광이 전쟁을 지속하기 위해서는 그럴듯한 이벤트가 있어야 했다. 그 일환으로 1940년은 진무神武 천황이 일본을 건국한 기원전 660년으로부터 2,600년(BC 660~AD 1940)이 되는 성스러운 해임을 대대적으로 선전하며 전쟁을 독려했다.

국민들의 내핍을 강요하는 한편, 충성된 황국신민으로서 천황을 정수로 1억이 총궐기하여 만세일계 천황국가의 국체를 지켜야 한다는 선동으로 온 국민을 군인으로 만들어 총알받이로 전장에 내몰았다.

그것도 모자라 우리들 할머니, 할아버지들까지 전장으로 끌고 갔던 변태 전쟁광들의 발악을 우리는 잘 기억하고 있다.

1941년에는 수렁 속에서 허우적대던 중일전쟁의 타개책으로 프랑스령 인도차이나를 침공한다. 급기야 1941년 여름에는 미국, 영국, 네덜란드가 일본의 자산을 동결했고, 수입량의 80%를 차지했던 미국의 대일 석유 수출이 금지되었다.

같은 해 12월 1일 어전회의에서 도조 히데키東條英機 수상의 "오늘의 회의로 이의 없음을 확인합니다."라는 마무리로 대미국 전쟁이 결정되고, 같은 달 9일 '대일본제국 천황 히로히토'의 이름으로 선전포고 조서가 발포됐다.

선전포고 전날인 12월 8일 하와이 진주만 기습공격을 시작으로 기선을 잡는 듯하였으나, 1942년 하와이 북서쪽 미드웨이 해전에서 치명적인 패배를 당했다. 이로써 제해·제공권을 잃은 일본은 미국의 물량 공세에 비참하게 무너져갔다.

여기에 쇼와 천황의 대일본제국이 무너져가는 과정을 주목할 만한 전쟁을 중심으로 살펴보자.

· 1941년 12월 8일 일본 육군, 영국령 말레이 반도 코타발 점령

· 1941년 12월 8일 일본 해군, 하와이 진주만 기습공격

· 1942년 1월 2일 일본군 필리핀 입성

· 1942년 2월 15일 일본육군 싱가폴 점령

· 1942년 3월 9일 일본육군 인도네시아 자바 섬 점령

· 1942년 6월 5~7일 하와이 서북부 미드웨이 해전 일본군 참패

· 1943년 2월 1~7일 솔로몬제도 과달카날 섬 일본군 패퇴

· 1943년 2월 알래스카 알류샨 열도 태투, 키스카 섬 일본군 전멸

· 1943년 11월 23일 호주 동북부 길버트제도 마킨, 타라와 섬 일본군
　　　수비대 전멸

· 1944년 3~7월 인도 임팔 작전에서 영국군에 일본군 패퇴

· 1944년 6월 19~20일 마리아나 해전 일본군 완패

· 1944년 7월 9일 사이판 일본군 전멸

· 1944년 10월 23일~25일 필리핀 레이테 만 해전 일본군 궤멸

· 1945년 3월 26일 오가사와라제도 이오지마에서 일본군 전멸

· 1945년 3~6월 오키나와 전투에서 일본군 패배

· 1945년 8월 6일 히로시마 원폭투하

· 1945년 8월 9일 나가사키 원폭투하

· 1945년 8월 15일 쇼와 천황 무조건 항복

　1945년 8월 14일 어전회의에서, 미·영·중·소 정상이 일본의 무조건 항복을 요구하는 내용으로 서명한 포츠담선언 수락이 결정되자 일부 육군 장교와 근위사단의 참모가 종전에 반대하면서 철저한 항전을 주장하며 쿠데타를 일으켰다. 가짜 명령서로 근위사단

을 동원하여 황거를 점령, 차단하고 쇼와 천황의 종전선언을 녹음한 소위 '옥음玉音 방송' 음반을 탈취하려 했지만 뜻을 이루지 못하고 진압되었다.

1945년 8월 15일 정오 '옥음방송'이 라디오를 통해 방송되어 국민들은 패전으로 전쟁이 끝났음을 알게 되었다. 전날인 8월 14일 2차례에 걸쳐 천황의 육성방송을 예고했으며, 당일 6차례 재방송되었다. 단파방송을 통해 중국, 만주, 조선, 대만, 남방 모든 지역에도 방송되었다.

항복 방송의 내용은 다음과 같다.

세계의 정세와 일본의 상황을 깊이 생각해본 결과 긴급한 방법으로 사태를 수습하기 위해 충실한 너희 신민들에게 고하노라.

나는 "포츠담선언을 받아들이겠다는 취지를 미국, 영국, 중국, 소련 4개국에 전하라"고 정부에 지시했다. 일본 신민이 평온무사하게 살고, 전 세계가 번영하는 그 기쁨을 공유하는 것이 역대 천황이 남긴 교훈이고, 나도 늘 마음속에 지니고 있었다.

미국과 영국에 선전포고했던 이유도 일본의 자립과 동아시아의 안정을 원했기 때문이었지, 다른 나라의 주권과 영토를 침해하려는 생각은 원래부터 없었다.

하지만 4년간 전쟁을 지속하면서, 육해군 장병들의 용감한 싸움과 많은 관료들의 노력과 1억 신민이 멸사봉공의 정신으로 각자 최선을 다했지만 전황은 나아지지 않았고, 세계의 정세 또한 일본에 유리하지 않았다.

게다가 적군은 새로운 잔학한 폭탄을 떨어뜨려 죄 없는 많은 사람을 죽이니 그 피해가 어디까지인지 알 길이 없다.

이렇게 되면 내가 어떻게 많은 신민들을 지켜내며, 선대 천황의 영령 앞에 어떻게 사죄할 것인가? 이것이 내가 정부에 포츠담선언을 수락하도록 명령한 이유이다.

나는 동아시아의 해방을 위해 일본에 협력했던 우호국에 대해서는 유감의 뜻을 표하지 않을 수 없다. 전쟁터에서 목숨을 잃은 사람, 직장에서 생명을 잃은 사람, 뜻밖의 일로 죽은 사람, 또 그 유족의 일을 생각하면 몸과 마음까지 찢어지는 심정이다. 전쟁으로 인해 가정과 직장을 잃어버린 사람들의 생활도 많이 걱정된다.

이제부터 일본은 엄청난 고통을 받게 될 것이다. 신민 모두가 무슨 생각을 하고 있는지 나는 잘 알고 있다. 하지만 나는 시대의 운이 이끄는 대로 견딜 수 없는 일에도 견디고, 참을 수 없는 것에도 참으며, 미래를 위한 평화의 길을 열어나가고 싶다.

나는 이렇게 하여 국체를 지킬 것이고, 충실한 신민을 진심으로 믿으며, 항상 신민과 함께할 것이다. 감정을 앞세워 문제를 일으키거나, 동료들끼리 서로 반목하고, 시국을 혼란하게 하거나, 정도에서 벗어나 세계로부터 신용을 잃는 것은 내가 가장 경계하고 싶은 것이다.

나라가 하나가 되어 가족처럼 단결하고, 일본의 불멸을 믿으며, 책임은 무겁게, 길이 멀다는 것을 명심하여 장래의 건설을 위하여 총력을 기울이고, 도의를 중요하게 여겨, 견고하게 그 생각을 지키고, 국체의 본질을 일으켜 세워 세계의 흐름에 뒤처지지 않기를 바란다. 너희 신민들은 이것이 내 뜻임을 알고 실현하도록 하라.

　미국과 영국에 전쟁을 선포한 것은 일본의 자립과 동아시아의 안정을 위해서였지 다른 나라를 침탈할 생각은 없었다고 한다. 그런데 적군은 잔학한 원자폭탄을 떨어뜨려 무고한 많은 사람을 죽였기 때문에 더 이상 신민을 지켜낼 수 없고 역대 천황의 영령 앞에 어떻게 사죄해야할 지 모르겠기에 포츠담선언을 수락한다. 폐허 속에서도 마음 단단히 먹고 일치단결하여 다시 일본을 일으켜 세우자는 내용이다.

　항복이라는 말은 없다. 다만 더 많은 사람이 죽고 파괴되기 전에 전쟁을 그만둔다는 것이다. 그때의 군국주의자들은 천황의 항복이 '영단'이었다고 치켜세운다.

　그러나 패전 후 아키히토明仁 황태자가 소개지인 도치기栃木현 닛코日光에서 아직 귀환하지 못하고 있을 때 쇼와 천황이 아들에게 보낸 편지의 내용은 다음과 같이 말하고 있다.

　편지 고맙다.

　강건한 정신으로 건강하게 지낸다고 하니 기쁘게 생각한다.

　나라일은 복잡하지만 나는 잘 있으니 안심해라.

　지금과 같은 결심을 해야만 했던 사정을 빨리 이야기했으면 좋았을 텐데….

　선생님과 너무 다른 이야기를 해야만 했기에 자제하고 있었던 점 용서해라.

패배 요인에 대해 한마디 하겠다.

우리 국민이 너무 황국을 믿고 영국과 미국을 우습게 본 결과이다.

우리 군은 정신적인 면을 강조한 반면 과학의 중요성을 잊고 있었다.

메이지 천황 때에는 야마가타山県, 오야마大山, 야마모토山本 등 육해군에 명장이 있었지만, 이번에는 마치 1차 세계대전 때의 독일처럼 군이 함부로 들고일어나 대세를 읽지 못하고 밀어붙여 물러날 때를 알지 못했기 때문이다.

더 이상 전쟁이 계속되면 삼종의 신기를 지킬 수 없게 되고, 국민을 또 죽음으로 몰아넣게 된다는 생각에 눈물을 머금고 국민을 지키려고 했던 것이다.

호즈미 시게토穂積重遠(동궁시종장)는 상식이 풍부한 사람이니 모르는 것은 물어보아라.

날이 추워지니 몸 건강히 공부해라.

정신만을 강조하는 황국이 과학이 발달한 미국과 영국을 만만하게 본 결과이다.

할아버지 천황에게는 훌륭한 군인들이 있었지만 나에게는 그렇지 않았다.

전쟁이 지속되면 일본 황실의 상징인 '삼종의 신기'를 지킬 수 없으며, 많은 국민들이 죽는다. 그래서 항복했다는 내용이다.

8월 30일 맥아더로 상징되는 미국 점령군이 일본 본토에 상륙했다. 일본은 연합국군총사령부(GHQ)의 점령통치하에 들어갔다.

권리의 행사에는 책임이 따르는 법, 현인신으로서 국민 위에 군림하면서 수천만의 내외국인을 전장으로 내몰아 신음하게 했던 무소불위의 신적인 권위는 재단당해야 마땅했다. 숫자로 전쟁 책임의 경중을 따지는 것은 그 본질을 흐릴 우려가 있지만 비교가 용이하도록 통계를 살펴보자. 히틀러는 유럽 전역을 침략하고 유대인 절멸을 기도하여 전 유럽에 20여 개의 수용소를 만들어 600만을 죽였다. 히로히토는 본국인 300만, 아시아 태평양 전역에서 3,000만을 죽음으로 몰아넣고 결국에는 2발의 원자폭탄에 항복했다.

　히틀러는 자살했고, 무솔리니는 총살형을 선고받고 시신이 거리에 내걸렸다. 쇼와 천황은 그 책임을 다했던 것인가? 쇼와 천황은 살아남았다. 그리고 천황의 지위를 유지하면서 천수를 누렸다.

　대일본제국헌법이 명시한 군의 통수권은 형식적으로 천황이 가지고 있었지만 그 실행권은 군부가 가지고 있었음을 역사가 말해주고 있다. 이는 메이지유신 이후 형성된 '근대천황제'의 모순점을 만천하에 드러내는 것이었다. 패전 후에는 '상징천황제'로 옷을 갈아입었지만 국화문양을 장식한, 비단으로 아름답게 꾸민 칼집 속에는 서슬 퍼런 상징이 숨을 고르고 있다. 과거 대본영의 군부와 교대한, 전쟁을 그리워하는 정부가 그 칼집을 만지작거리고 있음을 우리는 잘 알아야 한다.

　1945년 9월 27일, 천황은 황거를 내려다보는 위치에 있는 근처의 미국대사관으로 맥아더 사령관을 찾아갔다. 맥아더는 회고록에서 그때 천황이 이런 말을 했다고 기록했다. "모든 결정과 행동에 대한 전적인 책임을 지는 자로서, 나 자신을 당신이 대표하는 여러 나라들의 결정에 맡기려고 찾아왔다." 그래서 맥아더는 큰 감명을 받았고, 일본점령 정책을 원활하게 하기 위해 천황의 전쟁 책임을 묻지 않기로 했다는 것이다.

황태자 아키히토明仁의 영어교사였던 바이닝 부인은 일기에서, 맥아더로부터 들은 이야기로는 천황이 "나를 어떻게 처분해도 좋다. 나는 그 결정을 받아들일 것이다. 교수형에 처해도 좋다."고 말했다고 기록하고 있다.

그러나 1974년 발표된 『문예춘추』 11월호의 「맥아더 원수와의 회견록」에는 그런 기록은 없었다고 한다.

맥아더가 쇼와 천황의 이야기를 각색했다고도 하는데, 당시 배석한 통역의 극비 메모에도 그런 내용은 없다. 그렇다면 맥아더는 왜 그런 일을 회고록에 남겨놓았을까? 그는 공화당의 대선후보 출마를 결심했던 야심가이며 현시욕이 강한 인물로, 연합군 최고사령관으로서 자신의 업적을 극적으로 보이기 위해서라는 추측이 설득력 있어 보인다.

여기에 또 동경전범재판에 대비하여 연합국군총사령부에 제출하기 위해 측근들이 받아 적은 『쇼와 천황의 독백록』은 다음과 같이 말하고 있다.

"자신은 전쟁에 반대였지만, 자신은 입헌군주이기 때문에 전쟁을 결정한 군부와 정부의 방침을 재가할 수밖에 없었다. 만약 거부했다면 내란이 일어나 죽거나 납치당했을지도 모른다. 그 결과로 일본은 멸망했을 것이다."

그리고 미국『뉴욕 타임즈』의 서면 인터뷰에서는 "도조 히데키東條英機가 만들어준 대로 선전포고 조칙을 내린 것은 본의가 아니었다."고 말했다. 진주만 기습을 부하인 도조의 책임으로 돌리고 자신은 그 책임에서 벗어나려 했다.

동경전범재판에서 도조는 "천황은 나의 진언에 어쩔 수 없이 개전에 동의한 것이 사실이다."라고 증언하고 천황 대신 전쟁 책임을 뒤집어썼다.

1944년 이미 미국은 천황제의 존치 여부와 쇼와 천황의 전쟁 책임 문제를 다루면서 일본의 국내여론은 천황제 폐지 반대 의견이 압도적임을 파악했다.

점령 후에는 천황제를 폐지하고 천황을 퇴위시켜봤자 점령정책에 도움이 되지 않는다는 결론을 내렸고, 오히려 천황을 점령정책에 이용하는 편을 선택하게 된다.

전쟁을 완전 종결시키고 점령정책을 평화롭게 수행하기 위해서 천황의 위신과 천황에 대한 국민의 애정을 이용하기로 한 것이다. 천황의 전쟁 책임을 묻자는 다른 연합국의 의견들을 무마하고, 우여곡절 끝에 천황제 존속으로 가닥을 잡아 천황의 전쟁 책임은 불문에 붙이게 되었다.

쇼와 천황의 전쟁 책임에 대한 인식을 단적으로 보여주는, 기가 막혀 벌어진 입을 다물 수 없는 사건이 있다.

1975년 10월 미국방문 후 가진 기자회견에서 천황의 전쟁 책임에 대하여 어떻게 생각하느냐는 질문에 "그러한 말의 수사법에 대해서는, 나는 그러한 문학 방면은 별로 연구하지 않아 잘 모르기 때문에 그러한 문제에 대해서는 대답할 수 없습니다."라고 답했다.

황당한 대답이다. 자신의 전쟁 책임에 대한 의견을 묻는데 수사법, 문학적 연구 등을 운운했다. 동문괴답東問怪答이다.

맥아더의 회고록과는 사뭇 다른 쇼와 천황의 전쟁 책임에 대한 인식을 잘 알 수 있는 대목이다. 결국 쇼와 천황이 전쟁 책임을 언급했다는 것은 맥아더의 회고록뿐이며, 한마디로 천황은 전쟁 책임을 인정한 발언을 한 적이 없다.

『쇼와 천황 독백록』에는 천황이 종전을 결심한 이유로 첫째, "이대로 가면 일본민족은 멸망한다."는 것과 둘째, "이대로 가면 이세만伊勢灣으로 상륙한 미군에게 황실의 조상신 아마테라스오미카미天照大神의 신체神體인 거울을 모신 이세伊勢 신궁과 나고야名古屋에 소재하는, 삼종의 신기 중 신검神劍을 모시는 아쓰다熱田 신궁을 빼앗기게 되어 삼종의 신기를 지킬 수 없게 된다. 그러면 '국체'를 유지할 수 없기" 때문이라고 말하고 있다.

이 내용은 패전 후 소개지에서 아직 돌아오지 못한 아키히토 친왕에게 보낸 편지에서도 언급된 내용이다.

3일 간격으로 원자폭탄이 투하되어 국토가 아수라장이 되어도 종전을 이야기하지 않았던 천황은 미군에게 삼종의 신기를 빼앗길까 두려워 종전을 결의했다고 한다.

쇼와 천황의 전쟁 책임론이 불거지자 당시 황족으로 수상에 취임한 히가시쿠니노미야 나루히코왕東久邇宮 稔彦王은 1945년 8월 17일 기자회견에서 패전 원인을 "국민이 도리를 다하지 않은 것도 원인의 하나"이며 "군·관·민 전체가 철저하게 반성하고 참회해야 하며 전 국민이 총 참회를 하는 것이 우리나라 재건의 첫걸음"이라고 말했다. 이 '일억총참회'발언은 천황의 전쟁 책임을 국민 전체가 1/N로 나누어 부담하자는, 어떻게든 천황을 살리려는 다급했던 당시를 읽을 수 있게 해준다. 이는 천황의 전쟁 책임을 희석시키는 것으로, 국가 원수인 천황의 통치권과 통수권을 국민과 1/N로 나누어 갖자는 위험천만한 불경죄였다. 「대일본제국헌법」은 천황을 다음과 같이 정의했기 때문이다.

대일본제국헌법
제1장 천황

제1조 대일본제국은 만세일계의 천황이 이를 통치한다.
제3조 천황은 신성하여 침해해서는 안 된다.
제4조 천황은 국가의 원수로서 통치권을 총람하며 이 헌법의 조
      규에 의해 이를 행한다.
제11조 천황은 육해군을 통수한다.
제12조 천황은 육해군의 편제 및 상비병액常備兵額을 정한다.
제13조 천황은 선전포고하고 강화하며 모든 조약을 체결한다.

이렇듯 헌법 조항은 천황의 전쟁 책임을 증명해주고 있으며, '일억총참회' 운운은 헌법을 부정하고 천황의 신성불가침 권위에 도전하는 폭거였다.

정치 권력을 가진 세력들에게는 마음대로 주무를 수 있는 '근대

천황제'라는 시스템은 참으로 편리한 장치이다. '상징천황제'로 이름을 바꾸었지만 '천황제'라는 시스템이 남아있는 한 천황은 언제라도 정치세력의 폭주 기관차에 태워져 끝없는 나락으로 떨어질 가능성이 있다. 천황의 옥좌에 누가 앉아있든 '천황제'는 언제든지 그를 전쟁의 얼굴마담으로 내세울 수 있으며, 아팠지만 영광스러웠다고 그리워하는 역사는 되풀이될 것이다.

아직도 많은 일본인들이 "대동아전쟁은 자존자위의 전쟁이었고, 아시아 해방 전쟁이었다."고 공공연하게 주장하고 있는 이유는 '근대천황제'의 이름이 '상징천황제'로 무늬를 바꾸어 일본인의 마음을 지배하고 있기 때문이다. 과거의 전쟁을 그리워하고 아름답게 추억하는 결과라 여겨진다.

일본은 의원내각제 국가로 국회의원을 다수 확보한 다수당이 수상을 배출하여 정치의 주도권을 갖는다. 일본의 보수 정치인은 옛날의 군부를 대신하여 나타난, 폭주 기관차의 운전면허와 민의의 대변자라는 명분을 가진 이중적 존재이다. 그 속성은 바꿀 수도 없고 바뀌지도 않는다. '천황제'라는 시스템의 모순을 바꿀 수 있는 열쇠는 일본인 자신만이 가지고 있다. 아직까지는 선거라는 민주주의가 남아있기 때문이다.

제125대 헤이세이平成 **천황**(재위 1989~2019) 처음으로 도쿄에서 즉위식을 가진 천황이다. 그리고 처음으로 평민을 황후로 맞은 천황이기도 하다.

1933년생으로 올해 86세가 된다. 2000년 천황 역사에서 가장 평화롭고 인자한 이미지로 새겨질 천황이다. 커다란 천재지변들을 제외하면 전쟁도 없었고, 기아와 역병도 없었으며, 피비린내 나는 골육상쟁도 없었다. 이웃나라와 좋은 관계를 유지하려고 애쓰는 모습도 볼 수 있었다.

현재의 연호인 '헤이세이平成'는 『사기』의 內平外成내평외성, 『서경』의 地平天成지평천성에서 가져왔으며 '국내외 온 세상에 평화가 이루어짐'을 의미한다. 그 의미에 걸맞은 일들을 성심으로 수행해왔으며 상징천황의 시금석이 될 것이다.

당시 황실의 오랜 양육 전통으로 세 살이 되던 해부터 부모·형제·자매와 떨어져 동궁에서 궁녀와 유모의 손에서 자랐다. 일요일마다 데려온다는 조건이었지만 잘 지켜지지 않았다고 한다.

태평양전쟁이 막바지로 치닫던 초등학교 시절에는 전쟁을 피해 소개지 이곳저곳을 전전했으며 패전 후 돌아왔다.

아버지 쇼와 천황의 요구로 중학교 시절에는 퀘이커 교도인 미국인 엘리자베스·G·바이닝 부인을 황태자 개인교사 겸 학습원 영어교사로 초빙했다.

부인은 1950년 귀국할 때까지 4년간 황태자는 물론 만나는 모든 일본인들에게 민주주의와 평화를 전도하는데 수고를 아끼지 않았다. 또한 부인은 학생 한 사람 한 사람의 '자립'을 요구했다. 스스로 생각하고 판단하여 행동으로 옮기는 것이 시민의 기본자세이며, 신문 등 활자화된 책자를 무턱대고 믿어서는 안 된다고 가르쳤다.

부인은 수업에 참가하는 학생들에게 영어 이름을 만들어 주었는데, 아키히토 황태자도 수업 중에는 프린스 아키히토 대신에 '지미'

라는 애칭으로 불렸다.

중학교 시절에는 학우들이 별명을 붙여줬다. 바로 「차부」인데, 피부가 가무잡잡해서 붙여진 별명이다. 모기향에 불을 붙여넣는 초벌구이 토기로 돼지 형상으로 만들어지는데 그 색깔이 다갈색이다. 이 차부타茶豚를 줄여 학우들이 차부, 차부하고 부르자 처음에는 황태자의 "뭐라는 거야?" 하던 반응이 폭소로 바뀌고 곧 별명으로 굳어졌다고 한다.

1949년 고등학생이 된 황태자는 바이닝 부인과 함께 GHQ의 최고사령관 맥아더를 방문한다. 그때의 감상을 바이닝 부인은 "나는 정복자인 한 장군이 어제까지만 해도 적이었던 이의 아들과 격의 없이, 전도유망한 소년에게 연장자로서 따뜻한 관심을 보이면서도 동시에 일국의 황태자에게 공경심을 표하며 대화하는 모습을 보았다. 나는 또 패전국 천황의 아들이, 어제까지만 해도 적의 두목과 얼굴을 마주하고 앉아 당당하게, 위엄을 가지고 솔직하게 응수하는 모습을 보았다. 오늘 나는 세상에서 이런 일이 벌어지는 것을 눈으로 직접 확인하며 기쁨을 감출 수 없었다."라고 전했다.

1952년 고등과 3학년 기말고사를 끝낸 황태자는 학우 하시모토 아키라橋本明, 센게 다카히코千家崇彦와 함께 기숙사를 이탈하여 전철에 올랐다. 7시가 지난 퇴근시간이라 차내가 복잡했으나, 학생 한 명이 고개를 갸우뚱하며 황태자를 한참 쳐다보더니 이내 전철에서 내린 것 말고는 아무도 황태자를 알아보지 못했다. 신바시新橋역에서 내린 후 여자친구를 데리러 가는 하시모토橋本를 보내고 황태자와 센게는 긴자銀座 「꽃마차」 다방에 들어가 홍차를 주문했다. 그러자 지배인이 다가와 "잘 오셨습니다." 하고 공손히 인사를 했다. 둘은 정체가 드러나자 황급히 다방을 빠져나왔다.

다방을 빠져나와 하시모토의 여자친구와 합류했다. 4명은 느긋하게 긴자 거리를 활보했다. 이미 동궁직과 관할 경호 경찰에 비상이 걸려 주위에는 20~30m 간격으로 사복경찰이 쫙 깔렸다.

4명은 양과자점 「코론반」에 들어가 2층 창가에 자리 잡고 앉아 잔돈을 모아 애플파이와 홍차를 주문했다. 이상한 낌새를 눈치챈 두 친구는 바깥 분위기를 살폈고 이미 포위되어 있음을 알았다. 그러나 목적은 달성했다. 황태자는 시종 상기되어 있었고 기분은 최고조였다.

이내 아무 일 없었다는 듯 계산을 마치고 밖으로 나왔다. 신주쿠新宿역에서 하시모토의 여자친구가 내리고 셋은 메지로目白역에서 내려 기숙사로 걸어 들어갔다.

기숙사로 돌아온 후 두 친구는 눈물이 쏙 빠지도록 야단을 맞았다. 이 해프닝을 긴자銀座거리를 어슬렁거린다는 의미의 「긴브라」 사건이라 부른다.

1952년 학습원대학 정치학과에 입학, 1953년 3월에는 쇼와 천황을 대신하여 영국 여왕 엘리자베스 2세의 대관식에 참가하며 미국 등 유럽 14개국을 방문하고 10월에 귀국했다. 1954년 학습원 대학의 청강생이 되었고, 1956년 청강과정을 수료했다.

동궁東宮에서는 황태자 교육책임자 고이즈미 신조小泉信三에게 제왕학의 일환으로 해럴드 니콜슨Sir Harold George Nicolson의 『조지 5세전』을 통해 장래 군주의 귀감을 배웠고, 후쿠자와 유키치福澤諭

吉의 『제실론帝室論』을 교과서로 철저한 토론을 통해 황실은 어떤 모습으로 존재해야 하는가를 배우고 큰 영향을 받았다고 한다.

대학 4학년이던 1955년부터 비밀리에 황태자비妃 선고작업이 진행되었다. 황후나 황태자비는 옛 황족이나 섭정·관백을 내던 후지와라藤原 씨를 조상으로 하는 고노에가近衛家, 구조가九條家, 다카쓰카사가鷹司家, 이치조가一條家, 니조가二條家의 다섯 가문, 즉 옛날에 작위를 가진 화족華族 집안의 여성 중에서 선발되는 전통이 있었다. 근대에서 예를 살펴보면 제121대 고메이孝明 천황(재위 1846~1866)은 구조 아사코九條夙子와 결혼했고, 제122대 메이지明治 천황(재위 1867~1912)은 이치조 하루코一條美子와 결혼했다. 제123대 다이쇼大正 천황(재위 1912~1926)은 구조 사다코九條節子와 제124대 쇼와昭和 천황(재위 1926~1989)은 황족인 구니노미야 나가코九邇宮良子와 결혼했다. 모두 화족이나 황족 출신의 여성이다.

당시 궁내청에서 황태자의 배우자를 물색하기 위해 옛 화족의 호적대장을 근거로 조사해보니 후보 여성의 숫자가 약 800명 이상이었다고 한다.

1957년 황태자와 쇼다 미치코正田美智子 양은 테니스 코트에서 사랑을 싹틔우지만, 쇼다正田 집안이 청혼을 거절하고, 1958년에는 미치코 양 본인도 홀로 해외여행을 떠나 머리를 식히는 시간을 가졌다.

남자들은 단순해서 이런 일을 당하면 비관적인 시각이 앞서 "차인 건가?" 하고 머리를 싸매고 만다.

"동궁 교육 책임자나 동궁 시종장에게 맡겨두면 진짜 떠나버린다.", "정말로 결혼하고 싶으면 강제로라도 뺏어 오라."고 친구들이 부추겼다.

그녀가 귀국하자 바로 전화를 통한 구애를 시작으로 사랑을 이어갔다. 1958년 드디어 쇼다正田 가로부터 결혼을 받아들인다는 회답을 받는다.

신토神道라는 전통종교를 가진 황실이다. 가톨릭계 학교 성심여자학원 중등과와 성심여대를 졸업한 것이 한때 문제가 되기도 했지만 세례를 받지 않았음이 확인되자 황실회의에서도 문제 삼지 않게 되었다.

1958년 옛 황족이나 옛 화족이 아닌 기업가의 딸인 쇼다 미치코正田美智子 양과의 결혼이 발표되자 황실에 새로운 시대가 열렸음을 알리는 신호탄이 되어 일본 전국에 미치(미치코) 붐이 일어났다. 천황가에 처음으로 평민 출신 황후가 탄생하는 순간이었다. 다음 해인 1959년 꽃피는 4월 두 사람은 결혼했고, 마차가 끄는 결혼행진을 보려는 50만의 시민들이 황거에서 동궁까지 약 9㎞ 연도를 가득 메웠다. 방송국들은 이 결혼식을 중계했고, 이 생중계를 보려고 텔레비전이 날개 돋친 듯 팔려나가 순식간에 텔레비전이 일본 전국에 보급되었다.

1960년 장자 나루히토德仁 친왕, 1965년 차남 후미히토文仁 친왕, 1969년에는 막내딸 사야코淸子 내친왕을 얻었다. 보통의 아이들처럼 키우겠다는 의지로 유모와 양육인을 두지 않고 천황 내외의 손으로 키웠다.

천황의 황태자 시절 영어교사였던 바이닝 부인은 천황과 그 자녀들이 어릴 때부터 별거하는 황실의 전통에 대하여 "어떤 이유가 있더라도 부모와 자식이 함께 살면서 행복한 가정을 꾸밀 권리가 있다."고 쇼와 천황에게 건의했다고 한다. 쇼와 천황 본인도 그러기를 원했지만, 천황이 될 인물은 강하게 키워야한다는 완고한 황실 전통에 따라 3살짜리 아들을 타인의 손에 위탁하여 양육한다. 현인신이던 쇼와 천황 본인도 실현을 보지 못했던, 꿈에 그리던 부모형제의 동거를 실현했다.

1989년 1월 7일 아버지 쇼와 천황이 사거했다. 헌법 제2조 "황위는 세습으로써 국회가 의결한 황실전범이 정한대로 이를 계승한다." 황실전범 제1장 제4조 "천황이 붕어하면 황사皇嗣가 바로 즉위한다."는 규정에 따라 황위를 계승하고 즉위했다.

황위의 상징인 삼종의 신기 중 보검과 곡옥, 법률 공포문이나 조약 비준서 등에 찍는 어새御璽와 훈장증서 등에 찍는 국새가 새로운 천황에게 전달되는 것으로 황위가 계승되었고, 원호가 「헤이세이平成」로 개원되었다.

같은 시각 황거의 가시코도코로賢所(황령전皇靈殿, 신전神殿과 함께 궁중의 삼전三殿으로 삼종의 신기 중 하나인 거울이 모셔져 있다)에서는 새 천황의 배례를 대신하여 황실제사 담당의 우두머리인 장전장掌典長이 고문告文(천황의 즉위나 개원 등의 중대사를 황조신이나 조상의 능묘에 보고하는 문서)을 올렸다.

1월 9일에는 황위에 올라 처음으로 열리는 의식인 '즉위 후 조견朝見의 의儀'가 거행되었다. 총리대신 이하 행정부 각료와 사법부, 입법부의 대표, 남자 황족, 지자체 단체장, 지방의회 대표 등이 출석한 가운데 천황의 국사國事행위가 행해졌다.

이 자리에서 천황은 "여러분과 함께 일본국 헌법을 지키며, 이에 따라 책무를 다할 것임을 맹세하고, 한층 더하는 국운의 진전과 세계의 평화, 인류의 복지증진을 진심으로 바라마지않습니다."라고 말했다.

1990년 11월 아버지 쇼와 천황의 상을 마치고 즉위식을 가졌다. 여기서 천황은 "늘 국민의 행복을 기원하면서, 일본국헌법을 준수하고, 일본국 및 일본 국민통합의 상징으로서 책무를 다할 것임을 맹세한다."고 선언했다.

일본 남단의 오키나와는 태평양전쟁 중 유일하게 일본 본토에서 지상전을 경험한 곳이다. 이 전투에서 약 20만이 사망했는데 그중 반수 가까이가 어린이를 포함한 민간인이었다. 오키나와 주민들은 군관민 공생공사라는 미명 아래 아군의 명령에 의한 집단자살과 민간인 학살, 민간인 수용소 수용, 아군과 영·미군의 민간인 살해와 강간 등 전쟁에서 벌어질 수 있는 모든 악을 눈으로 보고 몸으로 겪었다. 1945년 6월 23일 오키나와 일본군 사령관이 자결함으로써 전쟁이 종결되었고, 미군 점령 통치하에 들어갔다가 1972년 일본에 반환되었다.

1945년 패전 후 전쟁의 상처를 어루만져주고 패전의 잿더미 위에서 재건에 땀 흘리는 국민들을 위무하는 천황의 순행이 다른 지역에서도 이루어졌던 만큼, 오키나와의 본토 반환 후 천황의 방문으로 비로소 오키나와를 마지막으로 하는 대동아전쟁에 마침표를 찍어야 했던 것이다. 하지만 천황의 방문에 대한 오키나와 주민들의 심정은 여러 가지로 복잡했을 것이다.

1975년 7월 아키히토 황태자는 오키나와에서 열린 국제해양박람회 개회식에 참석했다. 점령군으로부터 반환된 지 얼마 되지 않은 오키나와의 주민들은 황태자의 방문에 반대운동을 벌였다. '황태자 오키나와 방문반대' 현수막이 걸렸고, 황태자 일행이 지나갈 때 병원 3층 베란다에서 황태자의 경호 차량에 빈병과 돌, 스패너 등을 던졌으며, 간호요원으로 전쟁에 동원되었다가 희생된 여학생을 추모하는 위령탑인 「히메유리 탑」을 참배할 때는 탑 주변의 방공호에 숨어있던 과격파들이 "황태자는 돌아가라. 천황제에 반대한다."고 외치며 화염병을 투척하는 사건이 벌어졌다.

이날 밤 "과거에 많은 고난을 경험해온 오키나와가 앞서 있었던 큰 전쟁에서 수많은 비참한 희생을 치르고 오늘에 이르렀다는 것은 잊을 수 없는 큰 불행이며, 슬픔과 통한을 느낍니다. 고귀한 희생은 한때의 행위나 말로 갚을 수 없으며, 사람들이 이를 기억하고 이곳에 마음을 함께하는 것 이외에는 생각할 수 없습니다."라는 내용의 황태자 담화가 있었다.

이 사건으로부터 13년이 지난 1987년 10월 오키나와에서 제42회 국민체육대회 추계대회가 열렸고, 쇼와 천황이 열망해마지않았던 오키나와 방문은 대회 며칠 전의 발병으로 단념할 수밖에 없었다. 대신 아키히토 황태자가 오키나와 국민체육대회에 출석하여 오키나와현 주민 대표에게 "종전 이래로 이미 42년의 세월이 흘렀고, 오늘 이 땅에서 친근하게 오키나와의 실상과 현민의 모습을 접할 수 있도록 염원했습니다. 그러나 생각지도 않은 병 때문에 이번

오키나와 방문을 단념할 수밖에 없게 된 것은 참으로 유감입니다."
라는 쇼와 천황의 메시지를 전했다.

이후 1993년 천황으로서 오키나와를 방문했으며, 1994년에는 태평양전쟁 말기의 격전지였던 본토 동남쪽의 고도 오가사와라제도 小笠原諸島의 이오지마硫黄島를 방문했다. 이곳에서 다음과 같은 감상을 말했다.

> "이 섬을 방문하여 조국을 위해 혼을 바쳐 싸운 사람들을 생각
> 하고, 그 유족을 생각하며 깊은 슬픔을 느낍니다. 오늘의 일본이
> 이처럼 많은 희생 위에 건설된 것이라는 사실을 깊이 느끼고 있습
> 니다."

이렇듯 국민들에게 깊게 드리워진 전쟁의 후유증을 치유하기 위한 위로 여행은 멈추지 않았으며, 잊을 만하면 덮치는 인간으로서 어쩔 도리가 없는 크나큰 자연재해 앞에서 망연자실 하는 국민을 위로하고 어루만지기를 멈추지 않았음을 국민들은 잘 안다. 국민 속으로 가까이 다가가, 낮은 자세로 눈높이를 맞추고, 위로하는 인자한 몸가짐은 많은 국민들에게 친근함과 호감을 갖게 했다.

2009년 즉위 20주년 기념식에서는 한신阪神·아와지淡路 대지진 등의 자연재해 희생자에 추도를 올리는 것을 시작으로, 다시는 전쟁의 참화가 발생하지 않도록 그 참혹상을 후세에 전해나갈 것이라는 결의를 새롭게 다졌다.

이런 길을 걸어온 천황이 2016년 8월 8일 생전 양위 의향을 담

은 비디오 메시지를 냈다. 그 내용을 요약해보면, 2019년이 되면 즉위한 지 30년이 되는데 고령화 사회를 살고 있는 본인도 고령으로 체력의 한계를 느끼고 있어 천황 본인의 처신에 대한 고민을 이야기한다. 지금까지는 헌법이 규정하고 있는 상징으로서의 천황의 역할을 무난하게 해왔지만, 2번에 걸쳐 외과수술을 받았고 80대 중반의 고령으로써 체력의 저하를 느낀다. 과중한 국무가 신체적 부담으로 다가온다.

천황이 건강을 잃으면 사회 전체에 영향을 미칠 수 있다. 황실의 관례로 보면 장례관련 행사가 길어 공식행사와 가족행사를 동시에 치러내야 하는 남겨진 가족에게 부담이 될까 염려된다. 국민 속의 황실로써 국민과 함께 미래를 개척하고 상징으로서의 천황의 임무가 안정적으로 실현되기를 기원한다는 내용이었다.

이 비디오 메시지가 방송된 후 조사한 여론조사에서 생전 양위의 찬성의견은 압도적인 80~90%에 이르렀다. 그러나 「황실전범」에 따르면 황위의 계승은 천황의 사망으로 한정하고 있다.

2001년 나루히토 황태자는 예쁜 공주를 얻었지만 그 후 자손이 없다. 먼저 결혼한 동생 아키시노노미야秋篠宮 후미히토文仁 친왕은 1991년 마코眞子 공주와 1994년 가코佳子 공주를 차례로 얻었지만 황족으로서 남자아이는 40년 동안 태어나지 않았다. 황실의 종말은 코앞으로 다가왔다. 「황실전범」에 따르면 황위 계승은 황통에 속하는 남계남자男系男子로 제한하고 있기 때문이다. 이렇게 황위계승 문제가 불거지자 2004년 말 「황실전범」에 관한 유식자회의가 고이즈미小泉純一郎 총리의 자문기관으로 설치되었다. 2005년 11월에는 여성천황(천황의 딸이 즉위한 천황)·여계천황女係天皇(어머니만 황통에 속하는 천황)을 인정하는 보고서가 나오고 국민의 여론은 무르익어가고 있었다. 그러나 2006년, 기다려마지않던 대망의 왕자 히사히토悠仁가 41년 만에 아키시노노미야의 셋째로 태어났다. 이로써 황실 초미의 급한 불은 끌 수 있었으며 자연스럽게 여성천황·여계천황 이야기는 잦아들었다.

조상이 도우서서 이렇게 아슬아슬하게 만세일계의 불씨를 살리게 되었다. 이젠 놀란 가슴을 쓸어내리며 조상 뵐 면목도 생겼다.

남은 문제는 생전 양위에 의한 황위의 계승이다. 「황실전범」은 황위의 계승을 천황의 사망이 있을 때로 한정하고 있는데 천황이 「황실전범」에 어긋나는 메시지를 국민들에게 발표하고 양해를 구하려 했던 건강문제를 비롯한 저간의 사정이 있었던 듯하다.

2016년 10월호 『문예춘추』는 헤이세이 천황의 양위를 언급하면서 특집기사를 냈다. 기사에서는 천황이 섭정에 대해서는 단호하게 거부했다는 사실과 천황이 자신의 건강이 언제 악화될지 알 수 없다는 불안감에 시달리고 있다는 사실을 언급했다. 기사에서 천황의 건강 악화에 대해 언급한 대표적인 내용은 다음과 같다.

"폐하가 가장 걱정하는 것은 나이를 더해가면서 지적능력이 저하되는 것이 아닌가 하는 것이었습니다. 예를 들었던 것은 자신의 어머니 고준香淳 황태후(1903~2000)의 말년 모습이었습니다."

인지증(치매) 증상이 나타나기 시작했던 황태후가 궁중만찬에서 외국 사절과의 환담 중에 대화가 어렵게 되자, 통역이 황태후의 말씀을 창작해서 전한 적도 있다고 한다.

2015년 8월 15일 전몰자 추도식에서 식순 상 묵념을 해야 하는 순서에 천황은 식장에 설치된 위령비 쪽으로 가더니 식사가 적힌 종이를 꺼내 읽으려 했다.

그 순간 사회자가 큰 소리로 "묵념"이라 말하자 천황도 놀란 모습을 보였다. 그러자 식사를 주머니에 넣고 묵념했다. 묵념 후 다시 식사를 꺼내 읽기 시작했다.

순간적인 돌발 상황이었지만 NHK의 중계로 방송되었다.

이 사건에 대하여 천황은 생일 기자회견을 앞두고 "나이를 먹었다는 생각을 자주하게 되며 행사에서 실수하는 경우도 있습니다. 따라서 행사 하나하나에 주의를 기울여 조금이라도 그런 실수가 없도록 해나갈 것입니다."라고 고백했다.

2015년 10월 도야마富山현에서 열린 「전국 풍요로운 바다 만들기 대회」에 참석한 천황은 폐회 인사를 하러 가는 현회의장縣會議長을 손짓으로 불러 "최우수작문의 발표는 끝났나요?"라고 물었다.

그러나 그것은 식순 상 이미 끝난 것이었다. 생각지도 않은 질문에 뭔가 잘못된 것 아닌가 하여 관계자는 매우 당황했다.

이 사건을 가까이서 보고 있던 황실기자들은 알아차렸을 터였다. 하지만 거의 모든 신문에 보도되지 않았다.

2015년 12월 자신의 생일 기자회견에서 지난 5월 분화했던 가고시마鹿兒島현 구치노에라부섬口永良部島의 신다케新岳를 언급했다. 최근의 자연재해를 언급하며 피해자를 위로하는 것은 늘 해오던 일이다.

천황은 그중에서 "구치노에라부섬의 니이다케新岳가 분출하여…" 라고 말했고, 틀리게 읽은 것을 알아채고 곧 "신다케新岳"로 고쳤다.

이는 일본어의 특징인 한자의 음독과 훈독을 착각하여 읽은 것 인데, 신악新岳이라는 산의 이름이 음독하면 "신다케"이고, 훈독하 면 "니이다케"인 것이다. 그러나 지명이므로 고유명사 "신다케新岳" 로 읽었어야 했던 것이다.

그리고 담담하게 회견이 계속되었다.

"올해로 큰 전쟁이 끝난 지 70년이 되는 해입니다. 이 전쟁에서 군인이 아닌 사람들도 정말 많이 목숨을 잃었습니다."

정중한 어투로 이어졌지만, 거기서 말이 일순간 끊겼다. 10초 정 도 침묵이 흘렀고 눈길은 준비된 원고를 향했다. 어디까지 읽었는 지를 확인하는 것처럼 보였다.

그러다 어렵사리 "…평화로운 시대였다면, 사회의 각 분야에서 의의 있는 인생을 보내고 있었을 사람들이"라고 말을 이어갔다. 그 후에도 목소리가 조금 변하기도 하고, 말이 막히는 듯한 인상을 주 고 있다.

1933년생인 아키히토 천황은 2019년 86세를 맞는다. 일반인이라 도 현역으로 일하기에는 무리가 있는 나이임을 누구나 알 수 있다. 나이를 떠나 상징천황의 상징인 옥새를 넘겨주는 일은 자신의 자 존, 권위, 명예 등 모든 것을 떠나보내는 일이다. 누구도 그 환상을 죽을 때까지 놓으려 하지 않는다.

다이쇼 천황은 병으로 누워 있었다. 측근인 시종 무관의 일기에 의하면, 1921년 섭정을 두게 되었고, 다이쇼 천황의 국사행위 집행이 중지되었을 때 시종이 재가용 어명어새御名御璽 인장 등을 가지러 방으로 들어가자 다이쇼 천황이 저항했다는 기록이 있다. 이것을 내주는 순간, 천황이 아니라는 불안감을 가지고 있었다는 증거이다. 그런 아버지의 모습이 쇼와 천황에게 이토록 트라우마를 갖게 한 것일까 하는 생각이 들었다. 자신도 언젠가 이런 상태가 되면 공무를 대행시켜야 하는 것 아닌가 하는 불안함이 있었을 것이다.

1987년 4월, 병으로 쓰러진 이후에도 마지막까지 공무에 집착을 보였던 쇼와 천황에 관한 기록을 보자. 1969년부터 1999년까지 30년간 시종으로 일했던 도라베 료고卜部亮吾의 『도라베 료고 시종일기』를 보면 쇼와 천황의 심정을 이해할 수 있다. 그의 일기에 의하면 측근들이 "폐하, 이제 피곤하시니 황태자께 대신하도록 할까요?"라고 권해도 "아니야, 나는 괜찮아."라고 대답한다. "국사대행은 병이 나거나 요양 중일 때 황태자가 대신합니다."라고 말씀드려 양해를 구하고 있지만 용태가 좋아지면 "나는 괜찮다."고 말하고 열심히 공무에 복귀하려는 모습이 기록되어있다.

즉 쇼와 천황은 천황의 공무에 강하게 집착하고 있었던 것이다. 공무에서 손을 떼는 순간 천황이라는 존재감이 없어진다는 두려움을 가졌다는 사실을 이 측근의 일기를 통해 알 수 있다.

이런 예들을 보면 어떤 천황도 죽기 전에 후계자에게 천황의 권좌를 깔끔하게 물려주고 유유자적하려는 모습을 보기는 어렵다. 천황의 역사에서 국정을 수행하는데 부적합한 치명적인 병을 앓고 있지 않는 한, 타의에 의해 할 수 없이 양위하고 물러나거나, 양위한 후에 상황上皇이 되어 변함없이 정치를 하는 원정院政을 펴거나, 황통을 잇기 위한 바통터치의 역할로 즉위한 여성천황이 양위하는 일은 있었다. 스스로 물러나 모든 국사에서 손을 떼고 유유자적한 천황으로 제52대 사가嵯峨 천황(재위 809~823)을 손으로 꼽는다.

이후 1,200년간 양위하고 물러나 쉬겠다고 천명한 천황은 아키히토 천황이 유일하다. 그래서 떠나는 길에 커다란 박수를 보내며 배웅하고 싶다. 그렇기 때문에 일본국민들은 생전에 양위하겠다는 천황의 의지를 받아들여 "그동안 참 고생 많이 하셨으니, 이젠 손 놓고 유유자적하며 편히 쉬세요."라며 늙어가는 자신들의 상징을 애틋한 심정으로 바라보고 있는 것 같다.

NHK가 1973년부터 5년마다 실행하는 '일본인의 의식 조사'의 최신결과(2018)는 흥미로운 결과를 보여주고 있다.

천황에 '호감을 가지고 있다'는 사람의 비율이 헤이세이平成에 들어서기 전해인 1988년에는 22%로 낮았으나 2018년에는 36%를 나타낸다.

천황을 '존경하는 마음을 가지고 있다'는 사람의 비율도 1998년에는 28%였으나, 2018년에는 41%로 증가했다.

평화의 중요성을 말하고 자연재해 발생지역을 순회하는 현재 천황의 자세가 국민들에게 널리 평가받는 것으로 보아도 좋을 듯하다. 천황이 생전 퇴위 희망의사를 내비쳤을 때도 긍정적 반응이 많았던 것은 "이렇게도 수고를 많이 하셨는데, 이젠 좀 쉬십시오."라는 마음을 가진 사람이 많았기 때문이리라.

전쟁을 하려고 발버둥 치는 현 아베 내각의 폭주를 막을 수 있는 장치는 없는 것일까? 거부권이나 국정에 관한 발언을 제한받는 현실에서 헌법이 전쟁을 할 수 있게 개정되더라도 그 법을 준수한다고, 지금처럼 늘 기회가 있을 때마다 확인해 줄 것인가?

전쟁을 일으키고 싶어 안달이 난 호전적 보수 내각은 교묘한 도발로 다른 나라와 전쟁을 일으킬 것이 뻔하다. 이때 천황은 이들의 결정을 추인하고 국민을 전장으로 나가도록 독려할 것인가? 아니면 군부가 친위 쿠데타를 일으켜 내각을 장악할 때까지 기다릴 것인가?

2,600년 천황의 역사상 가장 천황의 역할이 중요한 시점이 왔다. 주권을 가진 일본국민의 총의에 기초하여 탄생한 일본국민의 상징 천황이다. 영구한 평화와 번영국가를 만세일계로 이어갈 것인가? 아니면 자국민과 이웃나라 국민이 이승과 황천의 경계에 아슬아슬하게 줄지어 서서 지옥을 맛보는 극단적인 고통을 선택할 것인가?

천황은 제사장으로 국가의 어른으로서 기도를 하며 평화를 희구하지만, 호전적 보수 내각은 힘으로 무장함으로써 전쟁 억지력을 갖는 평화를 꿈꾼다.

전쟁으로 다시 만신창이가 되어서야 평화를 그리워하는 것이 바람직한 것인지, 아니면 어렵게 얻어낸 평화가 조금씩 뿌리내려 업그레이드되어 가는 과정이 이상적인 것인지.

그 판단과 행동은 천황을 포함한 일본인의 총의에 기초할 몫이다.

제126대 나루히토德仁 천황(재위 2019~) 새 천황이 되는 나루히토 德仁 황태자는 일본 명산 100산을 답파한 등산가로 정평이 나있다. 대학원에서는 중세 세토내해瀨戶內海의 수운水運을 공부했고, 영국 유학 시절에는 템즈강의 수운을 연구했다. 개도국의 물 부족 문제 나 세계 물 포럼에 참가해 연설하기도 한다.

子曰 知者樂水 仁者樂山 知者動 仁者靜 知者樂 仁者壽

지혜로운 사람은 물을 좋아하고, 어진 사람은 산을 좋아한다. 지
혜로운 사람은 활동적이고, 어진 사람은 정적이다. 지혜로운 사람
은 즐길 줄 알고, 어진 사람은 오래 산다.

새 천황에게 전하고 싶은 『논어』「옹야편翁也篇」말씀이다.

산을 좋아하고, 물과도 깊은 인연이 있다. 산을 다니며 호연지기 浩然之氣를 기르고, 물을 접하며 개도국의 물 부족 문제와 환경문제 등을 생각하는, 요즈음의 시대적 요구에 부합하는 캐릭터이다.

산을 다니니 자연히 활동적이다. 어린 시절의 학우들은 그가 발 빠른 만능 스포츠맨이었다고 증언한다. 사진을 찍고 비올라를 연 주하며 오케스트라의 일원으로 활동하는 것은 정적이다. 산정에서 배낭 깊이 숨겨둔 시바스 리갈을 꺼내 일행과 나누며 즐길 줄도 안 다. 장수한다는 의미는 그 삶이 사람들에게 오래도록 기려진다는 의미로 해석하고 싶다.

나루히토德仁라는 이름처럼 덕으로, 공자의 말씀대로 상징천황의 길을 뚜벅뚜벅 걸어갈 것이다.

새 천황이 몇 년, 몇 월, 며칠부터 바뀐다는 사실을 우리가 알게 된 것은 2,000년 역대 천황 역사상 처음 있는 일이다. 1960년생으로 곧 환갑을 맞는 새 천황은 2019년 5월 1일 즉위한다. 지금까지 천황이 될 인물은 강하게 키워야 한다는 황실 전통 때문에 어릴 때부터 부모의 슬하를 떠나 남의 손에 키워지고 독립된 생활을 해왔는데, 이제 천황가도 스위트 홈, 단란한 가족의 의미를 아는 시대가 되었다. 아버지 헤이세이 천황은 3살 때부터 부모와 떨어져 살았지만, 새 천황은 부모의 사랑을 듬뿍 받으며 어느 가정처럼 부모형제가 같이 사는 환경에서 자라났다.

전대의 천황들과 마찬가지로 유치원에 입학하는 어린 시절부터 제왕교육을 받게 된다. 아버지 천황이 게이오대학 총장을 지낸 고 이즈미 신조小泉信三 참여에게 제왕학을 공부했다면, 나루히토 황태자는 하마오 미노루浜尾実 시종에게 제왕학을 배웠다. 나루히토 친왕의 교육에 있어서 천황 내외는 엉덩이를 때려도 좋다고 허락했고, 그만큼 엄하게 제왕학은 진행되었으며 초등과 5학년까지 지속됐다.

훗날 하마오는 황태자에 대하여 "인간으로서 훌륭한 사람이 되었으면 좋겠다. 그래서 어떤 경우라도 그 현실을 이겨내는 인간다운 훌륭함으로 일관하는 강직함을 가졌으면 좋겠다."는 소회를 남겼다.

초·중·고 과정을 학습원에서 마쳤고, 1978년에는 학습원대학 문학부 사학과에 진학한다. 당시 주위에서는 법학부나 경제학부에 진학하기를 바랐다. 역사를 공부하게 되면 만세일계를 이어왔다는 천황의 역사에서 권력투쟁, 골육상쟁, 남북조의 대립, 수혼제를 시작으로 하는 근친혼, 잔혹했던 천황의 존재 등 부정적인 많은 사실을 배우게 될 것이 분명했기 때문이다. 결국 일본사의 근원은 천황의 역사이며 황실의 역사이다. 그 끝에는 만세일계에 대한 의문이 존재한다는 것이다. 양심 있는 식자들에게는 당연한 일이다. 그것을 저지하려는 주위의 움직임이 있었던 이유이다.

그러나 본인의 의지가 강했고 천황 내외도 "본인의 의사를 존중한다. 대학시절을 의미 있게 보내려면 원하는 학과에서 열정을 불태우며 공부하는 것이 중요하다. 헌법이나 정치학 등은 학교 밖에서도 공부할 수 있다. 역사의 흐름을 파악하여 현대를 깊게 이해할 수 있다."며 허락했다.

학부와 대학원의 지도교수였던 야스다安田 전학습원대학 학장은 신문 인터뷰에서 황태자의 학업태도를 다음과 같이 증언했다. "전하殿下는 분명 우수한 학생이었다. 연구에 열심이었던 것은 물론이고 논문을 작성할 때의 진지한 연구태도가 현재까지 조금도 변함없이 지속되는 것을 보면 장래의 학문연구에서도 충분히 그 능력을 펼칠 것이라 생각된다. 학생 생활면에서도 합숙 세미나나 세미나 여행에 있어서 일반 학생과 다르지 않았고, 나도 어떤 특별대우를 하지 않았다. 그런 가운데 전하는 신중하고 조심스러웠으며, 학우들에게도 공평하게 대하려고 노력하는 것 같았다. 그리고 늘 분별력 있는 태도를 유지했으며, 동시에 의무감이 강했고 평형감각이 배어나오는 성격이었다. 한마디로 성격이나 학습태도는 특히 예리하다고 할 수 없으나 냉정하고 신중하며 꼼꼼한 노력가라고 할 수 있을 것이다."

인터뷰 내용의 진위를 떠나 다른 매체의 관련 기사나 인터뷰를 종합해보면 진지, 신중, 성실, 공평, 노력, 분별 등의 공통된 단어들이 등장한다. 이는 상징천황으로서 필히 갖추어야할 최소한의 덕목이 아닐까 싶다. 이보다 훨씬 더 많은 덕목을 가지고 국민과 소통하는, 천황이라는 상징기관은 세계 유수의 긴 역사를 가진 일본 황실의 전통으로 완성되어 우리의 상상력 이상의 시스템으로 작동하고 있다.

1983년 6월부터 영국 옥스퍼드대 머튼 칼리지로 2년간 유학을 떠났다. 유학으로 처음 경험하는 기숙사 생활, 스스로 장을 보고, 청소와 세탁을 하고 옷을 다리는 경험을 했으며 친구들과 펍에 드나들며 이야기를 나눴다. 밤샘 토론을 하며 자신의 생각을 표현하는 중요함도 알게 되었다.

일본에서의 생활은 동궁을 한 발자국만 벗어나면 사람들의 눈에 노출되어 「새장의 새」 같은 처지가 된다. 그런 생활에서 벗어나 처음으로 자유로운 일상을 갖게 되었다. 영국 유학은 황태자의 자립을 촉진하는 시기였다.

1982년 진학한 학습원 대학원의 졸업논문은 「중세 세토내해 수운의 고찰中世瀬戸内海水運の一考察」이었다. 1983년 6월부터 시작된 영국 유학 중에는 이를 토대로 템즈강의 수운을 논문의 테마로 삼았다.

1985년 10월 2년간의 영국 유학을 마치고 돌아오는 길에 미국에 들러 로널드 레이건 대통령과 아버지 아키히토 천황의 중·고교시절

은사였던 엘리자베스·G·바이닝 부인을 만났다.

이번 미국 여행에서는 또 황태자에게 다른 의미에서 큰 의미가 될 만한 사건이 있었다. 학습원대학과 옥스퍼드대학에서 「수운」을 연구해온 그에게 미국은 큰 선물을 안겨주었다. 워싱턴D.C의 포토막강Potomac River에서 매릴랜드주 컴버랜드에 이르는 체사피크 오하이오 운하The Chesapeake and Ohio Canal의 시찰을 준비한 것이다. 일행은 캐널 보트를 타고 과거에는 석탄을 운반하던 이 운하를 지나면서 역사를 청취했다. 꽤 전문적인 시찰이었지만 「수운」 연구자인 그에게는 아주 귀중한 경험이었을 것이다.

미국이 준비한 또 하나의 큰 선물이 그를 기다리고 있었다. 1980년대 당시 헐리우드를 종횡무진하며 전 세계의 남성들을 사로잡은 여배우들이 있었다. 바로 피비 케이츠, 브룩 쉴즈, 소피 마르소 등이다. 세상의 남성들은 그녀들에게 열광했고 나루히토 황태자도 예외는 아니었나 보다.

10월 16일 동부 프린스턴 대학을 방문했다. 영국 유학 시절 친구의 형, 로버트 조지Robert George가 이 학교 교수로 재직하고 있었다. 대학 측에서는 로버트 조지 교수 부부와 일본문화 관련 교수가 나루히토 황태자, 수석수행원, 시종을 게스트하우스에 초청하여 점심을 같이했다. 식사가 끝날 무렵 그는 자리를 일어났고, 그때까지 아무도 몰랐던 놀라운 광경이 벌어졌다. 게스트하우스 별실에서 브룩 쉴즈와 나루히토 황태자가 만난 것이다.

둘은 다음과 같은 대화를 나눴다고 한다.

"무슨 공부를 하고 있나요?"

프린스턴에서 불문학을 공부하고 있던 쉴즈는 "볼테르를 이수하고 있어요. 당신은 무슨 공부를 하고 있지요?"라고 답하고 물었다.

"중세 템즈강의 수운이에요. 교통사를 공부하고 있어요. 학교생활은 재미있나요?"

"네. 학교에 있는 동안은 모두가 여배우가 아닌 학우로 대해주니까요. 밖에 나가면 카메라가 쫓아다니고 사인을 해야 하는 일상이에요. 캠퍼스는 안심이 되요."

유명인의 고민, 그도 공감하는 부분이 있으리라. "그렇군요. 저도 그 기분 잘 압니다."라고 맞장구를 쳤다.

둘이 만나는 흐릿한 영상은 일본으로 보내지고 방송되어 크게 인기가 있었다. 당시 브룩 쉴즈는 프린스턴대학에 재학 중이었으며, 물론 이 만남은 로버트 조지 교수의 배려로 기획된 이벤트였다.

1985년 영국 유학에서 돌아온 후 귀국 기자회견이 있었다.

"2년간 유학생활에서 많은 사람을 만났고 인생관과 세계관을 들을 수 있었습니다. 옥스포드 유학생활을 통하여 자신도 사물을 생각하여 결정하고, 행동으로 옮기는 것이 가능해졌다고 생각합니다. 이런 태도는 앞으로도 유지해나갈 생각입니다."

이때 영국 유학의 성과라고 할 수 있는 「스스로 생각하고, 그 발언에 책임진다.」는 일면이 나타난 질의응답이 또 있었다.

"일본의 경호와 해외의 경호에 대해 어떻게 생각하십니까?"라는 기자의 질문에는 다음과 같이 답했다.

"경호는 격리시키는 것이 아니라, 경호하는 것입니다. 일본의 경찰은 경호가 과하지 않나 하는 인상을 받습니다. 영국에서는 경호가 국민과 왕실을 격리시켜서는 안 된다고 생각하고 있습니다. 미국여행 중에 경호해주었던 사람들의 모습이나 행동에서 그들이 프로임을 느꼈습니다. 일본도 이제부터 프로 경찰을 양성할 필요가 있지 않나 생각합니다. 눈에 띄지 않는 스마트함이 필요합니다. 일본의 경호는 예를 들면 인원이 너무 많고 눈에 잘 띕니다. 영국에서는 요소요소에 정확히 경찰을 배치하고 있지만 결코 눈에 띄지 않습니다."

이 과잉경비 발언은 그의 의도와 다르게 큰 반향을 불러일으켰다. 가볍게 넘어갈 질의응답이었는데 기자의 집요한 질문에 본심을 드러내버렸다. 윤언여한綸言如汗이다. 이 발언이 있고 경찰도 경호 방법을 바꾸었다. 황족 등 경호대상과 같은 방향에서 군중을 마주보는 경호가 아닌, 경호대상을 바라보고 군중을 등지며 경호하는 배면경호가 채용되었다. 미처 걸러지지 않은 또 하나의 유명한 발언이 있다. 2004년 5월 유럽방문 전 기자회견에서 했던 발언으로 '인격부정발언'이 그것이다.

마사코비雅子妃는 만세일계의 대를 이을 아들을 낳아야한다는 중압감, 육아문제, 과다한 지방방문 직무로 대상포진에 우울증까지 왔고, 황태자는 몸이 좋지 않은 아내를 위해 주위에 조용히 이해를 구해왔다. 그러나 이번 인터뷰는 황태자가 가족을 지키기 위해 준비한 작심 발언이었다.

"마사코에게 지난 10년은 자신을 황실의 환경에 적응시키려고 부단히 노력해온 시간이었지만, 그로 인해 피곤해 지쳐있는 것 같습니다."

"이제까지 마사코의 커리어나 그것에 기초한 마사코의 인격을 부정하는 듯한 움직임이 있었던 것도 사실입니다."

당시 외교관 출신의 국제파라 여겨지던 마사코비와 보수적인 궁내청 사이에 알력이 있었음을 시사하는 황태자의 발언은 정부와 국민에게 큰 충격을 주었다.

2004년 당시 황실에는 40년 가까이 황족 남자가 태어나지 않았고, 이에 황태자 내외에게도 압력이 걸려 마사코비의 해외여행이 제한되었던 일들이 수면위로 떠올랐다. 황태자의 발언을 계기로 마사코비의 본격적인 치료가 거론되었는데, 의사단은 마사코비의 병이 「적응장애」라고 진단하고 치료를 시작한다고 발표했다. 이 발표는 황실에 대한 국민적 관심을 불러일으켰다.

이 사건을 일러 호사가들은 황태자의 궁호를 넣어 「히로노미야浩宮의 난亂」이라는 왕조시대의 단어를 만들어 풍미했다.

과잉경비 발언이나 인격부정 발언의 폭발력을 체험한 나루히토 황태자는 상징천황의 직무를 수행함에 있어 국난이 있을 때나 국민과 정치 사이에 중대한 어긋남이 있을 때, 그 비장의 무기를 사용하게 될지 아니면 대본을 읽는 대독 천황이 될지 두고 볼 일이다.

1986년에는 학습원대학 대학원에 복학하여 논문 「중세 효고兵庫와 세토瀬戸내해의 수운」을 제출하고 석사과정을 마쳤다.

1989년 1월 할아버지 쇼와 천황의 사거로 아버지 천황이 즉위했으며, 본인은 황태자가 되었다.

같은 해 4월 「THE THAMES AS HIGHWAY(교통로로써의 템즈강)」라는 제목의 논문이 옥스퍼드대학출판에서 간행되었고, 1991년에는 명예 법학박사 학위를 받았다.

석사 논문이 중세 세토瀨戶내해의 해상교통에 관한 것이었고, 옥스퍼드 유학 시에는 템즈강 수상교통의 역사를 공부했다. 이쯤 되면 해상교통과 내륙 수상교통의 전문가이다.

이후에도 학습원대학 사료관에서 연구를 계속하고 있으며, 학습원여대에서 강의를 하기도 했으며 「세계 물 포럼」, 「UN 물과 재해에 관한 특별모임」 등에서 여러 차례 강연을 했다.

한때 한국이 전국의 강바닥을 파헤치고 보를 만들었던 4대강 사업을 전문가로서 어떻게 평가할지 개인적으로 매우 궁금하다.

1993년 6월 하바드대학에서 경제학을 공부하고, 외교관으로 일하던 오와다 마사코小和田雅子 양과 결혼했다. 이 결혼에 골인하기까지는 우여곡절이 많았다.

비밀리에 추진되던 나루히토 황태자와 마사코 양의 결혼에 낌새를 차린 언론들은 끓는 냄비처럼 과열되어 갔다. 황태자의 결혼문제는 주간지에서 다루는 가십거리가 되버린 지 오래다. "조용한 환경에서 황태자비를 선고하고 싶다."는 궁내청은 1992년에 들어 언론에 보도협정을 제안하여 신사협정이 맺어졌다. 1993년 1월 19일 황실회의가 열려 오와다 마사코小和田雅子 양이 황태자비로 결정되는 순간까지 차분하게 취재하자는 약속이었다. 이 협정을 깨는 언론사는 그 순간부터 궁내청 취재가 불가능하게 될 뿐만 아니라, 업계에서 왕따로 남게 될 것이다. 그래서 그 약속은 지켜지고 있었다. 황태자의 결혼관련 보도를 조용히 다루기는 했지만, 웬만한 언론사들은 마사코 양의 황태자비 내정사실을 이미 알고 있었고, 공공연한 비밀이었다.

1초라도 먼저 특종을 해야 하는 언론사들의 긴장감이 임계점에 다다르고 있었다. 그러나 이 보도협정과 상관없는 외국 언론이 먼저 오와다 마사코 양의 황태자비 내정을 터트린 것이다. 1월 6일 오후 워싱턴 포스트 도쿄발 기사 '오와다 마사코 씨 황태자비 내정'으로 세상에 공식적으로 알려졌지만 신사협정을 맺은 궁내청과 언론은 김빠지는 모양새였다.

1월 6일 오후 8시 45분 신문사는 호외를 발행했다. 한 신문은 다음날 조간에 「철새 도래지鴨場의 사랑」이라는 제목을 걸고, 황태자가 지바千葉현 이치카와市川에 있는 철새 도래지에 마사코 양을 초대하여 프러포즈했다는 내용을 소개했다.

사실 황태자의 사랑이 순탄한 것만은 아니었다. 1986년 10월 만남 이래 몇 차례 더 만나지만 결혼으로 이어지지는 않았다. 한편 궁내청은 마사코 양의 외조부가 미나마타병(1956년 구마모토熊本현 미나마타시水俣市에서 발생한 수은중독을 일으킨 공해병으로, 수은을 배출한 곳이 신일본질소비료 미나마타 공장으로 밝혀지면서 큰 파장을 일으켰다)의 가해 기업인 「칫소チッソ」의 사장이었던 사실이 있어 혼담이 신중해졌다.

그러는 사이에 마사코 양은 외교관의 길로 들어서 영국으로 떠났다. 그 후에도 황태자는 끈질기게 마사코 양을 황태자비로 결정하도록 궁내청에 요구했다. 궁내청은 대안이 될 만한 다른 후보를 제시하며 설득했지만 황태자는 굽히지 않았다고 한다.

한번 결심하면 흔들리지 않고 목표를 향해 참을성 있게 나가는 것이 나루히토 황태자의 성격이라 한다.

궁내청도 「칫소」 문제에 대하여 마사코 양의 외조부가 「칫소」에 관여한 것은 미나마타병 발생 이후라는 점을 들어 이 문제를 해결했다. 이를 계기로 1992년 10월 지바현 소재 철새 도래지로 마사코 양을 극비리에 초청하여 프러포즈했고 결국 결혼에 성공했다.

황태자의 짝사랑으로 시작된 둘의 결실은 이토록 우여곡절을 거치며, 먼 길을 돌아 성취한 소중한 사랑이었다.

2018년 2월 23일 생일을 맞아 기자회견을 가졌다.

"황태자로서 남은 기간, 어떤 일에 중점을 두고 지내려고 하는가?"라는 기자의 질문에 "어머니, 아버지 양 폐하께서 공무를 대하는 자세를 마음속에 명심하고 그 모습을 똑똑히 마음에 새겨, 나중에 제가 활동하게 되었을 때에도 늘 마음속에 명심하여, 자신의 심신 연마에 노력하면서 업무에 임하고 싶다."라고 말했다.

스포츠, 예술 등 다양한 취미를 가졌으며 비올라 연주는 학생시절부터 유명하다. 특히 등산가로 알려졌는데, 그가 산행하던, 프린스 루트로 불리는 등산 코스도 많다고 한다.

왜 등산을 하느냐는 기자의 질문에 "산에 오를 때는 잡념이 없어지고 경치나 식물의 관찰에 몰두할 수 있다."고 대답했다.

등산이 끝나고 야영지에서 나루히토 황태자와 함께 등산하며 취재한 기자는 다음과 같이 회고했다. "밤이 되자 황태자는 솔선하여 텐트를 쳤다. 돌로 팩을 박고 끈을 묶었다. 식사는 카레와 스튜였다. 감자껍질 벗기는 일에도 즐겁게 참가했다. 황태자는 배낭 깊숙이 넣어 두었던 시바스 리갈을 꺼내 모두에게 한잔씩 따랐다. 미나미南 알프스(야마나시山梨현의 산간지로 3,000m 고봉들로 이어진다)의 산정에 둘러앉은 남자들의 노래 소리가 별이 빽빽한 하늘에 울려 퍼졌다. 황태자는 순박한 산사나이였다."

황태자는 등산에 필수적인 건각의 소유자로 카메라맨이 따라가 사진 찍기 버거울 정도라 하며, 2000년에는 일본 100대 명산 답파에 성공했다.

'뭐 이렇게까지 새로운 천황을 아름답게 표현하는 거야? 뭐 먹었어?' 하며 의심의 눈초리를 보내는 이도 있을 것이다. 나는 동시대 사람으로서 새로운 천황이 되는 나루히토 황태자에게 바라는 바를 적었을 뿐이다. 모진 놈 옆에 있다가 벼락 맞는다는 속담이 있다. 그 벼락을 피하고 싶은 이웃나라 시민의 바람일 뿐이다.

인격부정발언 등에 부정적인 의견을 가진 사람들은 새 천황이 가족만 싸고돈다고 비판한다. 누구에게나 가족은 중요한 근본이다. 가족을 소중하게 지키지 못하는 가장이 어떻게 국민을 아우르고 그들의 고통을 헤아리고 어루만질 수 있겠는가?

세상이 변했다. 인공지능이 세상을 선도하는 시대로 바뀌었다. 지구촌의 환경문제가 가장 중요한 이슈가 되었다. 국가중심의 인간관계는 지역사회를 중심으로 하는 가족 간의 교류로 무게 중심이 옮겨지고 있다.

　등산으로 다져진 호연지기는 상징천황의 직무수행에 커다란 자양분이 될 것이다. 물 문제를 비롯한 환경문제에 관심을 갖는 등 이 시대의 요구에 부합하는 신선한 이미지는 견고한 새 천황상으로 「헤이세이류平成流」와 차별되는 「레이와류令和流」를 만들어 오랫동안 기억될 것이다. 평화롭게 성공하는 천황으로 남기를 기도한다.

일 하 는 천 황

III

1. 국사國事의 개요

일본의 상징으로서 정치권력을 가지고 있지 않다는 천황은 평상시에 무슨 일을 하고 있는 걸까? 가끔 TV에서 볼 수 있는 것으로는 새해가 되면 유리벽 너머 베란다에서 황족들과 함께 새해를 축하하러 나온 시민들에게 손을 흔드는 모습, 사회복지시설에 들러 입소자들의 손을 잡고 용기를 주는 일, 자연재해를 입은 지역을 찾아 이재민들에게 용기를 북돋아 주는 일 등이 떠오른다.

2019년 5월 1일부로 천황의 권위와 업무가 모두 차기 천황인 나루히토德仁 천황에게 넘어간다. 2016년 대국민 비디오 메시지로 사전양위를 내비쳤다. 80을 훌쩍 넘은 고령인 천황 자신은 상징으로서의 업무에 육체적으로 버거움을 느끼며, 또한 주위의 가족들에게 부담을 주고 싶지 않다는 내용이었다.

그렇다면 육체적으로 부담을 느끼게 되었다는 천황의 업무에는 어떤 것들이 있는지 살펴보자.

천황의 업무 중에서 가장 선순위는 황실제사이다. 천황 내외가 참석하는 연중 3대 행사로 4월~6월 중에 있는 「식수제」(식목행사), 9월~10월 중에 열리는 「국민체육대회」(전국체전), 9월~11월 중에 개최되는 「풍요로운 바다 만들기 대회」도 황실제사와 겹치지 않도록 일정을 조율한다.

매주 화요일과 금요일 오후에 입법·사법·행정부에서 올라오는 서류를 결재하는 「집무」도 중요한 국사행위이다.

2004년 기준 제사가 30여 건, 집무가 100여 건으로 총 업무 700여 건에 비추어보면 20%에 이른다.

매주 화요일과 금요일 오전에는, 일 년 내내 전국 각지에서 올라와 황거나 동궁, 황족의 저택 등을 청소하는 자원봉사자들과 가볍게 나누는 환담이 60여 회에 이른다.

봄·가을 훈장수여 시즌이 되면 수상자들을 만나고, 문화훈장이나 어깨띠가 달린 훈장을 직접 수여한다.

신임 주일대사의 신임장을 접수하고, 외국에 파견되었다가 귀국한 대사나 일본예술원·학사원 회원들과 다과회를 가지며 일본을 방문하는 각국의 원수나 요인들과 만난다.

또 여러 단체나 조직으로부터 "올해 우리 단체가 ○○주년을 맞이하게 되며 공익적 업무를 수행해왔으므로 사회적인 의의도 있으니 기념식에 폐하께서 꼭 참석해주시기를 원합니다."라는 진정이 궁내청으로 접수되면 일정을 잡아 참석하기도 한다.

2004년 기준 710건에 달하는 천황의 행사 건수는 해마다 크게 달라지지 않는다. 왜냐하면 거의 반복적인 연중행사로 진행되며, 새로운 행사나 돌발적으로 참가해야 하는 행사는 궁내청에서 천황의 일정이나 상황에 맞게 조정하기 때문이다.

행사별 내역으로는 먼저 국사행위로써 천황이 결재하는 「집무」가 101건으로 14%에 해당한다. 두 번째로는 국내 요인이나 공로자와의 접견(공식적인 인사 배알拜謁)이 94회로 13%에 해당하며, 자원하여 황거를 청소하는 황거근로봉사단의 노고를 위로(비공식적 인사 에샤쿠會釋)하는 행사는 66건으로 9%에 해당한다.

이어서 외국 손님 접견 49건, 황거로 손님을 초청하여 다과회를 베푸는 행사 42건, 일본에 새로 부임한 대사로부터 신임장을 접수하는 신임장 봉정식 36건, 황거로 손님을 초청하여 갖는 오찬·만찬 등 식사대접이 35건, 황거 내 궁중 삼전(현소賢所·황령전皇靈殿·신전神殿)에서 국가와 황실의 번영을 기도하는 궁중제사가 32건, 출석예정 기념식이나 수상식의 관계자를 궁으로 불러 사전에 내용을 청취하는 일이 26건, 기념식과 수상식, 환영회 참석 21건 등이 뒤를 잇는다.

유형별 내역으로 분류하면, 「사람을 만나는 일」이 374건으로 반수 이상을 차지하며, 「사무처리」가 101건, 「의식출석」 76건, 「설명·보고」 청취가 59건, 「시찰·감상」 52건, 「제사」 32건 순이다.

그밖에도 다양한 국사행위와 공적행위, 사적행위 등이 있다. 대충 보아도 비정치적이어야 하는 천황의 업무는 다양하고 그 업무량도 많음을 알 수 있다. 이제부터 각 업무의 내용을 살펴보도록 하자.

2. 국사國事 행위

「국사행위」란 "천황이 국가의 기관으로서 행하는 행위"를 말한다. 헌법은 다음과 같이 규정하고 있다.

일본국헌법

제1장

제4조 천황은 헌법이 정한 국사에 관한 행위만을 할 뿐, 국정에 관한 권능을 가지지 않는다.

② 천황은 법률이 정하는 바에 따라, 그 국사에 관한 행위를 위임할 수 있다.

제6조 천황은 국회의 지명에 근거하여 내각총리대신을 임명한다.

② 천황은 내각의 지명에 근거하여 최고재판소의 장관을 임명한다.

제7조 천황은 내각의 조언과 승인에 의해, 국민을 위해, 다음의 국사國事에 관한 행위를 한다.

제1항 헌법개정, 법률, 정령 및 조약을 공포하는 일

제2항 국회를 소집하는 일

제3항 중의원을 해산하는 일

제4항 국회의원의 총선거의 시행을 공지하는 일

제5항 국무대신 및 법률이 정하는 그 밖의 관리 임면과 전권위

임장 및 대사, 공사의 신임장을 인증하는 일

제6항 대사, 특사, 감형, 형의 집행면제 및 복권을 인증하는 일

제7항 영전을 수여하는 일

제8항 비준서 및 법률이 정하는 그 밖의 외교문서를 인증하는 일

제9항 외국의 대사 및 공사를 접수하는 일

제10항 의식을 행하는 일

위에 열거된 국사행위는 "천황은 헌법이 정한 국사에 관한 행위만을 할 뿐, 국정에 관한 권능을 가지지 않는다."라는 헌법 제4조의 규정을 대전제로 "내각의 조언과 승인을 필요로 하며, 내각이 그 책임을 진다."(헌법 제3조)고 규정되어 있다.

즉 국사행위는 내각의 의사결정을 천황이 집행하는 형식적이고 의례적인 것으로, 그 책임은 내각에 있으며 천황의 의사로 행하는 것은 인정되지 않는다.

가. 집무

「집무」라 불리는 천황의 중요한 업무가 있다. 이는 헌법이 정한 천황이 국사행위의 대부분을 차지한다. 매주 화요일과 금요일 오후, 각의를 거쳐 황거로 도착한 공문서에 천황이 검토·서명하고 「가可」, 「인認」, 「람覽」 등의 도장을 날인하거나 궁내청 관계 서류를 검토하는 일이다.

먼저 헌법개정, 법률, 정령 및 조약 등을 천황이 검토한 후에 서명을 하면 궁내청 직원이 3.5kg에 이르는 순금제 「어명어새御名御璽」

를 날인한다.

내각 총리대신의 임명, 최고재판소 장관의 임명, 영전의 수여, 외국 대사의 신임장 접수, 수상과 각국 대사들을 궁전으로 초청하여 갖는 신년축하 의식의 거행에는 「재가」를 의미하는 「가可」를 날인한다.

대신大臣 및 법률이 정하는 관리의 임면, 전권위임장 및 대사·공사의 신임장 승인과 대사大赦·특사·감형·형 집행 면제 및 복권의 인증, 비준서 및 법률이 정하는 그 밖의 외교문서에는 「승인」을 의미하는 「인認」을 날인한다.

천황의 해외방문이나 일시적인 병으로 직무가 곤란할 때, 국사행위의 전부 또는 일부를 황태자에게 일시적으로 위임하는 경우에만 보았음을 의미하는 「람覽」을 날인한다.

이밖에도 국사행위와는 직접적인 관계가 없지만 집무의 일환으로 서류에 결제하는 것이 있다. 황실내부와 궁내청에 관한 내용으로 시종이 천황에게 보고하고 승인을 받는 서류도 연간 1,000여 건에 달한다. 천황이 1년 동안 결재하는 서류는 1,100 ~ 1,200건으로 매년 크게 변하지 않는다.

법률공포 등 집무에는 국가 운영상 중요한 일들이 많이 포함되어 있어, 감기 등 건강상의 이유로 쉴 수 없고 다른 행사의 집행을 이유로 미룰 수도 없다. 그렇기 때문에 천황의 생전퇴위는 불가하고, 정년이 없으며, 나이와 관계없이 평생 국사행위 등의 업무를 계속해야 한다. 지방 방문 중이나, 휴가 중에도 어김없이 내각에서 결의된 공문서가 배송되어 현지에서 결재가 이루어진다.

서류를 결재할 때, 천황이 날인하는 인장에 「불가」「불인」 등 거절을 의미하는 의사표시는 없다. 헌법이 정한대로 국정에 관한 권능을 가지지 않으며, 국사행위는 내각의 조언과 승인이 필요하기 때문에 천황의 의지에 의한 거부권도 행사할 수 없는 것이다.

　그래서 천황의 국사행위는 서류결재도 의식도 의례적이고 형식적인 것으로 천황에게 의사결정권이 없는 대신 책임도 없다. 그 책임은 내각이 진다.

　만약 내각이 헌법을 재해석하거나 헌법을 개정한 후, 전쟁을 의결하여 천황에게 올리면 어떤 일이 벌어지는 것인가? 의례적으로도 형식적으로도 천황에게는 거부권이 없다.

　헌법이 보장하는 선거라는 과정을 통해 국민의 총의가 반영되고, 그렇게 정통성이 확보된 내각이 결정한 전쟁에 대해 평화를 지키려는 천황은 과연 어떤 행동을 취할지 생각하게 하는 대목이다.

　작금에 폭주하는 호전적인 일본 보수 우익의 행태를 보면서 전세계의 평화가 깨지는 것 아닌가 하는 우려를 지울 수 없다.

　불가능한 일이겠지만, 내각의 의결에 대해 천황에게 거부권이 있으면 좋겠다는 생각이 든다. 만약 내각에서 전쟁을 의결하여 결재 서류를 천황에게 들이밀면 「불가」 또는 「불인」을 날인해서 돌려보내 전쟁을 막을 수도 있기 때문이다. 그러나 반대로 생각하면 내각이 전쟁을 하지 않겠다고 결의한 서류에도 천황이 「불가」 또는 「불인」의 거부권을 행사할 수 있어 그 또한 양날의 검이 될 수 있어 불안하기는 매한가지다.

　이러한 가능성으로 볼 때, 중요한 것은 「집단자위권」과 같은 허울 좋은 평화유지를 위한 전쟁이 아니라, 전쟁에 의지하지 않는 평화유지라는 이미 명문화되어있는 헌법 제9조를 그들의 의식 속에 다시 새겨 넣어야 할 것이다. 그것을 가능하게 할 수 있는 것은 오로지 "주권을 가진 일본국민의 총의"뿐이다.

나. 궁중제사

㉠ 궁중 3전殿

제사가 거행되는 궁중 삼전은 황거 내에 있는 신사 같은 건물들이다. 이 신역神域에는 「현소賢所」「황령전皇靈殿」「신전神殿」이 어깨를 마주하고 나란히 들어서 있다. 중심이 되는 곳은 현소賢所로 황조신皇朝神 아마테라스가 모셔져 있다. 이곳은 천황과 황후, 그리고 황태자 내외에게만 입장이 허용된다.

현소에는 신체神體인 거울을 모시고 있으며, 거울은 천황의 상징인 삼종의 신기(거울, 칼, 곡옥) 중 하나이다. 이 거울은 이세伊勢 신궁의 신체인 거울 야타노카가미八咫鏡의 복제품이다.

황령전皇靈殿은 역대 천황과 황족의 영을 모신 곳으로, 역대천황의 기일에 행해지는 제사와 봄과 가을에 황령제가 행해진다.

신전神殿은 국내 여러 신들을 제사 지내는 곳이다. 삼전의 뒤쪽에는 천황 내외가 제사를 지낼 때 옛 복장으로 갈아입을 수 있는 능기전綾綺殿이 있으며 옆쪽에는 신상제를 올리는 신가전神嘉殿이 있다.

궁중제사를 담당하는 장전직掌典職은 장전장 아래 장전차장, 장전 5명 그리고 무녀라고 할 수 있는 미혼의 내장전內掌典 5명으로 구성되어 있다.

ⓛ 사방배四方拜

황실 내에 궁중 삼전(현소·황령전·신전) 옆에는 신가전神嘉殿이 있다. 매년 1월 1일 오전 5시 반, 이 건물 앞마당에 헤이안平安시대 (794~1192)의 복장을 한 천황이 나타난다. 천황은 마당 중앙에 지붕과 기둥만 있는 장소로 이동하여 그 위에 깔아놓은 다다미 위에 올라선다.

먼저 황조신을 모신 이세신궁과 사방의 신들을 향해 나라의 안녕과 농작물의 풍작을 기원하며 절한다. 이를 「사방배」라고 하는데 언론에 보도되지 않기 때문에 일반국민들은 잘 모른다.

넓은 의미로 「제사」는 초자연적인 신이나 선조의 영을 맞아들여 공물과 노래, 춤으로 환대하고 자연재해나 역병, 전쟁을 피하고 농사일이나 고기잡이에 풍작을 기원하는 행위이다.

천황은 벼를 재배하는 농경민족의 대표자로서 신에게 풍작을 기원하고 감사하며, 국가의 안녕, 국민의 행복과 번영을 기원하는 제사장으로 존재해왔다.

패전 후에는 GHQ(연합국군총사령부)에 의한 정교분리 정책으로 황실제사는 천황가의 사적인 행사가 되었다. 궁중 삼전에서 궁중 제사를 담당하는 장전掌典은 과거 궁내성宮內省 소속 공무원이었지만, 패전 후에는 천황이 개인적으로 고용하는 형태로 바뀌었다. 공무원인 궁내청 직원과 구별하여 내정직원이라 부른다.

ⓒ 신상제新嘗祭

신상제는 천황이 그해에 생산된 쌀 등 새 곡식을 조상신을 비롯한 신들에게 바치며 감사드린 후에 그 음식을 맛보는 농경민족의 대표자인 천황의 성격을 말해주는 제사이다.

11월 23일 오후 6시, 이미 목욕재계를 마치고 관冠에 순백 비단의 도포와 순백의 바지, 바닥을 오동나무로 만든 신발을 신고 오른손에는 홀笏을 든 천황이 궁중 삼전의 구내에 있는 신가전에 모습을 드러낸다.

신가전으로 들어간 천황은 황조신을 모신 이세신궁 방향에 설치된 신좌에 준비된 햅쌀밥, 조밥, 술, 생선회(도미·전복·연어), 건어물(도미·전복·가다랑어), 채소, 밤과 대추 등의 과실, 소금, 물 등을 직접 하나씩하나씩 신에게 올린다. 이렇게 음식을 올리는 데만 1시간 30분이 걸린다. 이렇게 제사를 올리는 동안 궁내청 악부樂部는 앞마당에서 고대가요인 가구라우타神樂歌를 부른다.

이어서 천황은 절을 하고, 수확에 대한 감사와 다음해의 풍작을 기원하는 축사祝詞를 읽고 난 후에 밥과 술을 맛본다.

이렇게 2시간 동안 행해지는 제사를 「저녁의 의夕儀」라하며, 이 저녁 제사 후인 오후 11시부터 똑같은 제사가 「새벽의 의曉儀」라 하여 한 차례 더 진행된다.

이 제사에는 황태자도 옛날 복장을 하고 참석하여 절한다.

ⓓ 대상제大嘗祭

대상제는 천황 즉위의 예를 올린 후, 처음으로 행하는 신상제新

嘗祭이다. 신상제는 천황이 그해에 수확한 쌀 등 곡식과 음식을 조상신을 비롯한 신들에게 바치며 감사드린 후에 천황이 그 음식을 맛보는 수확제인데, 대상제는 즉위 후 처음 한번만 행하는 신상제로 대규모로 화려하게 치른다.

다. 궁중 삼전에서 행해지는 그 밖의 제사

궁중 삼전에서는 연중 여러 제사가 행해진다. 각 제사의 중요도에 따라 「대제」와 「소제」로 나눈다. 대제는 천황이 직접 제사를 주제하며 스스로 축사祝詞를 읽는다. 소제는 장전장이 제사를 주제하고 축사를 읽는데 천황은 출석하여 절만 한다. 신상제는 특히 소요시간이 길지만 일반 제사는 30분~1시간이 보통이다.

1월을 제외한 매월 1일 오전 8시에는 천황이 궁중 삼전에서 절하는 순제旬祭가 열린다. 또 역대 천황의 사거 후 3년, 5년, 10년, 30년, 50년, 100년, 200년처럼 일정한 기간이 지나 행해지는 부정기적인 제사로 식년제式年祭가 있다.

궁중 3전에서 행해지는 제사들을 열거하면 다음과 같다.

세단제歲旦祭	1월 1일 행하는 소제, 사방배에 이어 오전 5시 40분부터 궁중 삼전에서 행해지는 제사이다.
원시제元始祭	1월 3일 행하는 대제, 연초에 황실의 기원을 축하하고, 국가와 국민의 번영을 기원한다.
제124대 쇼와昭和 천황제	1월 7일 행하는 대제, 쇼와 천황의 기일로 황령전에서 행한다. 쇼와 천황의 측근이었던 옛 궁내청 직원들이 참가한다.

제121대 고메이孝明 천황 예제 例祭	1월 30일 행하는 소제, 고메이 천황 기일에 황령전에서 행해진다. 황실에서는 직전 4대 천황 쇼와昭和·다이쇼大正·메이지明治·고메이孝明 천황의 기일에 제사가 행해진다.
기년제祈年祭	2월 17일 행하는 소제, 그해 농작물의 풍작을 기원하는 것으로 11월 23일 열리는 가을의 수확제인 신상제와 상응한다.
춘분 춘계황령제·춘계신전제	춘분에 행해지는 대제로 역대 천황과 황족의 영이 모셔진 황령전에서 행해진다. 100명이 넘는 역대 천황의 기일마다 제를 올리는 일은 현실적으로 불가능하므로 봄과 가을 2차례 황령제를 올리게 되었다고 한다.
진무神武 천황제	4월 3일 행하는 대제, 초대천황의 기일 오전 10시부터 황령전에서 행해지는 제사이다.
고준香淳 황후 예제	6월 16일 행하는 소제, 아키히토 천황 어머니의 기일로 황령전에서 행해진다.
요오리節折	6월 30일 천황 신체의 부정을 씻는 의식으로 이는 궁중 삼전이 아닌 궁중 봉황의 방鳳凰の間에서 행해진다.
제122대 메이지明治 천황 예제	7월 30일 행하는 소제, 메이지 천황의 기일에 황령전에서 행하는 제사이다.
추분 추계황령제	추분에 행해지는 대제, 춘분 춘계황령제·춘계신전제와 그 내용이 같다.
신상제神嘗祭(간나메사이)	10월 17일 행하는 대제, 그해에 수확된 곡식을 이세신궁에 바치는 신궁의 제례였는데, 메이지시대부터는 궁중 삼전의 현소賢所에서 행해지게 되었다.
진혼제鎭魂祭	신상제新嘗祭(니나메사이) 전날인 11월 22일 천황의 진혼을 행하는 의식으로 궁중 삼전 뒤에 위치한 능기전綾綺殿에서 행해진다. 음력으로 이때는 태양이 약해지는 동지에 해당하므로, 태양의 자손인 천황의 혼에 활력을 높여주는 의식이다.

신상제新嘗祭(니나메사이)	11월 23일 행하는 대제, 황실제사 중 가장 중요한 제사로 궁중 삼전과 신가전에서 천황이 황조신과 여러 신들에게 그해에 수확한 곡식과 음식을 바치고, 수확에 감사하며 직접 음식을 맛본다. 중요한 제례이기 때문에 입법·사법·행정 3부의 대표와 대신들이 참석한다.
현소賢所 미가구라御神樂	12월 중순에 행하는 소제, 쇼와 천황제나 진무 천황제에 필적하는 가구라神樂(신에게 올리는 춤과 연주)를 신에게 바치는 제례이다.
천장제天長祭	12월 23일 행하는 소제, 천황생일을 축하하는 날로 궁중 삼전에서 오전 9시부터 행하는 의식이다.
제123대 다이쇼大正 천황 예제	12월 25일에 행하는 소제로 다이쇼 천황 기일에 행해진다.
요오리節折	12월 31일 행하는 의식. 6월 30일의 요오리와 같은 내용으로, 천황 신체의 부정을 씻는 액막이 의식이다.

이 같은 제사들은 모두 옛날부터 면면히 이어져 내려온 것이 아니라 전쟁이나 황실의 재정 문제 등으로 오랫동안 끊겼던 것을 메이지시대에 복구했거나, 새롭게 만들어낸 것들이다.

라. 의식과 행사

매년 정기적으로 행하는 의식과 행사에는 각 부처의 장과 각국 주일대사의 인사를 받는 1월 1일 「신년축하의 의」, 황거에서 가장 큰 건물 조와전長和殿의 베란다에 천황을 위시한 황족들이 나와 축하하러 나온 일반인에게 손을 흔드는 퍼포먼스를 보여주는 1월 2일의 「신년 일반참하參賀」, 1월 10일경 천황 내외가 인문, 사회, 자연과학 분야의 권위자로부터 설명을 듣는 의식으로 황태자와 황족

이 함께하는 「고쇼하지메노기講書始の儀」, 1월 15일경에는 천황이 새해에 개최하는 행사로 공통의 제목을 정하여 와카和歌를 선보이는 「우타카이하지메노기歌會始の儀」가 있다.

이밖에도 봄·가을에 행해지는 「원유회園遊會」와 「훈장수여식」, 12월 23일에는 「천황 생일축하 의식」이 있다

부정기적 행사로는 수상이나 최고재판소 장관의 「임명식」, 연간 10회 이상 대신이나 대사, 최고재판소 판사 등 「인증관人證官 임명식」, 연간 30~40회에 달하는 「신임장 봉정식」, 연간 10건 이상 국빈 등과 회견, 궁중 만찬이나 오찬 등의 의식이 있다.

이들 중 국사행위와 관련된 행사로는 「신년축하의 의」, 「수상, 최고재판소 장관 임명식」, 「신임장 봉정식」, 「대수장大綬章·문화훈장 수여식」 등이 있다.

㉠ 신년축하의 의儀

1월 1일 아침 「신년축하의 의」가 시작되기 전에 황거에서 일하는 시종장을 비롯한 직원들에게 신년축하 인사를 받는다.

새벽 5시 반에 시작하는 궁중 삼전의 「사방배」, 「세단제」 등을 행한 후 오전 10시부터 국사행위에 해당하는 「신년축하의 의」가 이어진다.

천황 내외는 궁전의 「마쓰노마松の間」라는 방에서 황족들로부터 신년축하 인사를 받는다. 황태자 내외, 미야케宮家의 남자 황족과 그 비妃들 순으로 정면에 서 있는 천황 내외의 앞으로 나아가 축하의 말을 전하고 물러난다.

11시부터는 「마쓰노마松の間」에 이웃한 「우메노마梅の間」에서 수상, 대신, 관방부장관, 부대신 등 부부의 축하 인사를 받는다. 이때는 천황 내외와 각 황족이 참석한다.

이어서 다시 「마쓰노마松の間」로 이동하여 중의원·참의원 양원의장, 부의장, 의원 부부의 신년축하 인사를 받는다.

그 후 이웃한 「다케노마竹の間」로 이동하여 최고재판소의 장관, 판사, 사무총장 부부 등으로부터 축하인사를 받는다.

이처럼 입법·사법·행정 삼권의 대표 모두에게 축하 인사를 받는다.

11시 반부터는 인증관(헌법이나 법률상 천황의 인증이 필요한 관료로 총리를 제외한 국무대신, 인사관, 부대신, 궁내청장관, 공정거래위원회 위원장, 검찰총장, 특명전권대사, 원자력규제위원회 위원장, 최고재판소 판사 등)과 전국지자체의 지사, 지방의회 의장 등 부부의 신년축하 인사를 받는다.

새벽 궁중의식으로 출발하여 점심이 되도록 일정이 바쁘게 쉴 틈 없이 돌아간다. 하지만 이것이 전부가 아니다.

오전 인사를 마치고 돌아가 점심식사를 마치면 곧 2부가 시작된다. 2시 반부터 다시 「마쓰노마松の間」에서 각국 주일대사 부부의 축하인사를 받게 된다.

주일대사 부부의 축하인사를 마지막으로, 새벽부터 시작된 「신년축하의 의」행사가 끝나게 된다.

ⓒ 대수장大綬章·문화훈장 친수식親授式

매년 5월과 11월 서훈 시즌에는 궁전의 「마쓰노마松の間」에서 천

황이 직접 훈장을 수여하는 훈장 친수식親授式이 행해진다. 먼저 방으로 들어온 천황이 국화문양이 새겨진 옥좌 앞에 선다. 천황의 옆에는 훈장과 상장이 테이블 위에 놓여있다. 그 앞에 수상과 내각의 서훈을 담당하는 부서인 상훈국賞勳局 국장이 도열하여 시상식을 준비한다.

이제 「마쓰노마松の間」 앞의 복도에 대기하던 수상자가 한 사람씩 들어와 천황 앞에서 인사를 한다. 그러면 수상이 천황에게 훈장이 놓인 판을 건네고, 천황은 이를 받아서 수상자에게 수여한다. 수상자는 그 판을 들고 물러나 이번에는 수상 쪽으로 간다. 이번에는 수상이 훈장증서를 건넨다. 수상자는 다시 천황에게 인사하고 방을 나간다.

매년 봄·가을 대수장(어깨에서 허리까지 대각선으로 늘어뜨려 다는 훈장) 수상자는 10여 명에 이르며, 매년 11월 3일 문화의 날에는 5명 정도가 문화훈장을 수상한다.

ⓒ 수상, 최고재판소 장관 친임식

수상이나 최고재판소 장관 임명식도 훈장 수여식과 비슷한 형식으로 「마쓰노마松の間」에서 진행된다.

수상의 경우에는 중·참 양원의 의장과 전임 수상이 천황의 옆에 서게 되고, 앞으로 나온 신임 수상에게 천황이 임명의 사유를 말하면, 임명장이 전임 수상으로부터 건네진다.

최고재판소 장관의 경우에는 수상이 천황 옆에 서 있다가, 천황이 장관의 임명 사유를 말하면 수상으로부터 그 임명장이 건네진다.

ⓔ 대신이나 대사, 최고재판소 판사 등 인증관人證官 임명식

인증관 중에는 대사 등 인사가 빈번하게 행해지는 직종도 있어 연간 그 횟수도 많다. 대신이나 부대신 등과 같이 조각이나 개각 때 한꺼번에 수십 명이 대상자가 되는 경우도 있어 사전에 많은 사령장에 서명해야 하는 일이 생긴다. 연간 보통 100여 명에 이른다.

친임식과 거의 같은 형식으로 「마쓰노마松の間」에서 거행된다. 천황 옆에 수상이 대기하고, 수상에게 사령장을 받은 인증관은 천황에게 인사하면서 "중요한 임무에 고생이 많으리라 생각합니다."라는 천황의 격려를 듣게 된다.

ⓜ 주일대사 신임장 봉정식

150여 국가에서 특명전권대사가 신임장을 지참하고 일본으로 부임한다. 각국의 신임대사는 황거를 방문하여 천황에게 신임장을 제출하고 천황은 이를 접수한다.

일본에 새로 부임한 각국의 대사 일행은 도쿄역 귀빈실에서 모여 있다가 이들을 모시러 온 말 2필이 끄는 마차를 타고 1.8㎞ 떨어진 황거의 궁전까지 들어간다. 신임장 접수에 마차를 사용하는 나라는 영국과 스페인 등 몇 나라가 전부라고 한다. 자동차를 이용해 대사관저에서 황거까지 이동하는 방법도 선택할 수 있으며, 이때는 국화문양이 새겨진 황실 전용 승용차가 제공된다.

궁전에 도착한 일행은 「마쓰노마松の間」로 안내되고, 곧 예복을 입은 천황 일행이 나타난다. 천황과 마주한 대사는 인사말을 건네고 신임장을 천황에게 제출한다. 신임장을 접수한 천황은 이를 외

상에게 건네고 신임대사에게 덕담을 건넨다. 이어서 수행원들이 소개되고 천황과 악수를 나누는 것으로 식은 끝난다.

「신임장」은 상대국의 수반인 「원수」에게 제출하는 서류이다. 각국의 대사가 신임장을 천황에게 제출하는 것은 천황을 원수로 인식하고 있다는 반증이다.

일본국헌법 제1장 제4조는 "천황은 헌법이 정하는 국사에 관한 행위를 하며, 국정에 관한 권능을 가지지 않는다."고 규정하고 있는 것처럼 정치나 외교에 결정권이 없어 내각의 수장인 수상이 원수가 되어야 한다는 의견이 있지만, 해석에 따라 천황을 원수라 볼 수도 있다고 한다.

일반적으로 한국이나 미국, 러시아, 프랑스 등 공화제 국가는 대통령이, 영국이나 스페인 등 군주제 국가는 그 왕이 원수이다.

일본국 헌법 제7조가 정하는 천황의 국사행위에는 국무대신의 임면, 대사 등의 신임장 인증, 비준서 및 외교문서 등의 인증, 외국 대사 등의 접수 등이 있다. 헌법이 정하는 천황의 국사행위는 모두 「원수」가 행하는 권능에 해당한다.

이에 대해 일본정부는 국회 답변에서 천황을 원수로 생각해도 좋다는 입장을 보이고 있다. 실제로 1988년 내각 법제국 오오데大出峻郞 부장은 "실질적인 국가통치의 대권을 가지지 않았지만 국가에 있어서 소위 헤드라는 지위에 있는 사람을 원수로 보는 등의 견해도 있으며, 이러한 정의에 의하면 천황은 국가의 상징이고, 일부이기는 하지만 외교관계에 있어서도 국가를 대표하는 면이 있다. 원수라고 말해도 지장이 없다고 생각하고 있다."고 답변했다. 이 발언을 정부의 견해로 보는 시각이 정착되어 있다.

오래전부터 「전쟁의 포기」를 규정한 헌법 제9조를 바꾸어 전쟁 수행이 가능한 나라로 만들려 온갖 궁리를 해오던 호전적인 우익 보수 세력들은 개헌이 어렵다고 판단되자 '동맹국 등이 공격을 받으면, 자국이 공격받은 것으로 간주하여 반격할 수 있다'고 헌법의 해석을 변경, 「집단적 자위권」에 의한 무력행사를 가능하게 했다.

「헌법」은 해석하기 나름인가보다. 재해석된 「원수」는 또다시 가마에 태워져 전쟁광들이 이끄는 대로 그들의 어깨 위에서 춤을 출지도 모를 일이다.

도쿄에는 150여 국의 대사관이 있으며, 신임장 봉정식은 연간 3~40개국의 신임대사들에게 행해진다. 신임장 봉정식이 끝나면 몇 달이 지나, 천황 내외는 몇 개국의 신임대사 부부를 함께 궁전으로 초청하여 차를 마시며 담소한다.

마. 국제친선 업무

㉠ 황실외교

헌법 1장 제7조가 정한 천황의 국사행위에는 제5항 「전권위임장 및 대사 및 공사의 신임장을 인증하는 일」, 제8항 「비준서 및 법률이 정하는 그 밖의 외교문서를 인증하는 일」, 제9항 「외국의 대사 및 공사를 접수하는 일」 등 일본의 상징으로서 국가를 대표하는 국제친선의 역할이 요구된다.

그러나 헌법 제1장 제4조 "천황은 이 헌법이 정하는 국사에 관한 행위만을 하며, 국정에 관한 권능을 갖지 않는다."는 조항이 있다.

제7조와 제4조가 상충한다. 천황이 일본의 상징이 아닌 일본의 대표인 원수라는 느낌을 지울 수 없는 대목이다. 궁내청은 정치적인 뉘앙스를 풍기는 '황실외교'라는 말 대신 '황실의 국제 친선'이라는 말을 사용한다. 어떤 미사여구를 사용하든 행위의 본질은 다르지 않다.

이는 "귀에 걸면 귀걸이, 코에 걸면 코걸이"인 것처럼 전쟁 등 만약의 경우에 대비한 보험으로써 서로 알면서 모르는 척, "눈 가리고 아웅" 하는 격이다. 이는 우리가 눈여겨보며 관심의 끈을 놓지 말아야 할 중요한 천황의 국사행위이다. 일본국헌법을 기초한 GHQ에서 놓친 디테일이다. "악마는 디테일에 있다."

황실외교는 다음과 같이 그 범위가 넓다.

- 외국을 방문하는 일
- 국빈을 포함한 일본을 방문한 외국손님을 만나 접대하는 일
- 주일 외국대사 등에게 행하는 여러 가지의 접대
- 외국의 재난 피해에 대한 위문이나 각국의 건국기념일 축의 등 각국 원수들과 전보(전신)나 편지(친서)를 주고받는 일
- 해외 부임예정 대사나 임기를 마치고 귀국한 일본의 대사 등을 만나 위로하는 일

ⓛ 회견會見과 인견引見

수많은 외국 손님 중에 원수급인 국왕이나 대통령이 황거를 방문하여 천황이 그 손님과 만나는 것을 「회견」이라 하며, 그 외의

수상이나 국회의장, 각국의 대사 등과 만나는 일을 「인견」이라 구분한다.

먼저 천황은 손님이 도착할 장소에서 기다린다. 손님을 태운 차량이 황거정문을 통과하여 도착하면 손님과 악수를 나눈 후 천황이 「다케노마竹の間」로 안내한다. 천황과 손님의 선도는 궁내청에서 의식이나 외국교제관계를 담당하는 부서의 장이 한다. 회견·인견 시간은 대체로 30분 정도이다.

이때 손님이 자국을 방문하도록 초청하여 실제로 외국방문으로 이어지는 경우도 있다. 그러나 천황의 정치적 중립성 유지를 위해 외국방문은 내각의 각의에서 결정하는 형식을 취한다.

ⓒ 야생철새 도래지에서 접대

궁내청은 지바千葉현에 있는 19만 6천㎡(약 6만 평)의 「신하마新濱 야생철새 도래지」와 사이타마埼玉현에 11만 6천㎡(약3만5천 평)의 「사이타마 야생철새 도래지」를 소유하고 있다. 겨울이면 야생 철새들이 월동을 위해 날아드는데, 메이지시대부터 그물로 만든 족대처럼 생긴 도구를 이용해 상처를 입히지 않고 이 오리들을 생포하는 전통 사냥법으로 오리를 포획해왔다.

매년 11월부터 2월까지 6회에 걸쳐 약 10개국의 대사 부부를 초대하여 그물로 야생오리를 잡는 퍼포먼스를 보인 후, 야생조류 조사용 인식표를 발에 부착하고 참가자들과 함께 야생오리를 다시 풀어주고 식당에서 점심식사를 대접한다.

ㄹ 고료우카이御料鵜飼와 고료목장御料牧場 접대

고료御料는 황실의 직할지를 말한다. 줄을 묶은 가마우지가 은어를 삼키면 토하게 하여 고기를 얻는 우카이鵜飼 어업은 1300년의 역사를 가진 고대 이래의 고기잡이 방법이다. 황실의 후원으로 우카이의 명맥이 기후岐阜현 나가라가와長良川에서 이어지고 있다.

우카이 어업이 소멸할 위기에 처한 메이지시대에 기후현의 요청을 받아들여 우카이를 하는 우쇼鵜匠에게 궁내청 직원에 해당하는 신분을 부여하고 고료우카이를 계승하고 있다.

현재는 매년 5월부터 10월까지 고료우카이가 행해진다. 그중 2회는 주일 대사 부부와 가족들을 초대하는데, 참석자들은 야간에 행해지는 우카이를 관람선 위에서 견학한다.

이 밖에도 도치기栃木현에 천황가의 식사나 궁중만찬회 등에 사용하는 우유, 계란, 고기 등의 식재와 궁중의식에 사용하는 말을 사육하는 고료목장御料牧場이 있다.

매년 봄 이곳에 각국의 대사 부부를 초대하여 승마와 사이클링, 점심식사 등을 대접하고 있다.

ㅁ 친서와 친전

천황이 보내는 편지를 친서, 전보를 친전이라 한다. 친서는 천황이 보내는 경우도 있지만 받은 편지에 대한 답장 서신도 있다. 특히 외국 왕실과의 교류에는 친전보다 친서를 선호한다고 한다.

친전에는 외국의 건국기념일이나 독립기념일에 상대국의 원수에 보내는 축전이 있으며, 상대국 원수의 생일이나 취임, 재임과 외국 왕족의 결혼이나 출산 등에 보내는 축전도 있다. 또 외국 원수의 사거에는 조전을, 대규모 재해를 입은 나라에는 위로의 친전을 보내며 각국으로부터 받은 축전과 조전, 위로 친전 등에 대한 답전 등이 친전에 해당한다. 건수로 보면 2004년 606통, 2005년 611통, 2006년 601통, 2007년 501통이다.

바. 궁중만찬회

궁중만찬회 국제의례로써, 우호친선을 위해 방문한 외국의 국빈을 대접하는 환대이다. 일본을 방문하여 천황과 회견이나 인견을 갖는 외국 원수는 한해에 30여 명에 이른다고 한다. 그중 궁중만찬회가 개최되는 횟수는 1년 평균 두 번이라 하니, 국빈으로 지정되어 궁중만찬의 환대를 받는 것은 격조 높은 대접임을 알 수 있다.

㉠ 황실의 접대 과정

국빈은 하네다 공항으로 도착하여 차량으로 도쿄 아카사카_{赤坂} 영빈관까지 모셔진다. 영빈관은 내각부의 시설로 베르사이유 궁전을 모방한 18세기 양식을 도입한 건물로 일본을 방문한 국빈은 이곳에 숙박한다.

다음 날 아침 환영행사로 접대는 시작된다. 오전 9시경 황태자 내외와 황족, 수상이 영빈관 현관 앞에서 기다리는 가운데, 천황 내외가 도착한다. 그리고 현관 로비에 나와 있는 국빈 부부와 악수하고 인사를 나눈다.

그 후 현관으로 나오면 자위대의 음악대가 상대국 국가와 일본 국가를 연주한다. 연주가 끝나면 천황이 황태자 내외와 황족, 수상을 국빈 부부에게 소개한다.

소개가 끝나면 현관 앞 정원에서 자위대 의장대의 사열을 받는다. 이는 국제의례로써 많은 나라들이 행하는 것이다.

의장대 사열 후 국빈 부부와 천황 내외는 환영인파가 기다리는 곳으로 가서 인사한다. 환영인파는 입법, 사법, 행정부의 삼부요인과 영빈관 근처의 초등학교 아동, 근처의 상대국 학교 아동들이 초대되어 정원에서 상대국의 국기를 흔들며 환영한다.

환영행사가 끝나면 천황은 국빈, 황후는 국민의 배우자와 각각 동승하여 황거로 이동한다. 교통통제 속에 10분 만에 황거에 도착한다.

오전 10시경부터 「다케노마竹の間」에서 국빈 부부와 천황 내외의 회견이 진행된다. 회견이 끝나면 국빈 부부는 천황 내외의 배웅을 받으며 영빈관으로 돌아간다.

오후 7시 30분, 영빈관 송영 차량으로 제공되는 국화 문양이 새겨진 천황의 차량을 타고 국빈 부부가 다시 황거를 방문한다. 이때에도 정장으로 갈아입은 천황 내외가 국빈 차량의 도착 장소에 나가 손님을 맞이한다.

궁전에 도착한 국빈 부부는 「마쓰노마松の間」로 안내되어 천황으로부터 만찬에 참석하는 황태자 내외와 다른 황족들을 소개받는다. 이때 식전 음료로 백포도주나 오렌지주스, 토마토주스 등이 제공된다.

이어서 국빈 부부는 「샷쿄노마石橋の間」로 안내되어 초대된 손님 전체로부터 인사를 받는다. 그 손님의 면면을 보면 입법, 사법, 행정의 삼부요인과 각 대신, 중·참 양원부의장, 외무성차관, 궁내청장관, 국빈의 나라에 주재하는 일본대사, 주일 외교단장, 양국 우호의 원연맹 회장, 경단련 등 재계의 수뇌부와 국빈국의 문화와 역사를 연구하는 인연 있는 학자 등이 부부동반으로 초청된다. 국빈국에서는 수행원과 주일대사 부부가 초청되며 출석자의 수는 100명을 넘는다.

오후 8시가 넘어 천황 내외와 국빈 부부가 궁전 중 가장 넓은 「풍명전豊明殿」으로 입장하면, 그곳에 대기하고 있던 다른 초청자들이 모두 일어나 맞는다. 입장할 때는 궁내청 악부의 오케스트라가 한껏 분위기를 띄우는 음악을 연주한다.

ⓒ 만찬회 축사

국빈 부부와 천황 내외가 자리에 앉고, 이내 천황이 다시 일어나 환영사를 한다. 환영의 축사가 끝나면 국빈국의 국가가 연주되며, 연주가 끝남과 동시에 천황이 잔을 들어 건배를 한다. 곧이어 국빈이 일어나 답사를 하면 바로 일본 국가가 연주되며, 연주가 끝나면 이번에는 국빈이 잔을 들어 건배를 하는 순서로 만찬이 진행되면서 식사와 환담이 이어진다.

식사환담 중에는 국가 중요무형문화재로 지정된 궁내청 악부의 양악이 끊임없이 연주되며, 국빈을 배려하여 상대국의 민요를 선곡하여 연주하기도 한다.

식사 시작 후 1시간 반 정도의 시간이 지나면서 디저트를 끝으로, 천황 내외와 국빈 부부가 함께 초대 손님의 배웅을 받으며 근처의 「샷쿄노마石橋の間」로 이동하여 식후의 음료를 마신다. 배웅을 마친 초대 손님들은 「샷쿄노마」 근처에 있는 「슌주노마春秋の間」로 이동하여 식후의 음료를 마시며 서서 이야기를 나눈다.

천황 내외와 국빈 부부가 「슌주노마」로 돌아와 초대 손님과 어울려 환담한다. 선채로 커피 등을 마시며, 무르익은 분위기 속 여기저기에 동그랗게 담소 모둠이 생기며 분위기는 절정에 이른다. 이렇게 20분 정도가 경과되면서 그날 밤의 궁중만찬회는 막을 내린다.

오후 10시 반 천황 내외의 배웅을 받으며 국빈 부부는 영빈관으로 돌아간다. 이렇게 오전 영빈관 환영행사로 시작했던 긴 하루가 끝났다. 그러나 이것이 전부가 아니다.

국빈이 도쿄를 출발하는 날 아침, 천황 내외는 영빈관을 찾는다. 귀국하는 날이 아닌 도쿄를 출발하는 날에 방문하는 이유는 국빈이 시찰 등을 위해 지방으로 이동했다가 그곳에서 바로 귀국하는 경우가 있기 때문이다.

오전 9시 영빈관 현관에 도착한 천황 내외는 국빈 부부와 악수를 교환하고 영빈관 내 「아사히노마朝日の間」에서 30분가량 이야기하며 이별의 시간을 갖는다. 이렇게 하는 이별인사까지가 황실의 국빈접대인 것이다.

3. 공적행위

일본의 상징으로서 공적으로 행하는 국사행위 이외의 행위로 외국방문·외국손님 접대와 국회개회식 참가, 신년 일반 참하參賀와 전국 식목제, 국민체육대회, 전국 풍요로운 바다 만들기 대회 참석 등이 있다. 이는 순수한 사적행위라고 볼 수 없는 공적인 의미를 가진 행위이지만 법령으로 정해지지 않은 천황의 업무이다.

가. 외국방문

「공적행위」는 법으로 정해지지 않은, 즉 천황의 직무로 규정되지 않은 상징이라는 지위에 근거하여 공적인 입장에서 행하는 행위를 말한다. 외국방문, 국민체육대회, 배알, 일반참하一般參賀, 우타카이 하지메歌會始, 원유회, 궁중만찬 등의 빈객접대, 국회 개회식 등이 그것이다.

이러한 공적행위가 국사행위와 구분되는 다른 점은 국사행위에 필요한 "내각의 조언과 승인"이 없어도 된다는 점이다.

그렇기에 헌법상 천황의 의지로 외국방문을 결정할 수 있지만, 실제로는 정부가 검토하고 각의에서 결정한 형태가 되어 천황의 의사가 반영되지 않은 것처럼 보인다.

일본 내에서는 국가원수가 천황인지 수상인지 법적으로는 규정하기 애매하지만, 방문하는 외국에서는 천황 내외를 원수로서 대우한다.

⑤ 헤이세이平成시대에 많아진 외국방문

천황으로 즉위한 1989년 이래 20년간 아키히토 천황 내외는 14회에 걸쳐 31개국을 방문했다. 60년이 넘는 쇼와 시대 동안에 1971년 유럽 방문과 1985년 미국 방문이 전부였던 것과는 큰 차이가 있다. 물론 쇼와 시대에는 「국사행위의 임시대행에 관한 법률」이 없었던 영향이 크다. 천황이 외국방문으로 자리를 비우면 천황의 국사행위가 정지되어 국정 운영상 큰 지장이 초래되기 때문이다.

1964년, 섭정과 마찬가지로 황태자를 1순위로 하는 위임 서열과 임시대행은 「내각의 판단」에 의한다는 법률이 통과되어 쇼와 천황의 외국방문이 실현되었다.

당시 아키히토 황태자는 외국방문이 불가능한 쇼와 천황 대신하여, 국빈·공빈으로 일본을 방문했던 각국 원수에 대한 답방형식으로 여러 차례 해외방문을 했고, 그 방문국도 37개국에 이른다.

황태자 시절 이후로 오세아니아와 아프리카 지역은 아직 방문하지 않았다. 또 지리적으로 가장 가까운 이웃나라 한국의 방문도 이루어지지 않았다. 2013년 6월 노무현 대통령이 국빈 방문하여 천황과 회견에서 천황을 공식 초청했으므로 일본정부가 받아들이면 성사되는 것이었다. 그러나 양국 간에는 과거 식민지 지배와 계속되는 망언, 위협적인 군사행동 등 미묘한 감정이 드리워져 있어 천황의 이웃 방문은 꽤 복잡하고 어려워 보인다.

ⓒ 지나는 길에 들르는 방문

천황은 빈번하게 외국방문하기가 어렵기 때문에 한번 방문할 때

주된 방문국 근처의 국가에 들르는 방법으로 가능하면 많은 나라와 우호친선을 돈독하게 하는 노력을 해왔다. 1992년 중국과 미국을 방문했는데, 이런 대국의 경우를 제외하면 외국방문 때마다 2~5개국을 한꺼번에 방문한다.

해외방문 국가 중에 「초대에 의한」 방문국과 「지나는 길에 들르는」 방문국과는 차이가 있다. 초대에 의한 방문국에서는 국빈 예우를 받지만, 지나는 길에 들르는 방문국에서는 예우 방법이 조금 간소하다. 그러나 실제로는 국빈급으로 대우하는 곳이 많다.

ⓒ 외국방문 일정

우선 방문국에 도착하면 환영식이 행해진다. 상대국 원수와 함께 환영회장에 출석하면 양국 국가가 연주되고 국군 의장대의 사열을 받는다. 이어서 상대국 원수와 회견을 가진 후, 그 나라 전몰 유공자비나 무명용사비에 헌화한다.

저녁에는 방문국 원수가 주최하는 공식만찬회가 열린다. 만찬회에서는 방문국 원수의 환영사와 천황의 답사가 이어진다. 숙박은 그 나라에서 준비한 영빈시설을 이용하는 것이 국제관례이다.

두 번째 날부터는 원수 이외의 요인이 주최하는 오찬을 갖고, 문화시설·복지시설·역사유산 등을 시찰, 견학한다.

해외방문 시, 천황 내외의 시찰·견학 내용을 보면 박물관과 미술관 견학, 유럽에서는 중세의 고성이나 대성당 그리고 역사 깊은 거리 산책, 음악에 관계된 견학이 많다.

그밖에도 반드시 들어가는 일정으로 재류 일본인이나 일계 이민

자 대표를 만나거나 현지의 고령자나 장애인 복지시설을 방문하며, 일본 대사공저 등으로 재류 일본인들을 초청하여 환담을 나눈다. 이러한 교류로 해외에 사는 일본인의 실상을 알게 되는 기회를 갖게 되는 것이다.

방문국을 떠나는 전날 밤에는 환대에 답하는 의미로 현지 일본 대사관저 등에서 천황 내외 주최로 방문국 원수를 비롯한 요인들을 초청하여 답례하는 행사가 열린다. 또 그 답례의 의미로 황실이 소장하는 국보급 회화 등을 방문시기에 맞춰 현지 미술관이나 행사장에 전시하기도 한다.

㉣ 수행원의 구성

천황 내외를 수행하는 인원은 궁내청과 외무성 직원 그리고 보디가드 역할을 하는 황궁경찰 호위관 등으로 구성되어 있다.

궁내청에서는 장관과 총무과장, 천황 측근의 책임자인 시종장과 시종들이 수행하며, 황후의 측근 책임자인 여관장과 여관들, 시의, 사무관 등이 수행한다. 궁중만찬회를 지휘하는 시키부관장式部官長은 매일 현지에서 열리는 기자회견에 대응한다.

국내방문과 가장 다른 것은 「수석수행원」을 임명하는 점이다. 이는 천황 해외 방문에 수행하는 100명에 이르는 인원을 이끄는 최고책임자의 격을 갖춘 수상이나 외상 등을 경험한 사람 중에서 선발한다.

도쿄 하네다羽田 공항에서 현지까지의 왕복과 여러 국가를 이동하는 정부 전용기는 기내에 집무실과 회의실을 갖추고 있으며, 항

공 자위대 지토세千歲 기지 소속으로 승무원 업무도 자위대원이 맡는다.

㉤ 출발에 즈음한 기자회견

출발 약 2주 전에는 천황 내외가 황거내의 궁전에서 기자회견을 갖는다. 질문내용은 방문의 의의와 방문국의 문화와 자연에 관한 인상, 황태자 시절에 방문했던 나라는 방문했던 당시의 추억 등을 묻는다. 이때는 궁내청 출입기자뿐만 아니라 방문국의 일본주재 기자들도 참가한다.

여느 때와 다른 것은 황후가 해외방문을 앞두고 기자회견을 한다는 점이다. 천황은 매년 생일이면 기자회견을 열지만, 황후의 생일에는 서면으로 대신하기 때문에 육성을 들을 기회가 많지 않다. 그래서 수년에 한 번 있는 외국 방문전의 기자회견은 황후의 평소 생각을 직접 들을 수 있는 많지 않은 기회이다.

이밖에도 황실 내부행사지만 해외방문 수일 전과 귀국 직후에는 천황 내외가 궁중 삼전에 배례하는 임시 황실제사가 행해지는데 이는 조상신에게 외국방문을 보고하는 것이다.

㉥ 전몰자 위령 여행

태평양 전쟁 희생자에 대한 추도와 위령은 천황의 평생 일과가 되었다. 황태자 시절이던 1981년 기자회견에서 「일본인이 잊어서는 안 되는 날」로 6월 23일 오키나와전 종결일, 8월 6일 히로시마 원폭투하일, 8월 9일 나가사키 원폭투하일, 그리고 8월 15일 종전일을 들었다. 그리고 매년 이날에는 묵도를 올리고 희생자와 유족을 생각한다는 취지의 말을 남겼다. 이날은 일정을 비우고 거처에서 조용히 지낸다고 한다.

또 즉위 10주년이던 1999년 기자회견에서는 "저의 어린 시절 기억은 3살 때인 1937년부터 시작됩니다. 이 해에 로구교盧溝橋사건으로 전쟁이 시작되어 1945년 8월까지 계속됩니다. 따라서 저는 전쟁이 없던 시기를 모르고 자라났습니다. 이 전쟁으로 각자의 조국을 위해 싸웠던 군인, 전쟁이 벌어졌던 지역에 살던 셀 수 없이 많은 사람들이 목숨을 잃었습니다. 애도하는 마음 간절합니다. 오늘날 일본이 향유하고 있는 평화와 번영은 이처럼 많은 희생 위에 쌓은 것이라는 사실을 잊어서는 안 된다고 생각합니다."고 말했다.

1995년 여름, 패전 50주년을 맞아 천황 내외는 전몰자 추모 여행을 한다. 원폭 투하로 사상자를 포함하여 50만 이상이 피폭당한 히로시마와 30만이 희생된 나가사키를 방문했으며, 일본에서 유일하게 지상전의 무대가 되었고, 민간인을 포함하여 피아 30만이 넘는 엄청난 희생자를 냈던 오키나와를 방문했다. 그리고 12만에 이르는 희생자를 냈던 도쿄 대공습에서 많은 피해를 입었던 스미다墨田구를 방문하여 헌화했다.

그 후 패전 60주년이 되는 2005년 6월 천황 내외는 사이판 섬을 위령 방문한다. 출발하기에 앞서 하네다 공항에서 다음과 같이 말했다.

"이번 방문에 즈음하여 이전의 큰 전쟁 중에 해외의 전장에서 목숨을 잃은 모든 사람들을 다시 추도하고, 유족들이 겪었을 고통의 시간을 생각하며 세계의 평화를 기원하고자 합니다. 우리 모두는 오늘날 우리나라가 이처럼 많은 사람들의 희생 위에 세워졌다는 것을 늘 마음속 깊이 새겨 나가야 합니다."

사이판은 미군 전투기가 일본 본토를 공습하고 돌아올 수 있는 거리에 있는 섬으로 이곳을 미국이 점령하면 일본은 미국의 사정권 안에 들게 되어 더 이상 전쟁의 속계를 기대할 수 없는 요충지였다. 1944년 6월 일본은 가용한 3만의 병력을 끌어모아 사이판으로 보냈다. 이에 대응하여 미국은 6만의 병력을 상륙시켰고, 피 터지는 전투 끝에 7월 미군의 총공격으로 일본군 수비대 3만은 전멸했다. 섬의 원주민과 조선인, 일본의 민간인 등 1만여 명이 섬 북단의 「만세절벽」에서 "천황폐하 만세"를 외치며 절벽 아래로 몸을 던졌다.

이 전투에서 승리한 미국은 일본본토 공습의 교두보를 확보했고, 이곳을 거점으로 일본본토 공습을 감행할 수 있었으며 급기야는 히로시마와 나가사키에 원자폭탄을 투하하여 태평양 전쟁을 종식시켰다.

천황 내외는 만세절벽을 찾아 묵념했고, 오키나와 출신 희생자 위령비와 조선 출신 희생자 위령비, 현지인과 미군 희생자의 위령비에 헌화하며 전몰자를 위령했다.

천황의 해외방문은 우호친선을 돈독히 하는 것을 목적으로 행해진다. 결코 정치적이거나, 정치에 이용당하는 것은 바람직하지 않다. 그러나 그럴 가능성은 상존한다.

1992년 10월 23일 중국정부는 국빈 방문한 천황 내외를 환영하는 연회를 열었다. 이때 천황은 "양국의 오랜 역사 관계에 있어서, 우리나라가 중국국민에 대하여 다대한 고난을 안겨준 불행한 한 시기가 있었습니다. 나는 이것을 깊은 슬픔으로 느끼고 있습니다." 라고 말했다. 그러나 천황의 중국방문은 천황의 의도와는 상관없이 중국 내부의 정치적 상황과 깊은 관계가 있었음을 알 수 있다.

2003년 중국의 첸치천錢其琛 전부수상이 낸 회고록『외교십기外交十記』에서 1992년 천황 내외를 중국에 초대한 것은 1989년 천안문 사건을 계기로 서방제국이 발동한 경제제재를 해제시키는 돌파구로 삼기 위해서였다고 밝히고 있다.

이처럼 황실이 국내외의 정치적인 이슈에 말려드는 것을 방지하기 위해서는 외국 방문을 결정하는 시스템을 근본적으로 되짚어 보아야 할 것 같다. 국내정치와 외국의 정치적 상황에 천황을 밀어 넣음으로써 생길 수 있는 문제는, 일본민족의 자긍심을 나락으로 떨어뜨렸던 과거의 불행했던 전쟁을 반면교사로 삼아 매우 신중하게 결정해야 할 일이다.

나. 지방방문

천황의 지방 행차는 연간 4차례 정도 있다. 그중 3번은 매년의 정례 방문으로 4~6월경의 「전국 식목제」, 9~10월경의 「국민체육대회」, 9~11월경의 「전국 풍요로운 바다 만들기 대회」 등이 있는데 이는 각 지자체가 돌아가면서 개최하고 있는 행사이다.

이 3대 행차 이외에도 매년 일본학술회의의 추천으로 그해 일본에서 개최되는 큰 규모의 국제학회 개회식에 참석하여 연설한다.

다. 국회 개회식 참석

국회 개회식의 주재자는 중의원 의장이다. 즉 국회가 주재하는 것으로 천황은 내빈으로 초대받는 것이다.

국회 개회식은 「통상국회」·「임시국회」·「특별국회」 등으로 수차례 행해진다. 개회식장은 참의원 본회의장으로 이는 참의원이 과거에 귀족원이었던 관계로 정면 중앙의 연단 뒤쪽에 천황의 옥좌가 마련되어있기 때문이다. 붉은 주단이 깔린 몇 단의 계단 위에는 등받이에 커다란 국화문양이 새겨진 의자가 놓여있는데 평소에는 커튼으로 가려놓는다.

상원인 참의원(242명) 본회의장의 좌석은 460석인데 하원인 중의원(465명)과 참의원의 수는 700명이 넘는 데다가, 여기에 최고재판소 장관과 회계검사원장도 출석한다. 다 앉을 수 없으니 일부 의원은 통로나 개회식장 뒤편 공간에 서게 된다.

특별한 경우를 제외하고 평소에는 사용하지 않는 국회 정면 현관을 통해 천황이 도착하면 중·참의원 의장과 부의장이 마중하며 중의원 의장이 안내한다. 천황의 뒤쪽에는 궁내청 장관과 시종장, 시종이 수행한다. 우선 3층에 있는 전용 휴게소에서 잠시 휴식을 취한 후, 다시 중의원 의장의 안내로 참의원 본회의장으로 들어가 계단을 올라 자리한다.

최초로 중의원 의장이 양원을 대표하여 식사를 발표한다. 이어서 천황은 시종장이 건네는 개회식사 원고를 받아 옥좌 앞에서 개회식사를 읽는다.

개회식사가 끝나면 중의원 의장이 계단을 올라 천황 앞으로 가서 개회식사 원고를 받는다. 그리고 받은 원고를 받쳐 든 채 뒷걸음으로 계단을 내려온다.

이렇게 약 15분에 걸친 국회 개회식이 끝나고 참의원 의장의 안내로 3층 전용 휴게소에서 휴식을 취한 뒤 황거로 돌아온다.

중의원 의장이라면 나이가 적지 않을 법한데, 원고를 황송하게 받쳐 들고 뒷걸음으로 계단을 내려오는 일은 상상하는 것만으로도 매우 위험해 보인다. 천진한 개구쟁이 아이들이 이렇게 놀아도 말리게 되는 것이 사람의 인정인데, 이는 천황에게 엉덩이를 보이면 실례가 된다는 전근대적인 관습의 잔재라고 한다.

라. 전국전몰자 추도식 참석

매년 8월 15일, 천황은 일본무도관에서 열리는 「전국전몰자 추도식」에 참석한다. 1시간 정도 진행되는 행사로 전국의 유족대표와 정부관계자 등 매년 약 5천 명이 참가한다.

오전 11시 51분 추도식이 시작되는데, 천황 내외가 입장하면 전원이 기립하여 기미가요를 제창하고 수상이 식사를 읽는다.

이 식사를 다 읽으면 후생노동성 대신이 천황 내외를 「전국전몰자의 묘」라 적은 표식 앞으로 안내한다. 이때가 11시 59분이 되도록 시간을 조정한다.

추도식장에는 "곧이어 정오 시보에 따라…"라는 알림이 있고, 정오 시보가 울리면 표식 앞에 있던 천황 내외를 시작으로 전원이 일어나 1분간 묵념한다.

묵념이 끝나면 천황이 추도사를 읽는다.

"오늘 「전몰자를 추도하고 평화를 기원하는 날」, 전국전몰자 추도식에 임하면서 이전의 큰 전쟁에서 가장 소중한 목숨을 잃은 많은 사람들과 그 유족을 생각하며 깊은 슬픔을 느낍니다. 전쟁이 끝난지 이미 59년, 국민의 끊임없는 노력으로 우리나라가 지금과 같은 평화와 번영을 이룩할 수 있었지만 고난으로 가득했던 옛일을 생각하면 감개무량합니다. 이에 역사를 되돌아보고 전쟁의 참화가 두 번 다시 반복되지 않기를 진심으로 바라며, 전 국민과 함께 전장에서 산화하고 전화에 쓰러졌던 사람들의 희생에 마음으로부터 추도의 뜻을 표하며, 세계의 평화와 한층 더 우리나라의 발전을 기원합니다."

이어서 중의원 의장, 참의원 의장, 최고재판소 장관, 유족대표 1명의 순으로 추도사를 읽는다. 이것이 끝나면 천황 내외는 퇴장을 하고, 참가자들의 헌화가 진행된다.

마. 배알拜謁과 회석會釋

천황의 업무에는 사람을 만나는 일이 많다. 특히 국민들과의 소통 업무인 「배알」, 「에샤쿠會釋」, 「오차お茶」, 「자카이茶會」 등이 그것이다.

공화정을 하고 있는 우리에게 「배알拜謁」이라는 단어는 왠지 고리타분하고 권위적인 왕조시대의 유물처럼 느껴지는데, 일본에서는 살아있는 현대어로 쓰이고 있다.

또 불교용어로, 불경을 조화롭게 잘 해석한다는 의미의 「회석會釋」은 '에샤쿠'라는 발음으로 일본인들이 일상에서 많이 사용하는 말로, 일본이 오랫동안 불교의 영향을 받아온 나라임을 엿볼 수 있다.

천황의 배알은 국내의 공로나 공적이 있는 사람을 공식적으로 만나 대화하는 일을 말하며, 에샤쿠는 비공식적으로 만나 이야기 나누는 것을 의미한다. 오차お茶와 자카이茶會는 손님을 초대하여 음료나 가벼운 음식을 내어 담소하는 것을 말한다.

바. 공로자와 배알

배알은 대부분 황거 내의 궁전 등에서 행해지는데 참석자의 수가 1명에서 수백 명에 이르기도 한다. 천황이 도열한 배알 참석자들 사이를 돌면서 말을 건네는데, 그래서 배알 시간은 참석자의 수에 따라 짧으면 5~10분, 길면 30~40분이 되는 경우도 있다.

배알은 다음과 같은 순서로 진행된다.

1. 배알 참석자들이 행사장에 들어와 정렬한다.
2. 시종의 선도로 천황이 등장한다.
3. 배알 참석자나 그 대표자가 천황에게 인사말을 한다.
4. 천황이 인사말을 건넨다.
5. 시종의 선도로 천황이 퇴장한다.

훈장 수상자와의 배알은 천황의 훈장수여가 끝나고 바로 이루어진다. 위의 순서 3.에 해당하는 예를 올린다.

"이번에 훈장을 받게 되어 저희들 모두의 영예, 이보다 더 영광스러울 수 없습니다. 저희들은 이 영예를 받았으니, 각자 한층 더 정진을 거듭할 것을 결의합니다. 여기에 일동을 대표해 삼가 예를 올립니다."

4.의 인사말은 다음과 같다.

"이번 수상을 진심으로 축하드립니다. 오랜 세월 각자의 부문에서 정진하여 국가와 사회를 위해, 또 국민을 위해 매진해온 것에 대해 깊은 감사를 드립니다. 아무쪼록 몸 관리를 잘하고 늘 건강하기를 기원합니다."

봄가을 서훈 시즌이면 각각 훈·포장자를 합하여 약 1만 1천 명, 연간 2만 2천 명의 수상자와 배알한다. 대부분의 수상자가 배우자를 동반하므로 그 수는 훨씬 많아진다. 각 시즌별로 약 1주에 걸쳐 하루 2차례로 나누어, 약 1천 명을 황거의 궁전으로 초대하여 12회 전후의 배알을 행하게 된다.

그 밖에도 내부의 배알이 있다. 이는 궁내청 직원의 인사이동이 있을 때 행해지는 배알로 천황 내외를 지근거리에서 모신 시종직의 인사이동 시에는 궁전이 아닌 천황의 거처에서 행한다.

궁중제사 중에서 궁중 삼전에서 올리지 않고 능묘로 직접 가서 올리는 제사도 있는데 이때 파견되는 궁중 제사관인 장전掌典도 사전에 궁전에서 배알한다.

또 천황이나 황족의 경호, 황거 등 황실관련 경비에 종사하는 황궁 호위관의 신임·퇴임 때에도 배알한다.

사. 자원 근로봉사단과 에샤쿠會釋

에샤쿠라 하면 내용 면에서 배알과 같으나 배알이 공식적인 만남이라면 에샤쿠는 비공식적인 만남이다. 일반적인 표현으로 바꾸면 '면회' 정도가 적당하다 할 수 있다.

이 에샤쿠는 대부분 황거의 근로봉사단으로 참가한 사람들과의 만남으로 거의 매주 행해지고 있다.

근로봉사단의 역사는 태평양전쟁 패전 직후로 거슬러 올라간다. 1945년 12월 미야기宮城현에서 상경한 청년단 유지 60명이 전쟁으로 타서 무너진 메이지 궁전의 파편들을 정리하던 중 쇼와 천황이 그들에게 노고의 말을 건넸다. 이 뉴스가 전국으로 퍼져나가자, 봉사를 신청하는 단체가 이어져 이후 자원 근로봉사단 제도가 자리잡게 되었다.

이 근로봉사단은 황거나 동궁, 각 미야케宮家의 저택을 청소하는데, 15세 이상 70세 이하로 15~60인까지 단체를 만들어 연간 누구라도 응모하여 참가할 수 있으며 평일 4일 연속으로 작업하게 된다.

참가자는 황거에 출퇴근 가능 거리에 자비로 숙소를 얻는다. 근로봉사단은 황거 가운데 일반인 견학이 금지된 영역까지 들어가 작업할 수 있으며, 특별한 경우를 제외하면 천황 내외의 에샤쿠가 있어 참가자는 천황 내외를 아주 가까이에서 대면할 수 있다.

에샤쿠는 오후의 집무 시간을 피해 매주 화요일과 금요일 오전에 황거에 있는 궁내청 옆의 휴게소에서 행해진다.

매회마다 여러 단체 합동으로 진행되며, 천황 내외가 도착하여 수고를 치하하면서 각 지역의 자연재해 상황이나 농수산물의 작황 등을 묻고 답한다. 이렇게 천황 내외의 에샤쿠가 끝나면 근로봉사단 대표의 선창으로 만세삼창을 외친다.

"덴노 헤이카天皇陛下 반자이萬歲~", "반자이~", "반자이~"

아. 국내외 요인과 오차お茶, 자카이茶會

음료나 가벼운 음식을 내고 친근하게 담소하는 오차, 자카이는 국내외의 요인들을 초대하여 행한다. 국내 초대자는 중·참의원 간부, 일본예술원 본년도 수상자와 신회원, 일본학사원 본년도 수상자와 신회원, 새롭게 정해진 중요무형문화재 보유자, 문화훈장 수상자와 문화공로자, 퇴직인증관 등이 있으며, 국외 초대자로는 일본에 부임한 주일대사 부부와 일본에서 외국으로 부임하거나 귀국한 일본의 대사 부부 등이 있다.

오차, 자카이라고 하면 음료만을 상상하기 쉽지만, 음료에 쿠키 등 과자가 같이 나오는 것에서부터 식사라고 해도 좋을 만한 것까지 여러 종류가 있어서 '가벼운 오차'와 '무거운 오차'로 구별하여 부른다고 한다.

실제로 문화훈장 수상자와 문화공로자를 초대하여 행해진 자카이는 '무거운 오차'로 궁전에 있는 연회장 「렌스이連翠」에서 가진 양식 코스요리였는데, 몇 개의 원탁에 수상자들이 앉아 식사를 하면, 새로운 요리가 나오는 사이에 천황 내외가 테이블 하나하나에 일일이 이동하면서 수상자들과 환담하는 스타일이었다고 한다.

자. 신년·천황생일 일반참하一般參賀

황거에서는 매년 2회 일반 국민이 사전예약 없이 황거에 들어가 축하하는 일반참하가 행해지는데, 1948년부터 매년 1월 2일과 천황 생일에 개최되는 황실행사이다.

이 행사가 최초에 열린 1948년 궁내청 옥상에서 쇼와 천황이, 참가한 국민들에게 손을 흔들었던 것이 그 기원이다. 그러던 중 1961년 1월 2일 일반참하 때 15m 전방에서 천황을 향해 새총으로 파친코 구슬 3발을 발사하는 「쇼와 천황 파친코 저격사건」이 일어나, 이후 황거의 장화전長和殿 발코니에 방탄유리가 설치되었고 천황 내외와 황족들이, 유리벽 너머 뜰 앞에 모여 소형 종이 일장기를 흔들며 만세를 부르는 민중들에게 손을 흔드는 퍼포먼스로 정착되어 오늘에 이르고 있다.

1월 2일의 신년 일반 참하는 7차례 계속되고 첫 번째 일반 참하는 국영방송 NHK가 생중계한다. 12월 23일 천황 생일의 일반참하는 오전에 3차례 이어 반복된다. 천황 생일의 참하가 오전 3회인 것은 오후에 궁전 행사가 많기 때문이라고 한다. 그 대신에 황거의 궁내청 청사 앞에 기장소를 설치해놓고 오후에 온 사람들이 방명록에 기장을 할 수 있도록 배려했다.

천황 생일 일반 참하에는 천황 내외, 황태자 내외, 아키시노노미야케秋篠宮家의 성년가족이 참가한다. 궁전 장화전의 베란다에서 천황 내외와 황족들이 손을 흔들고, 만세와 함성이 잦아들 때쯤 "천황폐하의 말씀이 있겠습니다."라는 안내방송이 흘러나오면서 장내는 조용해진다.

신년 참하의 경우에는 새해를 맞아 축하할 수 있게 되어 기쁘며, 새해에는 세계의 평화와 여러분의 행복을 기원한다는 내용이며, 생일 참하에는 축하해줘서 감사하다는 인사와 여러분의 행복을 바라며 모쪼록 건강하기를 기원한다는 취지의 연설이 주된 내용이다.

이 연설이 끝나면 다시 일장기를 흔들고, 만세를 부른다. 그러면 천황 내외를 비롯한 황족들이 답으로 손을 흔들고 잠시 후에 안으로 사라진다.

1월 2일에는 오전 10:10경, 11시경, 11:50경, 오후 12:40경, 1:30경, 2:20경, 3:20경으로 총 7차례 일반참하를 반복하게 되므로 천황 내외와 황족은 궁전 내에서 잠깐씩 쉬면서 대기한다. 다음 참하 시간이 되면 장화전 베란다로 나갔다가, 끝나면 다시 돌아와 잠깐 쉬다가를 반복하는 바쁜 하루가 계속된다.

참하하는 인원수는 「신년 일반참하」 7회의 합계가 7만 전후, 「천황생일 일반참하」3회 1만7천 전후라 한다.

차. 고쇼하지메講書始의 의儀

매년 1월 10일을 전후하여 「고쇼하지메講書始의 의」가 행해지는데, 이는 천황 내외가 학계 각 분야 최고의 석학 3인을 초청하여 그들에게 20분씩 강의를 듣는 것이다.

강사는 궁전 「마쓰노마松の間」의 중앙에 준비된 자리에서 강의를 하는데 천황을 비롯한 황족과 초대된 문부과학성 장관과 일본학사원회원, 일본학술회의회원 등이 같이 듣는다.

2004년에는 히라타 유타카平田寬 규슈대九州大 명예교수(미술사)의 「회불사繪佛師」(승적을 가지고 부처에 관련된 그림이나 불상 제작을 전문으로 하는 사람), 노나카 이쿠지로野中郁次郎 히토쓰바시一橋대학원 교수(경영학)의 「조직을 지식으로 파악하다」, 구시로 이쿠오久城育夫 도쿄대 명예교수(암석학)의 「지구와 달의 화산과 마그마의 기원」을 테마로 한 강의를 들었다.

카. 우타카이하지메歌會始의 의儀

매월 궁중에서는 와카和歌를 읊는 우타카이하지메歌會始가 열리는데, 특히 매년 1월 15일에 열리는 행사를 「우타카이하지메의 의」라고 한다. 그 기원은 메이지 천황의 아이디어로 1879년부터 우타카이하지메에 일반 국민의 와카和歌를 응모받기 시작한 것으로 매년 몇만 수의 와카가 응모한다고 한다. 이중 입선한 10수의 와카가 천황을 비롯한 황족 앞에서 와카 전문가에 의해 고대부터 이어 내려오는 독특한 리듬으로 읊어지는 영광을 갖게 된다.

궁전 마쓰노마松の間의 정면에 천황 내외가 앉고 양옆으로는 황족이 자리한다. 행사장 중앙에 놓여있는 테이블을 중심으로 사회자 「독사讀師」, 발표하는 와카를 읊는 「강사講師」와 「발성發聲」, 「발성發聲」을 따라 합창하는 4명의 「강송講頌」 등 7명이 둘러앉는다.

일반 입선자 10명의 노래를 먼저 읊고 이어서 입선 심사자 4명의 노래, 천황에게 특차되어 이 행사에서 와카를 읊는 「메시우도召人」의 노래, 황족의 노래, 황태자비, 황태자, 황후, 천황의 노래 순으로 읊게 된다. 특히 천황의 노래는 「어제御製」라고 하며 황후의 노래는

「미우타御歌」라고 부른다.

노래는 먼저 사회자인 강사가 노래가 적힌 종이를 꺼내 리듬을 넣지 않고 한 수를 읽는다. 이어서 발성이 독특한 리듬에 실어 그 한수 중 첫 구절을 읊으면 둘째 구절부터는 4명의 강송도 함께 독특한 리듬으로 합창한다. 이렇게 입선자의 노래로 시작하여 마지막으로 천황의 어제까지 이어진다.

여기 2019년 1월 헤이세이平成 마지막 「우타카이하지메의 의」에서 읊었던 「어제御製」를 감상해보자.

贈られし ひまはりの種は 生え揃ひ 葉を廣げゆく 初夏の光に

소녀가 건네준 해바라기 씨앗은 싹을 틔우고 이파리 펼치며 초여름 하늘로

이 노래는 1995년에 발생하여 엄청난 재난으로 기억되는 한신阪神·아와지淡路 대지진 10주기 추도식에서, 이 지진으로 희생된 소녀의 집 뜰에 자라던 해바라기의 씨앗을 유족대표로부터 건네받아 황거의 정원에 심고, 자라는 모습을 묘사한 노래라고 한다.

싹이 트고 잎이 넓어지며 쑥쑥 자라는 해바라기처럼 희망을 가지고 새로운 미래로 가자는 격려와 희망이 느껴진다.

하루아침에 사랑하는 가족과 평생 일군 재산을 잃어 망연자실하는 국민들과 슬픔을 나누며, 앉으나 서나 국민들의 행복을 염원하고, 불행한 재난을 당한 국민의 고통에 공감하려는 천황의 일관된 국민사랑을 본인 치세의 마지막 시 낭송 행사를 통해서도 여실히 보여준다. 모름지기 군주라면, 권력을 가지지 않은 상징천황이

라지만 국민에 대한 사랑이 이 정도는 되어야 하지 않을까?

황실과 와카和歌의 인연에는 깊은 역사가 자리한다. 천황으로부터 서민에게까지 널리 사랑받아온 와카는 나라奈良시대(710~794)부터 헤이안平安시대(794~1192)에 걸쳐 확립된 일본 고유의 시가 형식으로 5·7·5·7·7의 순으로 글자를 나열하여 31자로 만든 정형 단가短歌이다. 한문으로 시를 노래하는 한시의 형식이 일본인의 미묘한 감정을 표현하기에는 성에 차지 않았는데, 차츰 일본 문자 「가나」가 확립되면서 와카라는 시가 형식으로 부족했던 감정표현을 완성했다고 할 수 있겠다.

7~8세기에 천황으로부터 하급관리까지 여러 부류의 일본인들이 노래한 4,500여 수의 와카를 엮은, 일본에서 가장 오래된『만요슈萬葉集』편찬 당시에는 가나仮名 문자가 없었기 때문에 「만요가나」라는 독특한 문자를 사용했다. 우리나라 고대의 이두와 비슷한 개념으로 한자의 음과 훈을 빌어 문자를 만들어 자신들만의 감정을 표현했던 것이다.

여기 만요가나로 노래한 재미있는 와카 형식의 동요 한 수가 있다. 잠깐 음미해보자. 이 동요는『일본서기』덴지天智천황(칭제·재위 661~671) 10년 정월 조의 내용이다.

만요가나: 多致播那播　於能我曳多曳多　那例例騰母　陀麻爾農矩騰岐
於野兒弘儞農倶

현대가나: タチバナハ オノガエダエダ ナレレドモ タマニヌクトキ オナジヲニヌク

현대 일본어: 橘は 己が枝枝 生れれども 玉に貫く時 同じ緒に貫く

해석: 귤은 각각의 가지에서 따로 열리지만 구슬로 뀔 때는 같은
　　　실로 뀐다네.

곶감을 나뭇가지에 꿰어 보관하듯, 옛날 일본에서는 귤을 실로
꿰어 운반하거나 보관했나 보다. 당시 많은 백제 망명객들에게 벼
슬을 주는 상황을 노래한 것인데, 백제와 일본은 같은 귤나무인데
공간적으로 떨어져 각자의 나뭇가지에 귤을 생산했지만 결국 같은
실로 꿰어야 하는 운명공동체임을 노래한 동요로 5·7·5·7·7의 글자
수로 배열한 31자의 단가短歌임을 알 수 있다.

타. 봄가을 원유회園遊會

매년 봄과 가을 아카사카교엔赤坂御苑에서 천황 내외 주최로 원
유회가 열린다. 국회의원, 수상 이하 각료, 최고재판소 장관과 판
사, 지자체장과 지자체의회 의장 그리고 사회 각 분야의 공로자와
그 배우자 등 2천여 명이 초대된다. 특히 가을 원유회에는 각국의
주일대사 등 외교사절도 초대된다.

이 행사는 천황 내외와 황족이 각계의 공로자를 직접 격려하고
위로하는 것으로, 당일 오후 2시에 천황 내외와 황족이 참석하지
만, 초대자들은 1시간 먼저 들어와 정원의 경치를 감상하거나 다
양한 먹을거리와 음료를 즐길 수 있다.

2시에 천황 내외와 황족이 모습을 나타내면 궁중경찰 음악대의
「기미가요君が代」가 연주된다. 천황 내외를 시작으로 황족이 교엔御
苑의 정해진 코스를 천천히 걸으며 연도에 늘어선 초대자들과 인

사하고 환담한다. 이렇게 원유회는 1시간 정도 진행되어 3시경에 행사는 모두 끝난다.

파. 황거에서의 농사

황거 안에는 논도 있다. 논의 크기는 약 300㎡로 볍씨를 뿌려 모를 키우는 못자리도 근처에 있다. 이곳에서는 일반 쌀과 찹쌀을 재배한다. 천황은 봄에 모판에 볍씨를 뿌리고, 초여름에는 논에 들어가 모내기하며, 가을에는 낫을 들고 추수한다.

이곳에서 수확한 쌀은 실제로, 조상신을 비롯한 신들에게 바치며 감사드리는 「신상제新嘗祭」 때 신전에 바친다.

4. 그 밖의 행위

그 밖의 행위는 국사행위나 공적행위 이외의 것으로 공적 성격을 띠는 행사를 말한다. 복지시설 방문과 기업시찰 등이 그것이다.

가. 복지시설 방문

천황 내외는 지방 방문 외에도 5월 「어린이의 날」을 전후해서 아동 복지시설을 방문하고 9월 「경로의 날」을 전후해서는 고령자 복지시설을 방문한다. 12월 「장애인 주간」을 전후해서는 장애인 복지시설을 방문한다.

특히 천황 내외가 신경을 쓰는 것은 한센병 환자들이다. 예전에는 「나병 예방법」이라는 법률에 의해 모든 환자는 평생 동안 한센병 요양소에 강제 격리되었고, 완치되어도 30년 이상 격리가 지속되는 등 잘못된 정책이 행해졌다. 국가가 그 잘못을 인정하고 사죄한 것은 2001년의 일이다. 옛날의 차별과 편견이 지금도 남아있어 가족에게 버려지고, 가족에게 피해가 될까 봐 스스로 가족과 연을 끊기도 했으며, 장기간의 격리정책으로 사회복귀가 불가능해져 요양소에서 생을 마감하는 사람도 많았다.

천황 내외가 지방을 방문했을 때 주변에 한센병 요양소가 있으면 반드시 방문하여 그들을 위로한다. 요양소의 큰 방으로 들어가면, 의자에 줄지어 앉아있는 사람에게 차례로 다가가 몸을 구부려자세를 낮추고, 눈높이를 맞추어 때로는 상대의 손을 잡고 말을 건넨다. 이렇게 하는 것이 「헤이세이류平成流」라 하는 것으로 "몸은 어떠세요?", "오래 사세요." 등의 인사로 위로한다.

전제적 근대천황제 군주에게는 상상할 수 없는 천황상이다. 이러한 천황의 국민에 대한 헌신적이고 자상한 모습은 상징으로서의 이미지 변신에 완벽한 성공을 거두었다고 할 수 있을 것이다.

나. 대규모 재해지역 방문

사건의 특성상 연례행사라 할 수 없지만 「헤이세이류平成流」로 일컬어지는 천황 내외의 특색으로 자리매김된 것이 하나 더 있다. 그것은 「대규모 재해·피해지역 위로 방문」이다.

큰 재해를 만난 이재민들이 피난 생활 하는 체육관 등에 방문하여 위로하며 국민 속으로 들어가 스킨십을 보여주는 행위는 쇼와 시대에는 없었던 헤이세이 시대의 문화이다.

전례 없는 메가톤급 자연재해로 2011년 3월 11일 발생하여 약2만 5천의 사상자를 낸 동일본대지진의 규모나 위력은 우리의 기억 속에 아직도 또렷하다.

최근의 이러한 초대형 자연재해에 대하여 궁내청 홈페이지가 공개하고 있는 천황 내외의 지방 방문을 보면 다음과 같다.

2011년 4월 27일 미야기宮城현 위로 방문
2011년 5월 6일 이와테岩手현 위로 방문
2011년 5월 11일 후쿠시마福島현 위로 방문
2012년 5월 12일 미야기宮城현 위로 방문 후 제14회 IACIS국제회
　　　의 개회식 참가

2012년 10월 13일 후쿠시마福島현 위로 방문

2013년 7월 4일 이와테岩手현 위로 방문

2013년 7월 22일 후쿠시마福島현 방문, 복구상황 청취

2014년 7월 22일 미야기宮城현 국립요양소 방문 헌화

2014년 7월 23일 미야기宮城현 복구상황 청취 및 시찰

2015년 3월 13일 미야기宮城현 복구상황 청취, 다음날 제3회 UN
　　　　방재세계회의 개회식 참가

2016년 3월 16일 후쿠시마福島현 복구상황 시찰

2016년 9월 28일 이와테岩手현 복구상황 청취

2016년 9월 29일 이와테岩手현 복구상황 시찰

2016년 10월 1일 이와테岩手현 개최 제71회 국민체육대회 참가

이밖에도 오랫동안 살아오던 고향을 잃고 전국 각지에 소개되거나, 친족의 거처로 터전을 옮긴 피해 국민들을 위로하기 위해 다른 지역을 방문하기도 한다.

시간이 지나면서 피해지역의 복구상황을 지속적으로 시찰하는데, 3대 행차 때나 국제학회에 참석하는 길에 일정을 하루 더 넣어 복구현장을 방문하고 피해자의 유족들을 만나 위로한다.

우선 놀랍다. 일과성 퍼포먼스가 아니다. 국민 속으로 들어가 있는, 정치인들이 보여주는 피상적인 모습이 아닌, 진정성과 열정이 느껴진다. 또 그 체력에 감탄한다.

재해를 입은 더 많은 국민을 위로하기 위해 내외가 둘로 나누어서, 위에서 내려다보지 않고 바닥에 같이 무릎을 맞대고 손을 잡

고서 위로의 말을 건네고 격려의 말을 전한다.

"장애자나 고령자, 재해를 입은 사람들 또는 사회와 국민들을 위해 희생된 사람들에게 관심을 갖는 것은 저희 내외의 중요한 임무라 생각합니다. 복지시설이나 재해지역을 방문하는 것도 이 같은 마음에서입니다. 저희가 해왔던 것을 활동이라고까지 말할 수는 없지만, 방문했던 시설이나 재해피해지에서 만난 사람들과 조금이라도 마음을 함께하려고 노력해왔습니다."

이러한 일련의 재해지역 방문에 대하여 1999년 즉위 10주년 기자회견에서 아키히토 천황이 말한 내용이다. 올해로 재위 30년이 된다. 초심으로 일관되게 재해피해 국민을 위로하고 격려해 온 이웃나라의 상징천황에게 진정으로 큰 박수를 보낸다.

온갖 스캔들로 얼룩덜룩 더러워져, 그 부끄러움을 감추려고 무장하여 전쟁을 일으키겠다고 국민을 자극하고 선동하는 것으로 관심을 희석해보려는, 얕은수를 쓰는 선출직 공무원들이 판을 치는 일본이다. 그래서 국민의 슬픔을 어루만져주고 공감하려는 상징천황의 존재가 더욱 돋보이는 요즘이다.

임 페 리 얼 패 밀 리

IV

황실 구성도

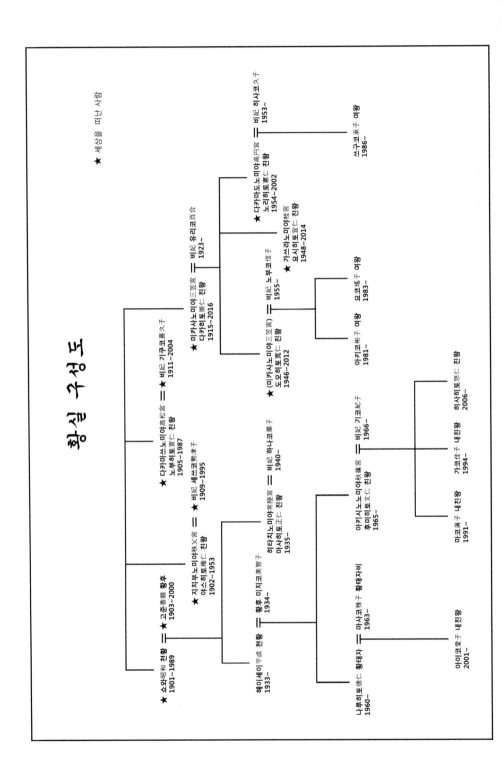

★ 세상을 떠난 사람

★ 쇼와昭和 천황
1901~1989 == ★ 고준香淳 황후
1903~2000

★ 다카마쓰노미야高松宮
노부히토宣仁 친왕
1905~1987 == 비紀 기쿠코喜久子
1911~2004

★ 지치부노미야秩父宮
야스히토雍仁 친왕
1902~1953 == ★ 비紀 세쓰코勢津子
1909~1995

★ 미카사노미야三笠宮
다카히토崇仁 친왕
1915~2016 == 비紀 유리코百合
1923~

헤이세이平成 천황
1933~ == 황후 미치코美智子
1934~

히타치노미야常陸宮
마사히토正仁 친왕
1935~ == 비紀 하나코華子
1940~

(미카사노미야三笠宮)
도모히토寬仁 친왕
1946~2012 == 비紀 노부코信子
1955~

★ 다카마도노미야高円宮
노리히토憲仁 친왕
1954~2002 == 비紀 히사코久子
1953~

나루히토德仁 황태자
1960~ == 마사코雅子 황태자비
1963~

아키시노노미야秋篠宮
후미히토文仁 친왕
1965~ == 비紀 기코紀子
1966~

아키코彬子 여왕
1981~

요코瑶子 여왕
1983~

쓰구코承子 여왕
1986~

아이코愛子 내친왕
2001~

마코眞子 내친왕
1991~

가코佳子 내친왕
1994~

히사히토悠仁 친왕
2006~

246 - 천황

황실은 아키히토明仁 천황 내외, 나루히토德仁 황태자 내외와 외동딸 등 총 5명이 본가本家이다. 나루히토 황태자의 남동생 아키시노노미야가秋篠宮家 후미히토文仁 친왕 내외와 1남 2녀 가족 5명, 아키히토 천황의 남동생 히타치노미야가常陸宮家 2명, 쇼와 천황의 남동생 미카사노미야가三笠宮家 4명, 미카사노미야의 셋째 아들이 창설한 다카마도노미야가高円宮家 2명 등 총 13명이 방계인 미야케宮家이다. 천황은 황족이 아니어서 황족은 모두 17명이다.

1. 혼케本家 - 본가

가. 제125대 아키히토明人 천황(재위 1989-2019)

1933년 12월 23일생. 1937년 만3세 3개월에 부모의 슬하에서, 당시 궁중 관습에 따라 동궁어소東宮假御所로 옮겨져 부육관과 측근에 의해 양육되었다. 1940년 4월 학습원 초등과에 입학한다. 1944년 2차 세계대전이 격화되면서 학우들과 시즈오카靜岡현 누마즈沼津, 도치기栃木현 닛코日光로 소개되었다가 1945년 7월에는 오쿠닛코奧日光로 다시 옮겨졌다. 같은 해 8월 15일, 이곳에서 패전소식을 듣게 되지만 11월에야 귀경하게 된다.

1952년 4월 학습원대학 정치학과 입학, 11월 10일 태자로 책봉되었다. 1953년 3월 30일 영국 여왕 엘리자베스 2세의 대관식에 아버지 쇼와 천황의 대리로 참석한다. 이때 유럽과 미국 등 14개국을 순방하고 10월 귀국한다. 1954년 4월 학습원대학 청강생이 되었고, 1956년 3월 청강과정을 수료한다.

1959년 4월 쇼다 미치코正田美智子 양과 결혼하여 이듬해 2월 큰아들 나루히토德仁 친왕을 얻는다. 1965년에는 둘째 아들 후미히토文仁 친왕을, 1969년에는 외동딸 사야코淸子 내친왕을 낳는다.

1987년 9월 아버지 쇼와 천황의 입원 수술로 국사행위 임시대행이 된다. 1989년 1월 쇼와 천황 사거로 제125대 천황으로 즉위하고 「헤이세이平成」로 개원한다. 1990년 11월 즉위의 예와 대상제大嘗祭를 올렸다.

그동안 딸만 내리 4명이 태어났던 황실에 아들이 태어나자 황실은 안도의 한숨을 내쉴 수 있었다. 국민들도 그에 못지않게 안심했고 축하 열기는 열도를 뒤흔들었다. 태어나고 1주일 후에 쓰구노미야 아키히토繼宮明仁라 명명되었다. 중국 고전『주역』의 「대인이계명조우사방大人以繼明照于四方, 대인은 이치를 깨우쳐 사방으로 전파한다.」는 말에서 가져왔다고 한다.

1940년 학습원 초등과 재학 중에는 수영 등 체육에 두각을 나타냈다. 1942년 4월 도쿄에 공습이 시작되자 방공호로 피난하는 등 전쟁을 체험하게 되었고, 1944년 전쟁이 격화됨에 따라 소개지를 전전하다가 패전 후 1945년 11월이 되어서야 귀경할 수 있었다. 어린 소년의 가슴에도 전쟁의 불편함과 평화가 깨지면 겪어야하는 부작용을 충분히 깨닫게 되었으리라 생각된다.

1946년 쇼와 천황의 의지로 미국에서 영어교사가 초빙된다. 당시 44세의 미망인으로 퀘이커 교도인 엘리자베스 바이닝 부인은 아키히토 친왕의 개인교습과 학습원 영어과 교사로 약 4년간 일본에 머물면서 활약했다. 그녀는 영어 교육을 통해 민주주의와 평화, 자연의 소중함을 전했으며 친왕의 인격형성에 많은 도움을 주었다. 수업 중에는 친왕을 Prince Akihito 대신 Jimmy라는 미국식 애칭으로 불렀다. "스스로 생각하라."라는 가르침과 더불어 부모자식이 떨어져 사는 황실 관습에 대하여 "무슨 이유가 있더라도 부모자식은 함께 살며 행복한 가정을 만들 권리가 있다."며 부모자식이 떨어져 살아야 하는 황실관습에 반대의사를 강하게 주장했다고 한다.

1949년 학습원 고등과에 진학한 친왕은 6월 바이닝 부인과 함께 연합국군총사령부(GHQ)의 맥아더 원수를 방문한다. 이 만남에서 맥아더는 어제까지만 해도 적장이었던 그의 아들에게 따뜻하게 어른다운 흥미를 보였고 동시에 공경하는 모습으로 대했으며, 미래에 천황이 될 패전국의 친왕은 적장을 마주하면서 주눅 들지 않고 당당하게 위엄을 지켰다고 그녀의 회고록『황태자의 창』에 밝혀두고 있다.

1953년 영국 여왕 엘리자베스 2세의 대관식에 참석한 후 유럽과 미국 등 14개국을 순방하고 귀국한 후, 학습원 대학 청강생이 되어 학업을 이어가면서 제왕학이 시작된다. 헤럴드 니콜슨Sir Harold George Nicolson의『조지 5세전 King George V』과 후쿠자와 유키치福澤諭吉의『제실론帝室論』등을 교과서로 게이오대慶應大 총장을 역임한 동궁교육 참여參與 고이즈미 신조小泉信三로부터 제왕학을 사사한다.

1959년 쇼다 미치코正田美智子 양과 결혼한다. 그때까지 황태자가 평민 가문의 여성과 결혼하는 것은 전무후무한 일이었다. 「구황실 전범」에 따르면 황태자비는 황족 또는 5섭가攝家 등 특정 화족 내에서 선정했다. 5섭가란 최고위 관료 가문으로 섭정이나 관백을 낼 수 있는 집안을 뜻하며 고노에近衛, 구조九條, 니조二條, 이치조一條, 다카쓰카사鷹司 등 다섯 가문을 말한다. 당시 궁내청 당국은 구화족의 호적대장을 기초로 황태자의 결혼상대 여성을 조사하여 800명이 넘는 후보자를 검토했다고 전해진다. 유명한 나가노長野현 가루이자와輕井澤 테니스 코트에서 싹튼 황태자의 로맨스는 이듬해 결혼으로 이어졌다. 1959년 4월 결혼식 당일에는 8.8㎞ 거리의 마차 퍼레이드가 펼쳐졌으며, 연도의 축하 인파는 50만에 이르렀다고 한다. 방송국은 결혼식을 실황 중계했으며 이를 TV로 보기 위해 텔레비전이 날개 돋친 듯 팔려나가 TV 보급률이 껑충 뛰어올랐다고 한다.

1987년 가을 별장에서 휴양 중 쓰러진 아버지 쇼와 천황은 1989년 1월 7일 사거한다. 당일 삼종의 신기 중 보검과 곡옥 그리고 어새와 국새가 인계되어 황위를 승계하고 원호를 헤이세이平成로 고쳤다. 「황실전범」의 규정에 의한 것이다. 이듬해 11월 「즉위의 예」가 황거에서 거행되었다.

전후 상징천황으로서 천황의 국무를 수행해왔으며, 유난히 자연재해가 끊이지 않는 나라의 군주로서 그때마다 재해지역을 찾아 피해자와 가족들의 슬픔을 어루만지고 위로했다. 또 국민과 눈높이를 맞추기 위해 그들과 무릎을 맞대고 따뜻하게 손을 내밀었다. 여러 차례에 걸쳐 일본이 일으킨 전쟁으로 피해를 입은 국가와 국민들에게 유감의 뜻을 표하며 평화를 지키겠다고 다짐해왔다. 모든 에너지를 아낌없이 국가와 국민을 위해 헌신하고 이제는 남에게 피해를 주고 싶지 않아 물러나겠다는 의지와 결정은 고결하기까지 하다.

「헤이세이平成」라는 원호를 생각해본다. 『사기』의 내평외성內平外成과 『서경』의 지평천성地平天成에서 가져온 말로 국내외와 온 세상에 평화가 이루어진다는 의미라고 한다. 그 의미에 걸맞게 성심으로 상징천황 직무를 수행한 천황으로 기록될 것이다.

나. 황후 미치코美智子(재위 1989-2019)

1934년 10월 20일생. 구명 쇼다 미치코正田美智子. 닛신日淸제분 쇼다 히데사부로正田英三郞 사장의 장녀로 도쿄에서 태어났다.

미치코 황후의 생가인 쇼다가正田家의 뿌리는 관동의 군마群馬현 닛타군新田郡으로 그곳에서 다테바야시館林로 옮겨온 쇼다가는 양곡 도매상을 운영한다. 할아버지 쇼다 데이이치로正田貞一郞는 1900년 제분업에 진출하여 닛신日淸제분을 흡수합병하며 훗날 일본 제분왕으로 불리게 된다. 아버지 쇼다 히데사부로正田英三郞씨는 그의 삼남으로 히토쓰바시一橋대학을 졸업하고 미쓰비시三菱상사에 근무한 후 닛신제분을 물려받았다. 미치코 황후의 젊은 시절 구김살 없는 밝은 표정은 대대로 부유한 기업가 집안에서 자라났기 때문이라 한다.

황후의 어린 시절은 전쟁 중이어서 여러 차례 전학하며 초등학교를 다녔고, 쇼다가正田家의 본적지인 군마群馬현으로 소개되는 등 어린 나이에 전쟁의 부조리와 불합리를 배웠다. 1947년 4월 도쿄 성심여자학원 중등과에서 수학했고, 1957년 성심여대 영문과를 졸업했다. 이해 8월 나가노長野현 가루이자와輕井澤에서 열린 테니스 대회에 출전하여 처음으로 아키히토 황태자를 만났다. 「테니스 코트의 로맨스」는 이렇게 시작되었다.

1958년 벨기에 부뤼셀에서 열린 제1회 성심세계회의에 일본대표로 참석하며 유럽 여러 나라를 방문했다. 1958년 황태자의 로맨스가 발단이 되어 궁내청은 선고작업에 들어갔지만 결혼에 적합한 훌륭한 여성으로 결론이 났다. 다만 재학했던 학교가 모두 가톨릭

계셔서, 신토神道를 종교로 하는 황실에 적합한지 문제가 제기되었다. 그러나 세례를 받지 않았다는 점을 들어 황실회의를 통과했다.

1960년 9월 미·일 수호조약 100주년 기념으로 미국 아이젠하워 대통령의 초청을 받고 약 2주간 미국으로 여행을 떠나게 되었다. 집을 떠나 있는 사이 히로노미야浩宮(나루히토 친왕의 아명)가 자신의 목소리를 잊지 않도록 하기 위해 테이프에 자장가를 녹음했고, 타인에 맡기지 않고 직접 육아하면서 적어놓은 육아규칙 노트를 준비하여 시의와 간호사, 시종과 여관에게 건넸다. 그때그때 가정교육이 달라져서는 안 된다, 어떤 사람으로 바뀌어도 일관된 교육이어야 한다는 것이 그 이유였다. 나중에 이 노트는 「나루짱 헌법」이라는 이름으로 인구에 회자된다. 여기에서 「나루짱」이란 말할 것도 없이 나루히토德仁 친왕을 말하며, 그 내용을 몇 가지 소개하면 다음과 같다.

- 되도록 혼자 놀게 해주세요. 단 혼자 놀 때 다칠 만한 것들은 신경 써서 치워주세요.
- 아침에 일어나면 맨몸을 싹싹 문질러주세요. 아침에는 혼자 놀기를 좋아하니까, 침대에서 적어도 30분은 놀게 두세요.
- 작은 물건을 가끔 입에 넣곤 하는데 주의해주세요. 입안에 작은 물건을 넣었을 때 급하게 다가가면 오히려 아이가 놀라 삼켜버릴 수 있으니 절대 놀라지 마세요. 혹시 입에 넣으면 손을 넣어 꺼내고 난 다음 '안 돼요'라고 말해 주세요.
- 자신이 던진 물건은 되도록 스스로 가져오도록 가볍게 등을

밀면서 '가져오세요'라고 말하세요.

- 낮잠 시간에 침대에 눕히기 전에 블라우스 제일 위 단추를 풀어주세요. 날씨가 더울 때는 목 주위에 파우더를 뿌려주세요.
- 하루에 한 번 정도는 꼭 안아주세요. 애정을 표현하는 것입니다.

어느 엄마가 자식 키우는데 이처럼 정성을 쏟지 않고 자상하지 않으랴마는, 시간을 쪼개 써야 하는 공사다망한 위치임을 감안하면 육아도 타인의 도움을 받는 것이 인지상정인데, 하나부터 열까지 애틋하게 손수 챙겼다는 것은 보통사람이 상상할 수 있는 일은 아닌 듯하다. 거기에 더해 「나루짱 헌법」이라 불리는 육아원칙을 메모하여 사용인에게 전달해 육아의 공백이 없도록 배려하는 객관적 냉철함에는 "황후이기는 하나 작은 일이라도 매뉴얼을 만들고 시스템화하는 어쩔 수 없는 일본인이구나." 하고 경탄할 수밖에 없다. 이토록 어머니의 헌신적인 사랑과 관심으로 자라온 황태자가 곧 천황이 된다 하니, 어머니에게 받은 가없는 사랑을 어떻게 재현하여 실천하며 국민들에게 다가가 소통할지 자못 기대된다.

이렇듯 어머니로서 자상하고도 원칙 있는 육아와 황후로서 국민에게 가까이 다가가는 국사를 감당해왔다. 늘 천황의 곁에서 그림자처럼 내조해온 황후가 있었기 때문에 아키히토 천황은 가진 모든 에너지를 아낌없이 사용하고 큰 박수를 받으며 새로운 휴식으로 돌아갈 수 있게 되었다.

다. 황태자 나루히토德仁

1960년 2월 23일생. 당시 황태자였던 아버지와 어머니의 뜻에 따라 지금까지의 황실 전통과 다르게 부모의 슬하에서 자랐다.

학습원 고등과를 졸업하고 그해 1978년 학습원대학 사학과에 입학했다. 1982년 동대학원 입학, 영국유학 후 복학하여 1988년 논문 「중세 세토내해瀬戸内海의 수운水運 고찰」을 제출하고 석사과정을 수료했다. 1983년 영국 옥스퍼드 마튼 칼리지에 2년간 유학하고 귀국길에 미국에 들러 레이건 미 대통령과 아버지의 가정교사였던 바이닝 부인을 만났다. 1989년 논문 「THE THAMES AS HIGHWAY(교통로로써의 템즈강)」이 옥스퍼드대 출판에서 간행되었다. 1992년 9월 옥스퍼드대 명예법학박사 학위를 받았다.

1993년 4월 오와다 마사코小和田雅子 양과 결혼했다.

1978년 학습원대 사학과에 입학한 이유를 다음과 같이 말했다.

"사학과를 선택한 이유는 역사가 가장 관심 있는 학과이기 때문입니다. 초등과 졸업기념 문집에 저는 『21세기가 오늘에게 - 2001년 ○월 ○일』라는 제목으로 작문했습니다. 그 작문은 '여러분, 안녕하세요? 저는 지금 대학에서 일본사를 가르치고 있습니다.'라는 내용으로 시작하는 것이었습니다. 생각해보면 어릴 적부터 기회 있을 때마다 아버지로부터 일본과 세계의 역사에 대한 이야기를 들었고 양친의 권유로 교토, 나라의 사적이나 문화를 접해온 것이 역사에 대한 흥미를 강하게 만들었다고 생각됩니다."

대학 동아리 활동으로는 오케스트라부에 소속되어, 유치원 시절부터 연주해오던 바이올린을 비올라로 바꿔 연주했다.

영국 유학을 마치고 미국에 들러 귀국한 자리에서 일본의 경호는 영국과 비교해서 과하다는 발언으로 경호당국을 당혹하게 했다. 또 국민이 황실에 무엇을 바란다고 생각하느냐는 질문에 "아무래도 천황 폐하와 양친이 지향해 오셨던 것처럼 국민과 함께 걸어가는 황실, 국민 속으로 들어가는 황실이라고 생각합니다. 그러기 위해서는 여러 기회를 만들어 한 사람이라도 더 만나는 것이 중요하다고 생각합니다."라고 대답했다.

1986년 일본을 방문한 스페인 엘레나 공주 환영 리셉션에서 오와다 마사코小和田雅子 양을 처음 만난 이래 1992년 8월 두 사람은 극비리에 만났고, 황태자는 같은 해 10월 千葉현 신하마新浜 가모바鴨場에 마사코 양을 초대했다. 이곳에서 황태자는 오와다 마사코小和田雅子양에게 프러포즈했고, 12월 "결혼을 받아들이겠습니다."라는 마사코 양의 결혼 승낙을 얻었다. 일주일 후 황실회의에서 정식으로 두 사람의 결혼을 결정했다. 황실회의가 끝나고 두 사람은 기자회견을 가졌다. 이때 황태자는 다음과 같이 이야기했다.

"저는 늘 마사코 씨를 염두해 두고 있었기 때문에 마사코 씨로 추진해 달라고 여러 차례 궁내청에 이야기했습니다. 작년 주위의 의견이 '마사코 씨로 괜찮겠다'는 방향으로 굳어져 무척 기뻤습니다."

1993년 6월 9일 두 사람은 축복 속에 결혼식을 올렸으며, 오후에는 오픈카에 올라 연도에 줄지어 선 19만 인파들의 축하를 받으며 30분간 퍼레이드를 했다.

라. 황태자비 마사코雅子

1963년 12월 9일생. 구명 오와다 마사코小和田雅子. 1963년 외교관 오와다 히사시小和田恒·유미코優美子 내외의 장녀로 도쿄에서 태어났다.

부계는 니이가타新潟현 무라카미시村上市로 뿌리는 무라카미 나이토번村上內藤藩의 하급무사 집안이라고 한다. 그러나 대대로 교육에 열심이어서 마사코비의 할아버지 오와다 다케오小和田毅夫 씨는 니이가타현 다카다高田 고교 교장을 지냈다. 이 다케오 씨의 5남 2녀 가운데 차남인 히사시 씨가 마사코비의 부친이다. 히사시 씨는 외무사무차관까지 올랐고, 그를 포함한 형제 모두는 도쿄대를 나온 수재들이다. 마사코비의 재원은 한마디로 이러한 무가의 혈통에 기인했다고 보인다. 모계는 사가佐賀현 출신으로 무사 집안이었다.

1965년 외교관인 아버지의 구소련 부임으로 일가족이 모스크바로 이주했다. 1968년 아버지가 UN 대표부로 부임하자 뉴욕으로 이주했다. 1971년 귀국하여 초·중·고교를 다니다가 1979년 아버지가 하버드대 객원교수로 부임하자 다시 미국으로 가서 학업을 이어간다. 1981년 하버드대 경제학부 입학, 국제경제학을 전공했다.

1986년 도쿄대 법학부 입학, 같은 해 10월 외교관시험에 합격하여 부녀 2대가 외교관이 되었다. 1987년 외무성 입성. 1988년 7월

재외연수를 위해 런던주재 일본대사관에 소속되어 9월 옥스퍼드대에 입학하여 경제관계론 전공했고, 1990년 귀국 후 외무성 북미국에 배속되었다.

1993년 6월 9일 나루히토 황태자와 결혼하여 2001년 아이코愛子 내친왕을 출산했다.

외교관이었던 아버지를 따라 구소련, 미국, 영국에서 생활하며 어릴 때부터 이미 국제인이었고, 학업 성적은 줄곧 최상위를 유지하는 천재였으며, 건강미 넘치는 미인이었다.

황태자비 후보로 언론에 오르내리자 궁내청과 주변에서 선고 작업에 들어갔다. 황태자비가 되려면 다음과 같은 조건에 부합해야 한다.

① 일본인일 것.

② 종교는 불교나 신토神道일 것(기독교는 불가).

③ 학력은 2년제 대학 이상

④ 건강할 것. 특히 남자를 많이 낳은 가계가 바람직함.

⑤ 혈연에 특수한 병력이 없을 것.

⑥ 하이힐을 신어도 신장이 163㎝인 황태자보다 크지 않을 것.

⑦ 외국어에 뛰어날 것. 특히 영어나 프랑스어가 가능할 것.

⑧ 얼굴과 자태가 뛰어날 것.

⑨ 양친의 직업이 반사회적이지 않을 것.

⑩ 나이는 황태자와 같거나 어려야 하고, 열 살 차이 이내일 것.

⑪ 특정한 직업에 근무한 적이 없을 것.

⑫ 학업성적이 우수할 것.

⑬ 경제적으로 일류가정의 생활을 영위할 것.

⑭ 양친이 건재하고 가정이 원만할 것. 부모와 자식이 별거하는
일이 없을 것.

⑮ 본가가 도쿄나 도쿄 근교일 것.

이 까다로운 조건을 모두 통과하고 1993년 나루히토 황태자와
결혼하여 황태자비가 되었다.

마. 아이코愛子 내친왕內親王

2001년 12월 1일생. 나루히토 황태자 내외의 외동딸로 아명은
도시노미야敬宮.

2008년 학습원 초등과에 입학했으며 초등과 성적은 학년 톱 클
라스로 알려져 있다. 2017년 학습원 고등과에 입학했다.

1965년 아키시노노미야秋篠宮 후미히토文仁 친왕이 출생한 이후 황
실에는 오랫동안 남자아이가 태어나지 않았다. 「황실전범」은 황위 계
승 자격을 황통에 속하는 남계 남자만으로 제한하고 있어, 다음 세
대에는 황통이 끊길 위기가 찾아온 것이었다. 절제절명의 위기를 극
복하고자 「황실전범」을 개정해야 한다는 목소리가 커졌고,
2005~2006년에 걸친 「황실전범」에 관한 유식자회의에서 아이코 내
친왕의 즉위를 염두에 둔 여성·여계천황의 가능성이 검토되었다.

그 후 2006년 황실에서는 41년 만에 처음으로 남자아이가 태어
났는데 그가 히사히토悠仁 친왕이다. 그의 출생으로 「황실전범」 개
정 움직임은 물밑으로 가라앉았다.

2. 미야케宮家 - 궁가

내각이나 궁내청 고시 등 정부의 정식표기에서 황태자 이외의 황족은 궁호를 붙이지 않는다. 즉 「후미히토 친왕비 기코文仁親王妃 紀子」라고 표기해야 하나 일반인들이 알기 쉽도록 「아키시노노미야 비秋篠宮妃」라고 표기하며, 매스컴에서는 「기코紀子 사마」라고 표현하고 있다.

가. 아키시노노미야秋篠宮 후미히토文仁 친왕

1965년 11월 30일생. 아키히토 천황의 둘째 아들로 아명은 아야노미야禮宮.

1984년 학습원대 정치학과 입학. 자연문화연구회를 결성하여 동아리 활동을 하는 한편 진화생물학 연구소에서 가금류 연구에 종사했다. 동아리에서 배우자 가와시마 기코川嶋紀子 양을 만났다.

1988년부터 2년간 옥스퍼드대학 세인트·존즈·칼리지 대학원에서 어류에 관한 분류학을 공부했다. 1989년부터는 옥스퍼드대학 박물관 및 런던 자연사 박물관에 재적했다.

1990년 가와시마 기코 양과 결혼, 아키시노노미야가秋篠宮家를 창설하여 원조가 되었다.

트레이드 마크인 콧수염과 백발이 잘 어울리는 그는 각종 공무를 수행하는 한편 어류와 가금류를 연구해오고 있는데, 1996년 닭의 기원을 유전자로 해석하는 연구로 국립 종합연구대학원대학에서 이학박사 학위를 받았다. 또 「꽁치모임さんまの會」의 여러 친구

와 지인들을 자택으로 초대하기도 했는데, 그 멤버 중 그의 어린 시절 친구인 구로다 요시키黑田慶樹는 2005년 여동생 사야코清子 내친왕과 결혼했다.

나. 후미히토 친왕비 기코紀子

1966년 9월 11일생. 구명 가와시마 기코川嶋紀子. 가와시마 다쓰히코川嶋辰彦·가즈요和代 내외의 장녀로 시즈오카靜岡현에서 태어났다.

부계는 와카야마和歌山현 출신으로 무사 집안이었다. 미국으로 유학 가는 아버지를 따라 한 살 때부터 초등학교 1학년 때까지 미국에서 지냈고, 초등학교 5학년 때부터 중학교 1학년 때까지 오스트리아에서 보냈다. 귀국 후 학습원 여자 중·고교에서 수학했다. 1989년 학습원대학 심리학과를 졸업하고, 동대학원 인문과학연구과에 진학하여 사회심리학을 전공했다.

1985년 대학 선후배로 만난 후미히토 친왕과 기코 양은 동아리 활동을 통해 가까워졌고, 일찌감치 황거로 초대되어 당시 아키히토 황태자 내외에게 인사했다. 후미히토 친왕이 주최하는 테니스 동아리에서는 미래의 시부모님과 복식으로 시합을 갖기도 했다. 아키히토 황태자는 「기코짱」이라 친근하게 부르며 식사를 권하는 등 자연스럽게 황실 일가에 적응할 수 있도록 배려했다고 한다.

1990년 6월 23일 후미히토 친왕과 결혼했다. 이로써 가와시마가川嶋家의 호적을 떠나 황족보에 이름을 올리게 되었다. 그때까지 아버지가 학습원대학 교수여서 대학 교직원용 공동주택에서 살았기 때문에 매스컴은 그녀를 「3LDK(방 3개, 거실과 주방 겸 식당을 구비한 주택) 공주」, 「일반가정에서 태어난 현대판 신데렐라」라 불렀다.

1991년 장녀 마코眞子 내친왕을 출산했고 1994년에는 차녀 가코佳子 내친왕을, 2006년에는 장남 히사히토悠仁 친왕을 얻었다.

2013년 오차노미즈お茶の水여대에서 인문과학 박사학위를 받았다.

다. 마코眞子 내친왕

1991년 10월 23일생. 후미히토文仁 친왕 내외의 장녀로 3명의 내친왕 가운데 가장 연장자이다.

1998년 학습원 초등과를 시작으로 학습원 여자 중·고등과에 진학했다. 2010년 황족 중에서는 처음으로 국제기독교대학 아트 사이언스학과 입학했다. 같은 해 영어연수를 위해 아일랜드 공화국을 선택하여, 아일랜드 국립대학에서 영어를 공부했다. 대학 선택도 그렇고, 영어 연수 국가를 선택함에 있어서도 신세대의 세태를 반영하듯 기존 황족들의 선택과는 다르게 매우 개성적이다. 2011년 후쿠시마 원전사고를 부른 동일본대지진 재해지역에서 익명으로 봉사활동을 했다고 전해진다. 2014년 국제기독교대학 졸업 후, 영국 레스터대학 대학원 박물관학 연구과에 입학하여 1년 동안 수학하면서 학생 기숙사에서 생활했다.

2017년 5월 대학시절의 동급생 고무로 게이小室圭 씨의 결혼이 매스컴을 통해 보도되었고, 9월에는 약혼내정 기자회견을 했다. 그러나 2018년 2월 궁내청은 2020년까지 결혼식을 연기한다고 발표했다. 고무로 측의 금전문제가 원인이라고 하는데 복잡한 양상을 띠고 있는 것 같다. 황족이나 서민이나 딸 시집보내는 일이라는 게

아빠 흰머리 늘리는 일인 것 같다. 시집을 가도 걱정, 안가도 걱정.

라. 가코佳子 내친왕

1994년 12월 29일생. 후미히토文仁 친왕 내외의 차녀.

2001년 학습원 초등과 입학 후, 같은 학교 중·고교를 마치고 2013년 학습원대학 교육학과 입학했다. 이듬해 학습원대학을 중퇴하고, 2015년 언니가 다니던 국제기독교대학 아트 사이언스학과에 입학, 2017년 9월 영국 리즈 대학으로 단기 유학을 떠났다.

마. 히사히토悠仁 친왕

2006년 9월 6일생. 후미히토 친왕 내외의 장자로 2019년 5월이 되면 아버지 후미히토 친왕 다음인 천황 계승 서열 제2위가 된다. 약 41년 만에 태어난 남아로 최연소 황족이다.

2010년 오차노미즈お茶の水여대 부속 유치원 입원했다. 이는 엄마가 동 대학원에서 연구 활동을 하고 있었기 때문인데, 특별 입원제도에 의해 합격한 첫 번째 케이스라고 한다.

2013년 오차노미즈여대 부속 초등학교에 입학했다. 1945년 종전 후 황족이 학습원 초등과 이외의 초등과에 입학한 것은 처음 있는 일이다. 이래저래 기록이 될 만한 여러 가지 에피소드를 많이 가지고 태어난 귀한 황손임에는 틀림없다.

바. 히타치노미야常陸宮 마사히토正仁 친왕

1935년 11월 28일생. 쇼와 천황의 둘째 아들로 태어났다. 아명 요시노미야義宮.

어릴 때부터 몸이 약해 감기를 달고 살았는데, 1942년 초등학교에 입학해서는 가벼운 소아마비를 앓았다. 1942년 학습원 초등과를 거쳐 1958년 학습원대 화학과를 졸업했다. 그 후 도쿄대 이학부 동물학 교실에서 자연과학 연구의 길을 걸었다.

1964년 9월 쓰가루 하나코津輕華子 양과 결혼하여 미야케宮家 히타치노미야常陸宮를 창설했다.

한때 무교회파의 교리에 심취했던 시기가 있을 정도로 기독교에 대한 이해가 깊다. 그리고 1965년에는 교황 바오로 6세를 알현했다.

2006년 황손 히사히토의 출생으로 2019년 5월 이후 황위계승 서열 제3위가 되며, 현재 최연장 황위계승 자격자이다.

아이는 없다.

사. 마사히토 친왕비 하나코華子

1940년 오와리尾張 도쿠가와가德川家에서 분가하여 쓰가루가津輕家의 양자가 된 아버지 백작 쓰가루 요시타카津輕義孝의 네 딸 중 막내로 도쿄에서 태어났다.

학습원 초등과를 거쳐 학습원 단대 영문과 졸업. 아버지가 마술馬術에 뛰어나 중앙경마회 일을 할 때부터 마술을 배워 학습원 고등과와 단대 시절 마술부원으로 활약했다. 단대 졸업 후에는 신부 수업의 일환으로 요리를 배웠다.

학창시절에는 명 스프린터로 이름을 날렸고 스키도 좋아하는 스포츠 애호가이기도 하다.

요리를 연구하며 도쿄대학 연구실에 나가는 마사히토 친왕을 위해 매일 아침 도시락을 준비했다고 한다. 마사히토 친왕이 "우리 집 카레는 일류 레스토랑 것보다 맛있다."고 자랑할 정도로 음식 솜씨가 뛰어나다고 한다.

사회복지에도 관심이 많아 가두에서 모금을 하기도 했으며, 일본적십자 명예 부총재로서 각종 행사에 참가하고 있다.

스모에도 관심이 많아 스모베야相撲部屋(지역의 스모 연습장)를 방문해 역사力士들의 연습장면을 가까이서 보고, 그들의 음식인 짱코나베(고기류와 배추 등 야채를 넣고 끓인 고칼로리 전골)를 함께 즐겼다고 한다.

요리면 요리, 서예면 서예, 스포츠면 스포츠, 봉사활동 등 매우 적극적이고 활동적인 성격으로 장군가의 피를 이어받은 외향적인 성격을 그대로 보여준다.

아. 미카사노미야三笠宮 다카히토崇仁 친왕비 유리코百合子

1923년 6월 4일생. 다이쇼 천황의 넷째 아들이자 쇼와 천황의 막내 동생 다카히토崇仁 친왕의 배우자이다. 화족 다카기 마사나리高木正得의 둘째 딸로 도쿄에서 태어났다. 구명 다카기 유리코高木百合子.

부계 다카기가高木家는 오다 노부나가織田信長, 도요토미 히데요시豊臣秀吉, 도쿠가와 이에야스德川家康를 모셨으며 대대로 중책을 맡는 등 장군들에게 인정을 받았다. 메이지유신이 있던 시절에 다카기가

高木家 15대 마사요시高木正善는 자작의 작위를 받았다.

1941년 여자 학습원 본과 졸업, 같은 해 10월 다카히토 친왕과 결혼했으나 곧 2차 세계대전이 발발하여 다카히토 친왕은 육군으로 복무했다. 이 시기 황족의 일상은 전에 없던 엄중한 상황에 처하게 되었다. 전황이 절망적이던 1945년 5월 미군의 공습으로 미카사노미야 저택이 불타 여러 곳으로 옮겨 다녀야 했다.

종전 후 군인에서 역사학자로 변신한 다카히토 친왕을 내조하는 데 힘을 아끼지 않았다.

2019년 현재 생존하는 황족 가운데 가장 연장자이다.

자. 미카사노미야 도모히토寬仁 친왕비 노부코信子

다이쇼 천황의 막내아들 미카사노미야三笠宮 다카히토崇仁 친왕의 큰아들 도모히토寬仁 친왕과 결혼한 친왕비 노부코信子는 1955년 4월 9일생으로 구명은 아소 노부코麻生信子이다.

아소시멘트 회장 아소 다카키치麻生太賀吉의 셋째 딸로 도쿄에서 태어났다. 요시다 시게루吉田茂 전수상의 외손녀이며 아소 타로麻生太郎 전수상의 막내 여동생이다.

1971년 성심여자학원 중등과를 졸업하고 영국 로즈린 하우스 스쿨Roselyn House School에 유학했다. 졸업 후 귀국하여 1974년부터 자신이 다니던 유치원에서 영어를 가르쳤다.

수염에 관한 학칙이 없었던 시절이라 고교시절부터 수염을 길러 「수염전하殿下」라는 별명을 얻은 도모히토 친왕과 1980년 11월 결혼하여 1981년 장녀 아키코彬子 여왕, 1983년 차녀 요코瑤子 여왕을 얻었다.

1980년 약혼 발표 기자회견에서 「수염전하」는 노부코 비를 배우자로 선택한 이유에 대해 "내가 여러 여자와 사귀어 보았지만 전체적으로 보면 그녀가 가장 좋았다고 생각했다. 나는 신경질적인 인간이지만, 그녀는 직관력이 좋아 함께 있어도 피곤하지 않다."고 말했다.

밝고 사교적인 성격의 소유자로 운전과 스쿠버 다이빙을 즐긴다. 특히 요리는 프로급으로 정평이 나 있다.

차. 미카사노미야 아키코彬子 여왕

1981년 12월 20일생. 도모히토寛仁 친왕과 노부코信子 비의 첫째 딸로 도쿄에서 태어났다. 현재 내친왕과 여왕 중에서 가장 연장자이다.

2004년 학습원대학 사학과를 졸업하고 옥스퍼드대학 머튼 칼리지에 유학하여 일본 미술사를 전공했으며, 여성 황족으로는 드물게 학문에 매진하여 2010년 옥스퍼드대학에서 철학박사 학위를 받았다. 박사학위 취득은 종합연구대학원대학에서 이학박사 학위를 받은 아키시노노미야秋篠宮 후미히토文仁 친왕에 이어 2번째로 여성 황족으로서는 사상 처음이고, 해외 대학의 박사과정에 재적하여 학위심사에 합격·수료 후 취득하는 과정박사를 취득한 것은 황족으로서 사상 처음 있는 일이다.

2015년부터 교토산업대학 일본문화연구소 전임연구원으로 근무하고 있다.

카. 미카사노미야 요코瑤子 여왕

1983년 10월 25일생. 도모히토寬仁 친왕과 노부코 비의 둘째 딸로 도쿄에서 태어났다.

학습원 초등과를 거쳐 2006년 학습원 여자대학 일본문화학과를 졸업했다.

초등과 5학년 때부터 검도를 시작하여 대학시절에는 여자 부주장을 맡았다. 2005년 3월에는 프랑스와 독일을 방문하는 제2회 일본·유럽 관동학생검도연맹 사절단에 참가했다. 2006년 전국 가정부인 검도대회를 참관했다. 대학 졸업 후에는 초등과 검도부에서 자원봉사로 검도를 지도하고 있다.

2017년 현재 검도 5단이다.

타. 다카마도노미야高円宮 노리히토憲仁 친왕비 히사코久子

다이쇼 천황의 막내아들 미카사노미야三笠宮 다카히토崇仁 친왕의 막내아들 노리히토憲仁 친왕과 결혼한 친왕비 히사코久子는 1953년 7월 10일생으로 구명은 돗토리 히사코鳥取久子이다. 미쓰이물산三井物産 프랑스 사장을 역임한 돗토리 시게지로鳥取滋治郎의 장녀로 도쿄에서 태어났다. 돗토리가鳥取家는 가가와香川현의 유서 깊은 가문이다.

성심여자학원 초·중등과 졸업 후 아버지의 전근으로 영국으로 건너가 캠브리지대 거튼 칼리지에서 중국학·인류학·고고학을 전공했다. 1975년 졸업 후에는 번역회사에서 일했다.

1984년 캐나다 대사관 리셉션 파티에서 1년 연하의 노리히토 친왕을 만나 결혼했다. 결혼과 동시에 다카마도노미야가高円宮家를 창설했으며, 세 명의 딸 쓰구코承子 여왕, 노리코典子 여왕, 아야코絢子 여왕을 얻었다. 둘째, 셋째는 결혼을 했지만 첫째 쓰구코는 미혼이다.

파. 다카마도노미야高円宮 쓰구코承子 여왕

1986년 3월 8일생. 노리히토 친왕과 히사코久子 비의 장녀로 도쿄에서 태어났다.

1993년 학습원 초등과 입학 이래 학습원 중고등부 졸업, 2005년 학습원 여자대학 국제문화교류학부에 입학했으나 이내 그만두고 영국 에딘버러대학 인문과학 사회학부에 입학했다. 그 후 2008년 7월 에딘버러대학을 중퇴하고 9월 와세다早稲田대학 국제교양학부에 입학해 결국 2013년 와세다早稲田대학 국제교양학과를 졸업했다.

힙합, 썬탠, 염색, 중퇴, 문신 등등 자유분방한 행동으로 구설수에 오른다. 그리고 사람들은 눈살을 찌푸리며 비난한다. "그 비용들 모두 세금이다."라며.

이제는 매스컴도 황실에 대한 뉴스를 별로 싣지 않는다. 몇몇 TV 방송국이 짧은 황실관련 정규 프로그램을 가지고 있으며, 요미우리讀賣신문이 일요판 칼럼으로 황실의 근황을 짧게 소개하는 정도이다. 황실에 대한 방송은 시청률이 아주 낮다. 보통 2%대라고 한다. 그러다 보니 방영 시간도 예전에는 오전 8시대였던 것이 점점 빨라지더니 지금은 6시경으로 당겨졌다. 이런 현상은 황실에 대한 국민의 관심이 적다는 증거일 것이다. 1960년대 학생운동이

한창일 때 천황제를 규탄하던 만큼의 관심도 없어 보인다. 결국 매스컴이 보도하지 않으니, 국민들은 관심이 없고, 국민들의 관심이 없으니, 매스컴도 보도를 하지 않게 되는 악순환이 반복되고 있다.

황실 상식

V

1. 우편번호 100-8111 도쿄토 지요다쿠 지요다東京都 千代田區 千代田 1-1은 천황이 사는 황거의 주소이다. 현재 일본의 법제도에서 일본인은 어느 곳이던 자신이 원하는 곳을 본적으로 정할 수 있다. 그래서 황거를 본적으로 두고 있는 사람들이 꽤 많다고 한다. 풍수가 좋기 때문이라고 하지만, 왠지 폼도 나고 기억하기 쉬워서라고 한다. 그 증거로 도쿄 디즈니랜드나 후지산도 꽤나 인기가 있다고 하니 말이다.

2. 황족은 역대 천황의 자손과 그 배우자를 말하며 공주는 출가하면 황적이 박탈되어 평민이 된다. 황족은 주민등록증 같은 것이 없기 때문에 본적도 없다. 따라서 본적이 황거인 사람은 황족이 아님을 금세 알 수 있다.

3. 황족은 친왕親王, 내친왕內親王, 왕, 여왕으로 구별하여 호칭한다. 역대 천황의 손자까지 왕자는 친왕, 공주는 내친왕이라고 칭하고 그 다음 대부터 공주는 여왕, 왕자는 왕이라 부른다. 이런 전통적인 관습을 가지고 있는 환경에서 한국이 천황을 '일왕'이라 칭하는 것에 일본이 버럭하는 이유가 이해되지 않는 바도 아니다.

4. 황실을 상징하는 꽃은 국화이다. 꽃잎이 16장이라 16국菊이라고 하는데 천황이 사용하는 국화는 「16엽8중표국형문十六葉八重表菊形紋」이다. 즉 16장의 꽃잎이 여러 겹으로 겹쳐있는 국화

문양이라는 뜻이다.

사군자의 하나인 국화는 꽃 중에서도 가장 고귀하게 여겨졌다. 헤이안平安시대(794~1192)에는 국화의 문양이 생겨나 널리 사용되었다. 가마쿠라鎌倉 시대에 특히 국화를 사랑했던 제82대 고토바後鳥羽 상황은 의복은 물론 가마나 칼, 종이에까지 국화문양을 넣어 사용했다. 이후 황실이 대를 이어 국화문양을 사용하게 되면서, 지금까지 국화문양을 사용해오던 신하들은 그 문양의 사용을 자제하게 되어 결국은 황실이 이 문양을 독점하게 되었다.

1868년 메이지 정부의 신정부군과 구막부군 간의 내전, 무진전쟁戊辰戰爭이 일어났을 때 천황은 신정부군에게 16국 비단깃발을 하사하여 관군의 정통성을 부여했다. 이때부터 16국은 황실의 문장이 되었고, 1871년 황실과 황족 외에는 국화문양 사용이 금지되었다.

5. 장자인 황태자는 천황위를 세습한다. 그 아래 형제들은 결혼하면서 독립하여 미야케宮家를 세우고 그 가문의 원조가 된다. 과거 호주제가 있었던 한국에서도 장남을 제외한 아들이 결혼하면서 독립하여 호주가 되었던 것과 유사하다. 새 천황이 되는 나루히토德仁 황태자의 남동생 후미히토文仁 친왕은 1990년 결혼하면서 아키시노노미야秋篠宮라는 이름의 미야케宮家를 창설하여 원조가 되었다.

각 미야케는 자신의 상징으로 국화문양의 디자인을 조금씩 변경하여 사용하는데 천황의 문장 16국보다 꽃잎이 2장 적은 14국 국화문양을 사용하고 있다.

6. 천조踐祚는 황위의 상징인 「삼종의 신기」를 계승하는 것이며, 즉위는 황위에 오르는 것을 말한다. 그러므로 삼종의 신기는 천황으로 즉위하기 전에 계승하는 것이다. 2019년 5월 1일 「검새劍璽 등 승계의 의儀」가 있고 나서 「즉위 후 조견朝見의 의儀」가 있을 예정이다. 여기에서 검새는 칼과 곡옥을 말하며 거울이 더해져서 삼종의 신기가 된다. 일본신화에서 니니기노미코토瓊瓊杵尊가 일본 땅에 강림할 때 아마테라스오미카미天照大神에게 받아온 것이다.

구사나기노쓰루기草薙劍라는 명칭의 칼은 신령이 임하는 진좌를 상징하며, 야타노카가미八咫鏡라는 거울은 태양신이 강림을 나타내고, 야사카니노마가타마八尺瓊勾玉라는 곡옥은 달의 신을 이야기한다.

거울의 본체는 미에三重현 이세伊勢 신궁에 모셔져있으며, 칼은 아이치愛知현 아쓰다熱田신궁에 그리고 곡옥의 본체는 황거에 모시고 있다.

「검새劍璽 등 승계의 의儀」에서 승계되는 곡옥은 진품이지만 칼은 복제품이라고 한다. 그러나 누구도 삼종의 신기를 본 사람은 없다고 하니 신기함에는 틀림없다.

7. 아마테라스오미카미天照大神는 천황가의 황조신皇祖神으로 이

세伊勢신궁의 내궁에 모셔진 태양신인데 남신이 아닌 여신이다. 다 그렇지는 않지만 동서고금에 태양은 대체로 남성으로 여겨지는데 좀 특이하기는 하다.

아마테라스오미카미는 원래 신이 아니라 태양신의 아내였다고 한다. 그 원형은 이세(미에三重현) 지방에서 숭배된 남성 태양신의 아내임과 동시에 그를 제사지내는 무녀였다는 것이다. 그러나 제사를 주제하는 무녀의 구체상이 강해지면서 숭배대상인 남성 태양신의 존재는 잊혀져갔으며, 결국 제사를 올리는 무녀가 태양신으로 변형되었다고 한다.

원래 아마테라스오미카미는 조정에서 가까운 이세 지방에서 원시 어업에 종사하던 이들이 숭배하던 지방신이었는데, 마찬가지로 태양신 숭배신앙을 가지고 있던 황실에서 이를 취하여 황실의 수호신으로 승격시켰다. 즉 지방신이던 아마테라스오미카미는 황실의 수호신이 되고 황조신이 되었으며, 국가 최고신이 되었던 것이다.

8. 제14대 주아이仲哀 천황(재위 192~200)이 남규슈南九州의 구마소熊襲를 쳐도 좋은지 신탁을 물었는데, 신은 그의 황후 진구神功에게 내려와 서쪽에 있는 삼한을 치라고 신탁을 내렸다. 그러나 주아이 천황은 이를 듣지 않아 신벌을 받아 급사했다. 이때 진구는 다음 천황이 될 오진應神 천황을 임신한 몸이었는데 허리춤에 돌을 둘러 출산을 늦추고 삼한을 쳐서 신라·백제·고구려를 복속시키고 돌아왔다고 한다.

진구가 가공의 인물이라는 것은 정설이다. 그런데 왜 진구 황후라는 여성을 주인공으로 삼한정벌 신화를 만든 것일까? 규슈를 출발하여 동정東征한 초대 진무 천황은 야마토大和를 평정했고, 제10대 스진崇神 천황은 사도장군四道將軍을 보내 영역을 넓혔으며, 제12대 게이코景行 천황은 전국을 평정했다. 이제 남은 것은 해외 진출이다. 진구의 삼한 정벌로 신화는 화룡점정을 찍는다. 여기서 특이한 점은 주아이 천황이 아닌 진구 황후를 주인공으로 했다는 사실이다. 이는 진구의 모계 조상이 신라에서 건너온 왕자 아메노히보코天日槍의 자손이라 전해지는데 그 비밀이 숨어있다.

이 신화에서도 자신들의 출신지를 에둘러 표현해 놓았다. 이 고대 신화에는 또 다른 특이한 점이 있는데, 일본 역대 천황 시호에 '신神'자를 쓴 천황이 모두 이때 등장한다는 점이다. 모두 새로운 왕조를 건설한 신神과 직통하는 인물들이다.

9. 천손 니니기노미코토는 일본 땅으로 강림하면서 "이 땅은 가라국韓國을 바라보고 있고, 가사사笠沙(가고시마鹿兒島현)로 통하며 아침 해가 바로 떠오르는 곳이요, 석양이 밝게 비치는 나라로다. 그러니 이곳은 참으로 좋은 땅이구나." 하였다. 이곳에서도 신화를 통해 얼렁뚱땅 자신들의 출신지를 남겨두었다. 더욱이 놀라운 일은 진구의 모계 조상이라는, 신라에서 건너온 왕자 아메노히보코天日槍의 정체와 의미이다.

일본신화에서는 이자나키 신과 이자나미 여신이 국토를 생산할 때 천지간에 놓인 사다리에 올라 하늘에서 받아온 신성한 창을 바닷물에 드리웠다가 휘휘저어 올리니 그 창끝에서 바닷물이 떨어지면서 쌓여 섬이 되었다고 한다. 이렇게 섬나라 일본을 만들어낸 도구인 신성한 창의 이름이 아메노누보코 天沼矛이다. 창槍과 모矛는 모두 창을 나타내는 같은 말이다.

아메노히보코天日槍는 하늘의 해처럼 눈부신 창을 말하며, 아메노누보코天沼矛는 하늘의 옥처럼 빛나는 창을 말한다. 즉 아메노히보코天日槍라는 창으로 대변되는 혈통을 가지고 일본 땅에 건너온 신라 왕자는 아메노누보코天沼矛라는 창으로 신성시 되는 신체, 즉 노동력과 기술로 일본을 건설한 세력과 동일한 집단이라고 볼 수 있다.

진구 황후가 삼한을 정벌하고 신라와 고구려, 백제를 복속시켰다고 했다. 그러나 신라를 말하는, 범위를 확대하면 삼한, 즉 한반도라고 해석할 수 있는 아메노히보코天日槍나 아메노누보코天沼矛의 존재를 없애지 못하고 그 흔적을 그들의 신화 속에 남겨두었다.

그들이 『일본서기』와 『고사기』를 편찬하는 시점은 백제와 고구려의 멸망시기와 비슷하게 일치한다. 본국이라고 여겨지는 나라들이 망했으니 눈치를 볼 것도 없다. 나라 이름을 「일본」이라 바꾸고 왕을 「천황」이라 불러도 괜찮게 상황이 바뀌었다. 이렇게 하여 한반도로부터 젖을 떼는 데는 성공했지만, 엄마의 체취를 지우지는 못한 것이다.

1881년 일본 최초로 지폐의 모델이 된 진구 황후의 삼한정벌

전설은 고대에 한반도 남부를 지배했다는 임나일본부설과 함께 메이지 초기 정한론으로 발전했다. 결국 청나라로부터 조선을 독립시킨다는 구실로 일본의 조선 침략을 정당화시키는 일본인의 기저 사상이 되었다.

10. 일본 땅에 강림한 니니기노미코토는 소녀 사쿠야히메를 만났는데 이 소녀의 아버지는 언니까지 딸려 니니기와 결혼을 시켰다. 언니 이와나가히메가 예쁘지 않음을 발견한 니니기는 깜짝 놀라 언니를 친정으로 돌려보냈다. 이에 화가 난 소녀의 아버지는 "천손의 수명은 나무의 꽃처럼 덧없이 짧아지게 될 것이다." 하였다. 이때부터 천황의 수명이 짧아졌다고 한다.

그런 저주에도 불구하고 고대에는 장수한 천황이 수두룩하다. 초대 진무神武 천황 127세(137세), 제5대 고쇼孝昭 천황 114세, 제6대 고안孝安 천황 137세, 제7대 고레이孝靈 천황 128세, 제8대 고겐孝元 천황 116세, 제9대 가이카開化 천황 111세, 제10대 스진崇神 천황 119세(168세), 제11대 스이닌垂仁 천황 140세(153세), 제12대 게이코景行 천황 143세, 제13대 세이무成務 천황 107세(109세), 오진應神 천황의 어머니 진구神功 황후 100세, 제15대 오진 천황 111세(130세), 제16대 닌토쿠仁德 천황 110세로 꽤 많은 천황이 장수를 했다. 그저 놀라울 따름이다.

흔히 초대 진무 천황부터 9대 가이카 천황까지는 실재하지 않은 가공의 천황이라 것이 상식이다. 진무 천황의 야마토 건국이 기원전 660년이었다고 하니 뭔가 짚이는 게 있다. 기원전 660년이면 예수는 물론 공자, 석가모니보다 오래전 옛날이다. 건국한 해를 기원전 660년으로 정했으니 한참을 소급해야 했다. 그 방법으로 천황의 나이를 고무줄처럼 한껏 늘려 적용하여 엄청나게 장수한 천황을 양산하는 사태가 빚어졌을 것으로 여겨진다.

아무튼 위에 열거된 천황의 나이를 그대로 믿는 이는 없다. 이후 믿을 만한 시기에 장수한 천황은 총 4명이 있으며 제124대 쇼와 천황 88세, 제108대 後水尾고미즈노오 천황 85세, 제57대 요제이陽成 천황 82세의 순으로 장수했다.

현 아키히토明仁 천황 역시 이미 86세이다.

11. 역대 천황 중 재위 기간이 길었던 천황은 신화시대의 제6대 고안 천황 101년, 제11대 스이닌 천황 99년, 제16대 닌토쿠 천황 86년, 제5대 고쇼 천황 83년, 초대 진무 천황 75년을 제외하면 단연 제124대 쇼와 천황의 재위 기간이 가장 길다. 쇼와 천황은 63년 동안 재위했다.

반대로 짧은 재위 기간을 가진 천황으로 제27대 안칸 安閑 천황(재위 531~535) 4년, 제63대 레이제이冷泉 천황(재위 967~969) 2년, 제31대 요메이用明 천황(재위 585~587) 2년이 있다.

제84대 준토쿠順德 천황(재위 1210~1221)의 양위로 가네나리懷成 친왕은 천황이 되었다. 그러나 얼마 안 있어 제82대 천황이었던 고토바後鳥羽 상황이 가마쿠라鎌倉 막부 타도를 기치로 거병했다가 오히려 막부에 진압되는 조큐承久의 난이 일어났다. 사후처리로 제82대 고토바, 제83대 고쓰치미카도土御門, 제84대 준토쿠 상황은 유배되었고 가네나리 친왕은 섭정이었던 구조九條의 집으로 피신했다가 폐위 처분되었다. 천황이 된 지 80여 일만으로 즉위식을 거행하지도 못해「반제半帝」,「구조 폐제」라고 불리다가 1870년 메이지 천황에 의해 추시追諡되어 제85대 주쿄仲恭 천황으로 역대 천황계보에 이름을 올리게 되었다. 나중에 천황 계보에 이름을 올리는 영광은 되찾았지만, 타의에 의해 가장 짧은 재위 기간을 기록한 슬픈 천황으로 남게 되었다.

12. 역대 천황 중 많은 자손을 남긴 천황으로는 신화시대의 제12대 게이코景行 천황이 으뜸일 것이다. 그 자손의 숫자가 무려 80명에 이른다. 자신의 아들의 증손녀 사이에서도 자손을 얻었다하고, 143세까지 장수했다고 하니 어디까지 믿어야 할지 모르겠다.

이러한 실존이 의심되는 신화시대의 천황을 제외하면 제52대 사가嵯峨 천황(재위 809~823)의 자손이 50명으로 가장 많다. 비빈妃嬪이 28명에 이르렀다고 한다. 뒤이어 제58대 고코光孝 천황(재위 884~887)이 45명인데, 많은 아이들이 생모 미상이라 한다. 이를 두고 호사가들은 신분이 낮은 여성에 흥미가 많았던 천황이 아니었을까 짐작한다. 제60대 다이고醍醐

천황 38명, 제90대 가메야마龜山 천황 36명을 비롯하여 수십명의 자손을 생산한 천황이 적지 않다. 이 또한 측실제도의 결과물임에는 이의가 없다.

13. 가장 고령으로 즉위한 천황은 자손이 많기로 유명한 제12대 게이코景行 천황이다. 즉위한 해 나이가 84세였다. 143세를 살았다하니 액면 그대로라면 그리 늦은 나이도 아니다.

제26대 게이타이繼體 천황 58세, 제2대 스이제이綏靖 천황 52세, 제35대 여제 고교쿠皇極 천황이 중조한 제37대 여제 사이메이齊明 천황과 제49대 고닌光仁 천황이 62세에 즉위하는 등 40세가 넘어 즉위한 천황이 즐비하다. 아키히토 천황 또한 55세에 즉위했으며, 올해 즉위할 나루히토 황태자는 1960년생으로 59세에 즉위하는 셈이다.

14. 실제 권력을 쥔 막부는 왜 천황가를 존속시켰을까? 왕후장상의 씨가 따로 있느냐는 역성혁명 사상이 없지는 않았을 것이다. 하지만 정권을 잡은 장군의 입장에서 보면, 천황의 자리를 빼앗아 보았자 이득 될게 별로 없다. 모든 백성이나 부하들을 일사불란하게 통제할 수 있는 힘이 있는데 물리적 권력도 없으며 대체로 가난하고 궁상맞아 보이는 천황자리를 넘볼 이유가 없는 것이다.

하지만 왠지 모를 권위가 이곳에서 나온다. 예를 들어, 장군이 허리춤에 찬 칼이 장군의 권력과 권위의 상징이라고 하자.

이 칼을 천황가가 가업으로 오랫동안 만들어 왔다. 이 칼이 장군에게 수여되는 순간, 장군은 권력과 권위와 정통성을 갖게 된다. 이 칼이 바로 「정이대장군」이라는 벼슬이다. 장군들은 오래도록 권력을 가지려면 이 정통성을 확보해야 했다.

하지만 가업으로 칼을 만드는 천황가가 보검을 만들었다고 해서 그 칼을 가지고 스스로 권력을 휘두르려하면 어김없이 무가로부터 제제를 받았다. 1221년 제82대 고토바後鳥羽 상황이 가마쿠라 막부 타도를 기치로 거병했으나 역으로 막부에 진압되어 제82대 고토바, 제83대 쓰치미카도御門, 제84대 준토쿠順德 세 상황은 유배되었으며, 손자인 제85대 주쿄仲恭 천황(재위 1221-4개월)은 폐위되었다.

1333년 제96대 고다이고後醍醐(재위 1318~1339) 천황은 가마쿠라 막부를 타도하고 천황 친정을 부활시켰다. 그러나 무로마치室町 막부 초대 정이대장군 아시카가 다카우지足利尊氏의 배반으로 3년이 채 되지 않아 요시노吉野로 낙향했고, 이로써 남북조 시대가 시작되었다.

막부의 전통적인 천황가 대책은 "권위라는 칼은 계속 만들되, 직접 칼을 사용하여 권력을 휘두를 엄두를 내서는 안 된다. 시간 남으면 공부해라."로 일관하고 있다. 이것이 변함없이 지켜진 천황가를 다루는 무가의 전통이며 정통성을 부여받는 방법이었다.

이처럼 천황의 자리를 빼앗으려는 시도는 황금알을 낳는 거위의 배를 가르는 일과 같다. 정통성은 직접 만드는 것이 아니라 외부에서 가져오거나 주어지는 것이다. 천황가가 만세일계를 말하며 가장 긴 왕조를 유지할 수 있었던 이유이다.

그러나 천황이 되려고 하거나 될 뻔했던 어리석은 자들도 있었다. 제48대 여제 쇼토쿠稱德 천황(재위 764~770)의 성은을 입고 천황 자리에 오르려다 거짓 신탁이 발각되어 막판에 좌절된 괴승 도쿄道鏡, 이미 명나라로부터 일본국왕에 책봉된 무로마치 막부 3대 장군 아시카가 요시미쓰足利義滿(재직 1368~1394)는 아들 요시쓰구義嗣를 천황에 앉히고 본인은 상황으로서 영향력을 행사하려했지만 본인의 급사로 불발에 그쳤다.

15. 천황은 성姓이 없다. 815년 편찬된 일본 고대 씨족의 유래를 기록한 『신찬성씨록新撰姓氏錄』은 사람들의 출신을 신별神別, 황별皇別, 제번諸蕃으로 구별했다. 신별은 진무神武 동정 이전에 규슈九州에서 기내畿內로 이주해온 천신계天神系 씨족과 기내의 토착세력이었던 지기地祇 씨족을 말한다. 진무 이래의 황족은 황별이며, 바다 건너 들어온 귀화계 씨족은 번별蕃別이다.

이 씨족들은 조정으로부터 오미臣·무라지連·아타이直·오비토首·미야쓰코造 등의 성을 하사받았다. 오미는 주로 황별에, 무라지는 신별에, 아타이는 조정에 복속한 지방호족에, 오비토는 지방 중소 호족에 미야쓰코는 기술자 집단의 관리자에게 주어졌다. 신하에게 성을 내리는 천황은 그 씨성 위에 위치했으므로 딱히 씨성을 가질 이유도 없었던 것이다.

그러나 천황의 이름에는 「인仁」자가 붙는 경우가 많다. 이전 천황은 히로히토裕仁, 현 천황은 아키히토明仁, 새 천황은 나루히토德仁처럼 말이다. 제56대 세이와清和 천황이 고레히토惟仁를 이름으로 쓴 이래 현재까지 거의 대부분의 천황이 이를 채용하고 있다.

16. "덴노 헤이카 반자이天皇陛下 萬歲, 반자이, 반자이."

일본 사람들은 모여 있다가 천황이 나타나면 이렇게 「만세삼창」을 한다. 만세삼창을 목청껏 외치기 시작한 것은 1889년 2월 11일 기원절 때부터라고 한다. 이날은 「대일본제국헌법」이 발포되어 문무백관이 참여하는 행사가 열리고 열병식이 이어졌는데, 메이지 천황이 열병식에 참석하기 위해 지나가는 연도에 제국대학의 학생과 직원들이 나와 만세삼창을 한 것이 그 기원이라고 한다.

기쁨이나 축하를 표현하는 '만세'는 한국, 중국, 일본 등 한자 문화권 국가에서 사용하는 말이다. 예로부터 만세는 황제의 장수를 기원하고 축하하는 구호이며, 신하가 제후의 장수를 기원할 때는 '천세'라는 말을 사용했다고 한다.

17. 천황·황후 등이 사거하면 칭호가 부여되는데 이를 추호追號라고 한다. 시호諡號라고도 하는데 이는 생전의 덕을 기리는 것이다. 진무神武 천황, 오진應神 천황, 덴지天智 천황 등이 그것이다.

무쓰히토睦仁 천황이 사거하자 1개월이 채지나기 전인 다이쇼大正 원년(1912) 8월 24일 메이지明治 천황이라는 추호를 결정했다. 이전에는 한 천황의 치세에 여러 차례 연호가 바뀌기도 했지만, 이때를 기점으로 한명의 천황 재위 기간 중에는 하나의 원호를 사용하도록 정했고 재위 시의 연호를 추호로 사용하게 되었다.

메이지 천황의 황후 하루코美子비는 사후 소헌昭憲 황후, 다이쇼 천황의 황후 사다코九條節子비는 사후 정명貞明 황후로 추호되었다.

18. 천황가에서 사용하는 수입물품은 관세가 면제된다. 도민세都民稅와 구민세區民稅의 경우 지요다구千代田區의 황거에 거주하는 천황 내외는 지요다구에, 미나토구港區의 동궁에 거주하는 황태자 내외는 미나토구港區에 납세한다.

천황가는 부동산을 보유하지 않는다. 황거와 동궁 그리고 황실의 별장인 나스那須, 스자키須崎, 하야마葉山 저택은 국유재산이므로 재산세를 내지 않는다.

천황가는 국가의 상징으로서 국사행위를 하는 최고위 공무원이므로 내정비內廷費라는 이름의 연금을 받는다. 이는 사적인 생활비이며 공적 예산인 궁정비宮廷費는 국회의 예산심의로 결정하며 궁내청에서 집행한다.

반면 황족비는 황족의 품위유지비 및 생활비로 지급된다. 아키시노노미야가秋篠宮家, 히타치노미야가常陸宮家, 미카사노미야가三笠宮家, 다카마도노미야가高円宮 등 네 개의 미야케宮家가 황족비의 수혜 대상이다.

19. 고료御料목장은 황실에서 소비하는 농축산물 등 부식을 직접 재배·사육하는 농장이다. 도치기栃木현에 소재하는 75만 평에 이르는 방대한 시설로 귀빈실과 숙박시설 등이 마련되어있다. 목장에서는 말과 젖소, 양, 돼지, 닭, 꿩 등을 사육하며 우유, 버터, 치즈, 요구르트를 생산하고 베이컨, 햄, 소시지 등을 가공, 생산하고 있다.

농장에서 재배되는 무, 당근, 오이, 토마토, 상추, 시금치 등 소채류는 모두 유기농으로 신선하고 안전한 식재료이다. 매주 2차례 정기적으로 황거의 주방에 납품되고, 궁내청의 식재료 부서를 통해 각 미야케로 보내지며 궁중의 축하연회, 만찬회, 원유회 등에 쓰인다.

20. 궁내청은 가모바鴨場라고 하는 시설을 사이타마埼玉현과 지바千葉현에 보유·관리하고 있다. 가모바라는 이름처럼 오리를 사육하는 농장이 아니라 매년 8월 말에서 5월 초까지 10여 종의 철새 1만여 마리가 시베리아와 북아메리카에서 날아 들어와 월동하는 곳이다. 이곳에서는 오리 인형을 이용하여 오리를 도랑으로 유인한 다음, 오리가 놀라 날아오를 때 그물을 이용하여 잡는 전통적인 수렵법으로 야생 오리를 생포한다.

메이지 시대 이후 매년 11월~2월까지 재일외교관, 각료, 국회의원 등을 초대하여 이 방법으로 오리를 포획하여 전골을 대접했지만, 쇼와 시대에 들어서면서 자연보호 차원에서, 포획된 철새는 기록하고 발목에 표식을 붙여 방생한다. 지금은 오리 전골의 재료를 다른 루트를 통해 공급받는다고 한다.

여담이지만 이번에 새 천황이 되는 나루히토 황태자는 지바현 신하마新浜의 가모바에 오와다 마사코小和田雅子양을 초청하고, 프러포즈하여 결혼에 성공했다고 한다.

21. 매년 봄가을 2차례 천황 내외가 초청하는 원유회園遊會가 개최된다. 장소는 아카사카교엔赤坂御苑으로 495,000㎡(약 15만 평)의 광대하고 아름다운 정원이다. 원래 도쿠가와가德川家의 정원이었던 것인데 메이지 5년(1872) 황실에 기증되었다.

원유회의 기원은 1880년 가을에 열린 관국회觀菊會(국화 감상회)와 이듬해 4월에 열린 관앵회觀櫻會(벚꽃 감상회)로 1936년부터 전쟁통에 잠시 중단되었다가 전쟁 종식 후 1953년 11월에 원유회로 부활했다.

소위 가든파티로 테이블에는 가벼운 전채요리, 샌드위치, 초밥 등이 놓이고 양고기구이와 닭꼬치구이 냄새가 파티의 분위기를 띄우는데 이에 걸맞게 맥주, 위스키, 사케, 청량음료 등이 서비스된다. 또한 궁내청 악부가 연주하는 아악이 회장에 흐르고, 오후 2시가 되어 천황이 도착하면 황궁경찰 음악내가 국가인 「기미가요」를 연주한다.

천황 내외는 황태자 내외, 황족들과 함께 약 1시간 정도 회장을 돌며 초대 손님들에게 가볍게 말을 건네기도 한다. 천황이 돌아가면 초대 손님들은 반달 모양의 국화문양이 찍혀있는 국소잔월菊燒殘月이라는 과자를 선물로 받아 돌아간다.

22. 황족들이 입학하는 「학습원學習院」은 유치원부터 대학원까지 모두 갖추고 있다. 그 기원은 1845년 제120대 닌코仁孝 천황(재위 1817~1846)이 막부에 건의하여 문을 연 고급 귀족 관료 자제들의 교육기관인 「학습소」이다. 1849년에 121대 고메이孝明 천황(재위 1846~1866)이 사액하여 「학습원」으로 이름이 정해졌다. 1867년 에도江戶막부 15대 장군 도쿠가와 요시노부德川慶喜가 메이지 천황에게 정권을 진상한 대정봉환大政奉還 후 도쿄로 이사한 학습원은 1877년 개학했고, 다이쇼 천황을 필두로 황족과 귀족은 이 학교에 다니는 것이 의무가 되었다. 패전 후 1947년 학습원은 사립학교로 새 출발하여 일반에 문호를 개방했지만 황족의 자제들은 여전히 이 학교에 다니고 있다.

23. 삼종의 신기 중 하나인 거울과 역대 천황과 황족의 영을 모신 현소賢所, 황령전皇靈殿, 신전神殿을 궁중 삼전이라 하는데, 이곳에서 제사神事를 담당하는 부서를 장전직掌典職이라 한다. 장전 7명, 내장전 4~5명과 이들을 돕는 여성 10명이 있다. 이들은 궁내청 소속 공무원이 아닌 천황의 사적 기관이다. 특히 여성 신직神職을 내장전內掌典이라고 하는데 그들의 생활

규율은 매우 엄격하다. 이들은 황거 안에서 네 발 달린 짐승의 고기를 먹어서는 안 되며 우유나 버터 등도 금지된다. 이것은 '게가레穢れ'라고 하는 '부정 타는 것'을 방지한다는 일본인 특유의 사상에서 비롯되었다.

출산, 생리, 죽음 등은 부정한 것이라 여겨져 제사에서는 기피된다. 내장전은 생활용구를 2벌씩 가지고 있는데 일반 용구와 생리 때의 용구를 구별하기 위해서이다. 부정 탄다고 생각하는 생리 기간 중에는 제사에서 손을 떼고 조용히 지낸다고 한다.

24. 천황은 복어 요리를 먹지 못했다고 한다. 만에 하나 독이 있는 복어를 잘못 먹었다가는 국가적인 재앙을 초래할 수 있기 때문이다.

쇼와 천황은 복어를 선물로 받은 적도 있었고 그 자신 생물학자로서 "면허가 있는 요리사가 조리한 복어요리는 괜찮다"고 이야기했으나 시의를 비롯한 주위의 간곡한 만류로 생애 한 번도 복어를 맛보지 못하고 세상을 떠났다고 한다.

지금은 복어를 양식하는 기술이 발전했고 양식 복어에는 독이 없다고 한다. 이제는 천황도 종잇장처럼 얇은 복어 회를, 익힌 복어의 간을 으깬 간장에 찍어 약주와 함께 즐기는지 궁금하다.

25. 궁내청은 정부 내각의 한 부서로 황실만을 위한 조직이 아니다. 게다가 황실은 정부의 조직이 아니다. 황실과 정부의 이익이 상충될 때 궁내청은 원칙적으로 정부의 이익을 우선시해야 한다. 그러므로 정부가 천황을 정치적으로 이용하려 한다면 이를 막을 장치가 전무하다는 사실을 직시해야 한다. 재무장하여 고립된 섬에서 벗어나야 한다는 아베 정권의 새로운 팽창주의에 경계의 끈을 늦출 수 없는 이유이다.

『일본국헌법』 어디에도 천황의 거부권 행사에 관한 내용이 없다. 게다가 아키히토 천황도 나루히토 황태자도 기회가 있을 때마다 헌법을 준수하고 헌법을 지키겠다고 공언해왔다. 만약 전쟁이 가능하게 헌법이 개정되면 그 헌법 개정을 공포하고, 내각에서 전쟁을 결정하면 추인하고 더 나아가 전쟁을 독려할 것인가?

하지만 희망이 전혀 없는 것은 아니다. 일본국헌법 제10장 최고법규 제99조에는 「천황 또는 섭정 및 국무대신, 국회의원, 재판관 그 밖의 공무원은 이 헌법을 존중하고 옹호하는 의무를 진다.」고 정하고 있기 때문이다. 국가의 녹을 먹는 사람은 현행 헌법을 존중하고 옹호할 의무가 있다는 것이다. 헌법을 재해석하여 집단자위권이라는 궤변을 만들어 내거나, 미국이 만들어 놓은 헌법의 속박에서 벗어날 때가 되었다며 개헌을 주장하는 호전적인 세력들은 자신들의 헌법을 무시하고 있는 것이다.

지금처럼 폭주하여 재무장과 전쟁이 가능한 국가로 개헌할 수밖에 없다면 천황의 거부권도 고려의 대상이 되어야 할 것이다. 그러나 그것도 천황이 평화로운 성향인가, 아니면 호전적인 성격인가의 문제이지 법률의 존재여부가 근본적인 문제는 아닌 듯하다.

주제넘게 참견이 많았다. 햇볕 쬐고 있으니 그림자 만들지 말고 그냥 비켜 달라는 이야기다.

26. 일본이 일으킨 전쟁을 「대동아전쟁」이라고 하기도 하고 「태평양전쟁」이라고 말하기도 하는데 무슨 차이가 있는 것일까?

「대동아전쟁」은 일본 육군이 사용한 명칭으로 1937년 발발한 중일전쟁부터 1945년 패전할 때까지를 말하며, 「태평양전쟁」은 일본 해군이 사용한 명칭으로 1941년 하와이 진주만 기습공격 이후 패전 때까지를 부르는 일본식 명칭이다.

세계는 1939년 나치 독일의 폴란드 침공으로부터 1945년 여름 2발의 원자폭탄 투하에 항복한 일본의 패전까지를 「제2차세계대전」이라 부른다.

27. 만세일계 천황가의 황통이 단절될 위기가 몇 번 있었다. 제25대 부레쓰武烈 천황(재위 498~506)은 자식과 형제가 없어 천황 자신과는 10촌간인 제15대 오진應神 천황(재위 270~310)의 5세손을 천황으로 삼았으니 그가 바로 제26대 게이타이繼體 천황(재위 507~531)이다. 10촌의 거리는 남남과 다르지 않은 것이 인정인 것처럼, 후대에 붙여주는 시호 게이타이繼體가 풍기는 뉘

앙스가 담백하다. 그래서 세간에서는 이때 왕조가 교체되지 않았나 의심하고 있다. 결국 고육책으로 부레쓰 천황의 아버지 제24대 닌켄仁賢 천황(재위 488~498)의 공주와 게이타이 천황을 결혼시켜 제27대 안칸安閑 천황(재위 531~535), 제28대 센카宣化 천황(재위 535~539), 29대 긴메이欽明 천황(재위 539~571)을 낳는다. 이렇게 해서 의심스럽던 핏줄을 세탁했다.

핏줄에 대한 자격지심이었는지, 또 닌켄 천황의 다른 공주들을 각각 안칸 천황과 센카 천황에게 시집보낸다. '무슨 족보가 이래?' 하겠지만, 핏줄만은 엑기스extract가 된 셈이다.

이 모든 일은 부레쓰 천황의 무자식에서 비롯되었다.

훗날 사가들은 만세일계의 황통을 백척간두 끝에 매달고 흔든 부레쓰 천황에게 복수를 한다. 「천황열전」에서 소개했던 것처럼 '참혹한 형벌이 집행될 때는 몸소 형장으로 나가 직접 보았다.', '임부의 배를 가르고 그 안의 태아를 보고, 사람의 손톱을 뽑고 그 손으로 감자를 캐도록 했다.', '사람을 나무에 오르게 하고 밑에서 활을 쏘아, 사람이 떨어지는 것을 보고 즐거워했다.', '사람을 연못에 빠뜨리고 기어 나오는 것을 삼지창으로 찔러 죽였다.' 등등 믿기 어려운 잔학함을 보였다고 기록해놓았다.

설마 그렇게까지 했을까 싶지만, 그렇게까지 만세일계의 황통은 순혈주의로 이어져야 정통성을 보장받는다는 강박관념에 사로잡혀 있었던 것이다.

제21대 유랴쿠雄略 천황(재위 456~479) 이후는 실존이 의심되는 제22대 세이네이淸寧 천황(재위 480~484)의 사거와 함께 대가 끊겼다. 사가들은 다수의 남자 황족을 죽인 유랴쿠 천황을 '대악천황'으로 기록했다.

제101대 쇼코稱光 천황(재위 1412~1428)도 후사가 없이 세상을 떠나 대가 끊겼으며, 제118대 고모모조노後桃園 천황(재위 1770~1779)도 후계자를 생산하지 못하고 세상을 떴다. 그러나 모두 부레쓰 천황과 비슷한 방법으로 황통을 이었다.

그들이 주장하는 만세일계의 황통과 순혈주의에 고개를 갸우뚱하는 이유이다.

28. 미야케宮家는 황족의 자녀가 대대로 친왕이나 내친왕의 지위를 받는 가문으로 황통이 단절될 위기에 처하면 그 자리를 이어줄 유전자 풀이다.

일부다처제였던 시절의 천황은 여러 명의 부인에게서 많은 자손을 얻었다. 인원이 많으니 일부는 친왕선하親王宣下를 받아 친왕이 되었고, 일부는 출가하거나 성을 하사받고 신하가 되었다.

미야케宮家가 황통의 단절 위기를 구해줄 유전자 풀이라면 그 풀에 유전자를 채워 만세일계를 담보하게 했던 안전장치가 측실제도이다. 원칙적으로 여관女官(궁녀)은 모두 천황의 여자이다. 그녀들은 금남의 공간인 오나이기御內儀에 머물며 천황의 시중을 들던 미혼 여성들이며, 특히 고등여관으로 불리는 여관은 천황의 침실 시중을 들었다.

지금 우리의 도덕적 관념으로는 허용되지 않는 측실제도지만 미야케 제도와 함께 오랫동안 만세일계를 이끌어온 쌍두마차였다. 가까운 과거를 돌이켜보면 제120대 닌코仁孝 천황(재위 1817~1846), 제121대 고메이孝明 천황(재위 1846~1867), 제122대 메이지明治 천황(재위 1867~1912), 제123대 다이쇼大正 천황(재위 1912~1926)은 모두 측실 소생이었다.

패전 후 1947년 새 황실전범이 제정되면서 제6조 적출嫡出의 왕자 및 적남계적출嫡男系嫡出의 왕손이 친왕이나 내친왕이 될 수 있다는 규정에 의해 서자는 황족이 될 수 없게 되었다. 이로써 만세일계의 황통을 유지하는데 오랫동안 큰 역할을 해왔던 측실제도는 설 자리를 잃게 되었다.

조선이나 중국에서는 환관제도를 통해 측실제도의 순수성과 충실성을 지켜왔다. 그러나 일본 황실은 환관제도를 도입하지 않았고, 제107대 고요제이後陽成 천황(재위 1586~1611) 치세에는 여관들과 신하들 사이에 난잡한 섹스 스캔들이 발생했다. 이 사건을 조사한 막부는 연루된 인원의 숫자가 생각보다 많음을 알게 되었다. 천황의 요구대로 모두 사형에 처하면 행정적으로 큰 혼란을 일어날 것을 염려한 막부는 관련자들에게 솜방망이 처분을 내렸다. 주모자급은 사형에 처하고 관련 남녀 10여 명에게 유배형을 내리는 것으로 황실 최대의 성추문을 서둘러 봉합했다.

만세일계 혈통의 순수성을 생각해보게 하는 사건이다.

29. 전쟁이라는 국가의 대사에 황족이 목숨을 바치는 것은 당연하다는 메이지 천황의 생각이 반영되어 남자 황족은 모두 군에 입대해야 하는 의무가 있었다. 흔히 말하는 일종의 노블리스 오블리주를 실현한다는 발상이었다. 그래도 전쟁 중 황족은 특별대우를 받아 위험한 임무에서는 배제되었다.

그러나 대동아전쟁에서 산화한 황족도 적지 않다. 천황과 황실, 그리고 황족을 공부하면서 이런 점은 우리도 본받았으면 하는 대목이다.

백성들이 유린되어도 국민을 사지에 남겨둔 채 왜침倭侵에 가장 먼저 도망치는 왕, 호침胡侵에 줄행랑치는 왕, 남침南侵에 다리를 끊고 후퇴하는 대통령, 이상한 병으로 군을 면제받은 대통령. 우리가 늘 보아왔던 노블리스 노 오블리주의 전형이다.

고종의 아들 이은李垠과 결혼한 이방자 여사의 아버지 나시모토노미야 모리마사왕梨本宮守正王(1874~1951)은 전시에 원수이자 육군대장이었고, 황족으로는 유일하게 전범이 되었다.

30. 맥아더 사령부는 빠르게 황실개혁에 착수했다. 황족이 가장 두려워한 것은 황족 신분의 박탈이었다. 신적강하臣籍降下라 하여 민간인 신분이 되는 것이다. 궁내성은 사령부가 황족을 폐지하는 수순을 밟기 전에 역으로 쇼와 천황의 형제들만 제외하고 모든 황족을 폐지하는 절충안을 제시했다. 그 절충안이 받아들여져서 지치부노미야가秩父宮家, 다카마쓰노미야가高松宮家, 미카사노미야가三笠宮家 형제 3가문은 미야케宮

家로 존속하게 되었고, 맥아더 사령부의 전후 처리에서 나머지 11가문의 미야케는 황적을 박탈당했다.

참고 문헌

김부식 『삼국사기』

김성호 『비류백제와 일본의 국가기원』 지문사 1982

김성호 『씨성으로 본 한일민족의 기원』 푸른숲 2000

김용운 『천황이 된 백제의 왕자들』 한얼사 2010

문정창 『가야사』 백문당 1978

서현섭 『일본인과 천황』 고려원 1997

『三國志』 「魏志東夷傳」

『後漢書』

『宋書』

『梁書』

『隋書』

『新唐書』

『北史』

『漢書』

『古事記』

『日本書紀』

『續日本紀』

『大日本帝國憲法』

『日本國憲法』

「皇室典範」

『文藝春秋』 2016年 10月號

『實錄! 平成日本タブー大全』 寶島社 2005

『〔新版〕平成皇室事典』 主婦の友社 1999

『日本皇室大鑑』

『Wikipedia』

石渡信一郎 『百濟から渡來した應神天皇』 三一書房 2002

上田正昭 『歸化人』 中公親書 1965

江上波夫 『騎馬民族國家』中公親書 1967

江上波夫·森浩一 『對論 騎馬民族說』 德間書店 1982

エリザベス·グレイ·ヴァイニング 『皇太子の窓』文藝春秋 1952

鹿島昇 『裏切られた三人の天皇』新國民社 1997

雁屋哲 『日本人と天皇』 いそっぷ社 2000

金達壽 『日本古代史と朝鮮』 講談社 1985

小林幸雄 『民族の起源』 塙書房 1972

小山泰生 『新天皇と日本人』 海龍社 2018

五味洋治 『生前退位をめぐる安部首相の策謀』 寶島社新書 2017

辛酸なめ子·竹田恒泰 『皇室へのソボクなギモン』 扶桑社 2012

妹尾河童 『タクアンかじり歩き』 朝日新聞社 1983

城之内讓 『宮内聽 "菊のカーテン"の内側』 ぴいぷる社 1993

高森明勅 『日本の10大天皇』 幻冬舍親書 2011

竹田恒泰 『語られなかった天皇族たちの眞實』 小學館 2012

所功 監修 『歷代天皇知れば知るほど』 實業之日本社 2014

ドナルド·キーン 『明治天皇を語る』 新潮新書 2003

根岸豊明 『新天皇 若き日の肖像』 新潮社 2019

蜷川新 『天皇』 光文社 1952

橋本明 『知られざる天皇明仁』 講談社 2016

原武史 『大正天皇』 朝日新聞社 2000